上海检察文库
检察业务论丛

司法机关办案组织研究

Research on the Case Handling
Team in Judiciary Organs

姜 伟 ◎ 著

中国检察出版社

图书在版编目（CIP）数据

司法机关办案组织研究 / 姜伟著 . -- 北京：中国
检察出版社, 2022.12
ISBN 978-7-5102-2858-2

Ⅰ . ①司… Ⅱ . ①姜… Ⅲ . ①司法机关—研究—中国
Ⅳ . ① D926.12

中国国家版本馆 CIP 数据核字（2023）第 039907 号

司法机关办案组织研究

姜　伟　著

责任编辑：吕亚萍
技术编辑：王英英
封面设计：龙　惠

出版发行：中国检察出版社
社　　址：北京市石景山区香山南路 109 号（100144）
网　　址：中国检察出版社（www. zgjccbs. com）
编辑电话：（010）86423787
发行电话：（010）86423726　86423727　86423728
　　　　　（010）86423730　86423732
经　　销：新华书店
印　　刷：北京联兴盛业印刷股份有限公司
开　　本：710 mm×960 mm　16 开
印　　张：15.75
字　　数：264 千字
版　　次：2022 年 12 月第一版　　2022 年 12 月第一次印刷
书　　号：ISBN 978 - 7 - 5102 - 2858 - 2
定　　价：56.00 元

总　序

　　"实践没有止境，理论创新也没有止境。"注重发挥理论研究对检察工作的先导性、基础性、统摄性作用，及时为检察实践和改革创新提供高品质的理论支撑和智力支持，是上海市检察机关的优良传统，也是上海市检察机关推进新时代检察工作高质量发展，推进检察队伍革命化、正规化、专业化、职业化建设的重要抓手。

　　近年来，上海市检察机关持续学深悟透践行习近平新时代中国特色社会主义思想，全面贯彻习近平法治思想，发扬上海检察理论研究根植实践、勇立潮头、锐意创新、笃行致远的理论品格，依托"大调研""大研究"工作格局，不断深化理论研究与实务探索的良性互动，持续创新丰富课题制、年会制、论坛制等载体和平台，产生了一批较高质量的理论研究成果，在引领理念、辅助决策、服务办案、助推改革等方面发挥了积极作用，为推动新时代上海检察工作行稳致远提供了有力支撑。

　　"上海检察文库·检察业务论丛"系列丛书以"理论建设与业务建设相辅相成、学术研究与实践应用统筹兼顾"为目标，主要择优收录本市检察业务专家、检察理论骨干人才和在本市检察系统挂职学者，就新时代检察机关法律监督工作相关重点问题撰写的专著、译著，旨在为检察官构建更为广阔的检察研究成果展示交流平台，以文见人、以文树人，建设高质量检察智库。

　　丛书编录秉持放眼全局、立足实践，以展示检察学术研究成果的方式，生动展现上海检察官在推进全面依法治国、坚持和完善中国特色社会主义检察制度，促进深化对检察工作基础性、战略性、全局性问题进行的深入思考、理论阐述和研究探索，以期形成既有学科覆盖面与研究的系统性，又具有鲜明的时代特征、检察特质和上海特色的检察理论研究成果体系，从而为推动新时代检察工作高质量发展，更好发挥法治固根本、稳预期、利长远保障作用提供理论支撑和智力支持。

理论是实践的先导、行动的指南。当前，世界百年未有之大变局加速演进，世界之变、时代之变、历史之变的特征更加明显。党的二十大开启全面建设社会主义现代化国家新征程，面对高质量发展对高水平法治保障新要求，面对人民群众在民主、法治、公平、正义、安全、环境等方面更趋多元多样的需求，迫切需要从检察理论和实践的结合上深入回答关于中国式现代化进程中法治保障的时代课题。上海检察机关将把牢宪法对检察机关的职责定位和上海在国家改革发展大局中的战略定位，以时不我待"争一流、走在前、排头兵"的担当，不断推进理论探索和创新，为在法治轨道上全面建设社会主义现代化国家贡献检察力量。

由于水平有限，难免纰漏，不当之处，敬请批评指正。

"上海检察文库"编委会

2022 年 12 月

目录
contents

导　论

　　德沃金在说明法官如何在疑难案件中解释和发展法律时，运用了一个假设——具有超人技巧、学识、耐心和聪慧的法学家"赫拉克勒斯"。他的批评者却指出，"德沃金创造了一个听诉判决活动的完美典型，却没有注意到受理上诉的法官席的那个可能是最普遍最引人注目的制度特征：它的多数性"。① 然而，现实中审案断案的主体不仅是复数的，还具有人的组织特征和丰富的组织形式。斯宾格勒指出，按照古典世界的一般看法，法庭的存在不言而喻是为党派利益和私人利益服务的。② 这一论断至少又揭示了支配法庭发展的一条规律，即各种利益关系的冲突和协调影响着法庭的进化。

　　回顾人类社会进步的历史，我们还可以发现，裁判组织的发展与法律的进化同步展开：从古希腊、古罗马的市民大会、元老院，到中世纪的庄园、领主法院、市镇法院和行会法院，再到绝对主义时期在欧洲大陆兴起后代表王权的王室法庭、巡回法庭、检察官的出现，进入近代以后，作为司法独立完备形式的美国联邦最高法院的出现和英国最高法院的建立。当代法治国家所通用的司法机关办案组织形式完成于19世纪，而面对21世纪的诉讼爆炸，东西方国家的办案组织都已经在超负荷运转，现实在提问——19世纪的办案组织还能不能解决21世纪的问题？

　　法理学关注的传统问题包括法的本体论、价值论和方法论，其中抽象的司法官"如何裁判"是法学方法论关注的主要问题，而"谁在裁判"则一直都不是一个典型的法理学问题。一方面，法理学在研究法律本体、法学方法论和价值论时都接受了一个隐含的前提，即主体是"法官个体"，而非现实中的办案组织，实际上从个体的视角转换为组织的视角对法理学本身会带来一些变化。另一方面，司法机关办案组织也是一种与法律密切相关的社会历

---

　　① ［德］哈贝马斯：《在事实与规范之间：关于法律和民主法治国的商谈理论》，童世骏译，生活·读书·新知三联书店2003年版，第275页。
　　② ［德］奥斯瓦尔德·斯宾格勒：《西方的没落·第二卷·世界历史的透视》，吴琼译，上海三联书店2006年版，第431页。

史现象，也需要从法理学的角度进行认识和研究，揭示司法机关办案组织背后的法理，使它发生发展的基本逻辑融入法学的整体图景。历史和现实中的办案组织都呈现出复杂多样的形式和内在运行规律，发现主导其发展变化的观念和现实因素将进一步深化我们对司法权和司法体制的规律性认识。

我国现行的法院组织法和诉讼法中规定了"审判组织"，即在审判机关中实际履行审判职责、行使审判权的组织体，包括合议庭、独任法官和审判委员会等形式。同为司法机关的检察机关在其组织法和诉讼法上本无相应概念，但是在 2013 年司法责任制改革启动后，最高人民检察院《检察官办案责任制改革试点方案》明确提出"建立权责明确、协作紧密、制约有力、运行高效的办案组织模式"，以检察官办案组、独任检察官和检察委员会为检察机关办案组织的基本形式。中国司法机关包括审判机关和检察机关，且检察办案组织基本职能也是司法办案，法官、检察官作为司法官的角色定位并无太多异议。因而本书将审判组织和检察办案组织统称为司法机关办案组织，并作为整体来研究，即在司法机关内部实际承担着具体的审案办案职责和权限的组织，它在裁判过程中解释和发展法律，是裁判活动的实际实施者。

从 2002 年党的十六大提出"推进司法体制改革"部署到现在，我国的司法体制改革已经经历了二十年历程，而以党的十八届三中、四中全会为标志，司法体制改革进入空前深刻和广阔的阶段。二十年的改革经验表明，司法体制改革的一个重要目标应当是"法官、检察官要有审案判案的权力"，因而司法责任制改革被放在司法改革最为突出的位置。围绕落实司法责任制，对法官、检察官实行员额制管理，建立适应司法规律的司法机关办案组织成为重要的支持性改革措施，这些改革措施归结为一点，就是需要我们回答"谁应该裁判"这一问题。党的十八届三中全会通过的《中共中央关于全面深化改革若干重大问题的决定》和四中全会通过的《中共中央关于全面推进依法治国若干重大问题的决定》中都将"优化司法职权配置"作为重要改革内容。司法机关办案组织是司法职权的基本主体，优化司法职权配置的目标也是建立公正、权威、高效的司法机关办案组织。以往对司法机关办案组织的研究仅关注办案组织的具体形态，而缺少对其一般规律的把握。同时，办案组织的独立是司法机关依法独立行使职权原则实现的"应有之义"。本书所研究的不是司法组织内部的管理学问题和司法效率成本分析，也不是研究司法行政管理问题。而是研究司法机关办案组织的各种历史形态，办案组织的构成、内部治理、办案组织及其成员的权责关系、办案组织与政府、社会公众、法律职业团体等相关力量的关系，裁判形成机制，以期对我国司法体制和工作机制改革有所建议。

本书试图从法理学的角度研究司法机关办案组织，这是一个前所未有的视角，因此有必要将后面的论述进路与若干现有的研究进路相区别，也有助于读者更加深入把握本书所要研究的主要问题。

司法机关办案组织与司法机关管理体制的关系。2005年最高人民法院《人民法院第二个五年改革纲要（2004—2008）》中将法院管理分为审判管理、司法政务管理、司法人事管理三大部分，统称为司法管理。从外延上来说，法院组织管理体系大于司法机关办案组织，不仅涉及审判组织，还包括法院人员、财物的管理，法院的设置和司法辖区的划分。[①] 从内涵上来说，法院组织管理是以公共管理理论为依据，通过管理学上的制度安排，使法院为社会提供公正、廉洁、高效的司法产品和司法服务。而本书所要研究的司法机关办案组织问题则是从裁判生成的主体、程序、方法等因素出发，揭示司法机关办案组织生成、运行和变迁的法理因素。检察机关组织体系的概念类似于法院组织管理体制，根据2005年最高人民检察院《关于进一步深化检察改革的三年实施意见》的内容，检察机关组织体系包括专门检察机关、检察院派出机构和司法鉴定机构的设置和管理等。检察机关组织体系包括检察机关的人事管理、物质保障、编制体系、检察官管理体系等，在内容上可以包括检察机关的办案组织，但是研究的重点在于管理而非检察机关组织的法理，检察机关办案组织的研究应当更加强调其作为司法活动基本主体单元的法理而非管理。

司法机关办案组织与司法权运行机制的关系。党的十八届三中全会决定提出了"健全司法权运行机制"的改革内容，包括优化司法职权配置，健全司法权力分工负责、互相配合、互相制约机制，加强和规范对司法活动的法律监督和社会监督、审判委员会制度、主审法官、合议庭办案责任制、各级法院职能定位，上下级法院审级监督关系、审判公开、检务公开、人民陪审员和人民监督员制度等。对于审判权运行机制来说，改革目标就是"让审理者裁判，让裁判者负责"；对于检察权运行机制来说，改革内容主要包括"健全办案组织，完善司法责任制"，目标也是"让审查者决定，让决定者负责"。司法权运行机制与司法机关办案组织的概念非常接近，可以认为司法

---

① 参见刘会生：《人民法院管理体制改革的几点思考》，载《法学研究》2002年第3期。

权运行机制包含司法办案组织，只是外延更宽，还包括司法权的内外监督机制、司法权运行的公开机制等，不仅包括司法机关办案组织，还包括上下级司法机关的监督配合等。

司法机关办案组织与司法权配置机制的关系。党的十八届四中全会决定提出了"优化司法职权配置"的改革内容，包括健全公安机关、检察机关、审判机关、司法行政机关各司其职，侦查权、检察权、审判权、执行权相互配合、相互制约的体制机制。通过该项改革内容的解读，笔者认为司法权配置机制包括刑事、行政、民事诉讼程序中侦查权、起诉权、审判权、诉讼监督权、执行权在不同司法机关之间的配置；审判权、检察权在审判机关和检察机关的系统内部上下级的配置，司法机关内部司法权和司法行政事务权的配置、司法权在不同司法辖区之间的配置等。司法权在不同司法机关办案组织之间的配置问题既属于司法职权配置问题，也属于司法机关办案组织的研究内容之一。但是，司法权配置问题不仅限于司法机关办案组织之内，其外延大于司法机关办案组织。就内涵来说，司法机关办案组织的研究不仅涉及司法权的配置，还包括在办案组织内部的运行机制、人员组成和管理等问题。

研究司法机关办案组织有助于深化我们对法院、检察院依法独立行使审判权、检察权的认识。司法机关办案组织发展的主旋律是在"司法官独立行使办案权"和加强监督制约之间的平衡。法理意义上的司法独立包括司法机关的独立和司法官的独立，[①] 司法独立原则的确立意味着近代意义上的司法机关及其办案组织的形成。从历史和现存的各种办案组织的运行来看，经典意义上的"司法独立"只存在于理念之中。只有认识办案组织在运行中的治理、决策和博弈，才能认识"司法独立"的历史意蕴和现实的实现模式。

从原则层面看，由于我国的国体是工人阶级领导的，以工农联盟为基础的，人民民主专政的社会主义国家。因此，西方"三权分立"式的司法独立不适合中国国情。从现实层面看，我国司法机关内部高度"行政化"和外部"地方化"是不利于司法权依法独立行使的症结问题，司法办案组织和行政组织混同也是从1999年法院第一个五年改革纲要就试图解决的问题。[②] 但是，

---

① 世界上主要法治国家的宪法有通过"法官独立"表述司法独立的，如德国基本法第 97 条规定，法官独立行使职权，只服从法律。
② 参见姚莉:《法制现代化进程中的审判组织重构》，载《法学研究》2004 年第 5 期。

要论证中国的"依法独立行使审判权、检察权"问题必须关照中国的国情，从超越"法官独立""三权分立"等传统范式进行独立的论证，探索"依法独立行使审判权、检察权"在中国的完善路径。从微观层面看，我国司法权运行机制的突出问题是办案组织和成员权责不明，在法院是"判审分离，审者不判、判者不审"的问题，而在检察院则是"审者不定、定者不审"的问题。还有诸如法院合议庭被虚置，检察机关基本办案组织不明等问题。2014年《中共中央关于全面深化改革若干重大问题的决定》出台后，司法体制和工作机制改革的一项重要内容就是"建立主审法官、合议庭办案责任制，探索建立突出检察官主体地位的办案责任制，做到有权必有责、用权受监督、失职要问责、违法要追究"。①此项改革针对的就是司法机关的办案组织，而对办案组织的研究可以对此问题的改善有所建议。

司法职业化在某种程度上代表着我国法官、检察官制度改革的方向。一方面，职业化尚未完成，法律职业的专业化需要也更加迫切。社会生活不断发展丰富，越来越专业的办案组织层出不穷，即使专业的法官穷其一生也只能在一个很窄的专业方向上有所建树。但是，另一方面，官方层面指出"司法大众化不能被淡忘"，也就是"在坚持司法职业化的基本标准、遵循司法基本规律的基础上，突出强调坚持司法工作的群众路线，突出强调民众知晓司法、参与司法、监督司法，突出强调司法必须以维护人民群众的合法权益为归依"。本书的研究还试图回答在司法机关办案组织的改革中如何调和两者之间的冲突。本书的主要内容包括：

导论部分主要介绍将司法机关办案组织的研究作为法学基本理论问题的由来和背景，揭示研究司法机关办案组织的理论和实践意义。

第一章介绍中国司法机关办案组织的构成和演进，指出办案组织的构成要素，包括人员来源、裁判方法、办案职权的运作方式、办案职权的获得方式四个方面，并介绍了古代和近代办案组织的上述四个方面内容，揭示了办案组织传承古今的"特征基因"。例如，办案职权运作方式中从古代逐级审转复核到近代覆审制，再到现代审批制的继承发展。

第二章是西方国家司法机关办案组织的历史演进。从历史上看，西方司法机关办案组织形式大体经历了从个人为主、个人的简单组合，再到组织严密、协作复杂的近似企业组织的过程。在这三种主要组织形式中，各列举了

---

① 孟建柱：《深化司法体制改革》，载《人民日报》2013年11月25日。

若干具有代表性的办案组织，同样是从人员来源、办案职权运作、裁判方法等重要的构成要素入手剖析。

第三章揭示主导司法机关办案组织的价值观念。司法公信力观念决定办案组织的法律存在，治理均衡观念决定办案组织内部的权力秩序，司法效率观念决定办案组织在功利意义上的持续存在，正当程序观念决定办案组织在自我意识层面的存在。上述主导价值观之间的关系既有相互协调，也有相互矛盾。这也意味着单一的办案组织形式无法适应多种价值目标，即使在同一国家的司法体系中也存在形态各异的办案组织。

第四章揭示主导司法机关办案组织的现实因素。任何一种司法机关办案组织的出现都不是偶然的，必然是与当时的政治结构、社会结构、生产方式、认识方式相结合的。社会的政治结构决定了办案组织的权力来源，与统治权的关系是办案组织发展变化的主导因素，社会结构决定了办案组织的运行方式，人类的认识方法主导了办案组织的裁判方法，而历史上的法律形态实际上是对办案组织裁判活动不同的约束形式。

第五章回顾中国司法机关办案组织的改革发展和问题，主要是改革开放以后，历次司法体制改革在办案组织方面的主要探索，但是一些固有问题始终没有得到解决。由于近期司法改革强调加强对办案的监督制约，一些不利于法官、检察官独立行使办案职权的因素又出现一定的回潮，办案组织的职权和职责界限不明，难以应对办案压力的倍增，办案组织的社会公信力不高，人民群众缺乏有效参与等。

第六章提出了中国司法机关办案组织的改革路径。在解决中国问题时可以运用相对合理化的中国思路，如改革中的"实践论"、传统哲学中的"负的方法"，以及中国政治中的"尚同"观念。在办案组织的改革中需要遵循办案组织独立行使职权原则、司法官的专业化原则、司法公信力原则、以庭审为中心原则、司法办案责任制原则。最后，分别对审判组织和检察办案组织的改革提出了若干具体建议。

第一章 中国司法机关办案组织的构成和演进

作为研究的起点，有必要熟悉一下中国司法机关办案组织的基本构成要素，其中最为核心的就是人的因素。本章将从构成办案组织的人入手对当下中国司法机关办案组织做概览。司法机关办案组织从其本质特征来看，是一种"生成判决""生成法律"的组织。从法律研究人合组织的一般进路入手，办案组织存在应当以独立的认识能力和意志能力为基本前提。办案组织的认识能力不仅包括人对客观真相的一般认识能力，还要从中抽象出法律真相的能力；办案组织的意志能力不仅包括人对客观事物一般决定能力，还要具有解释和发展法律规则的决定能力。形成认识能力和意志能力的全部奥妙在于办案组织的人员构成、组织结构、裁判方法、权力渊源和职权配置四方面。

第一节 办案组织的基本架构

一、人员构成

（一）法官

近代中国引入司法制度后，法官被称为"推官"或"推事"。1906 年清朝政府改革官制，拟定《大理院官制草案》规定，"院卿以下设推丞、推官，分办民刑审判事项"。1907 年又仿照宋代司法官名称，"改推官为推事，即以此通行内外审判衙门，以符裁判独立之义"。到 1910 年《大清法院编制法》正式规定"推事"为各级审判厅审判人员的正式称呼。① "法官"的称呼起源于辛亥革命以后，《中华民国临时约法》规定："法官独立审判，不受上级官

---

① 康黎：《近代中国法官称谓的由来——从"推官"到"推事"》，载《文汇报》2021 年 5 月 26 日，第 11 版。

厅之干涉"。

从 1995 年我国第一部法官法开始,"法官"一词开始正式使用,我国的法官制度发展步入法治化正轨。而在此之前,1954 年的人民法院组织法中只有"审判员"和"助理审判员"而无"法官"一词。根据现行《法官法》第 2 条规定:法官是依法行使国家审判权的审判人员,包括最高人民法院、地方各级人民法院和军事法院等专门人民法院的院长、副院长、审判委员会委员、庭长、副庭长、审判员和助理审判员。据统计,到 2014 年我国法官人数达到 19.6 万人,法院编制数达到 34 万人。[1] 2014 年开始,作为司法责任制改革配套措施,全国法院、检察院根据中央部署进行了法官、检察官员额制改革,根据中央全面深化改革领导小组第三次会议审议通过的《关于司法体制改革试点若干问题的框架意见》,把法院、检察院工作人员分为三类,第一类是法官、检察官,第二类是司法辅助人员,第三类是司法行政人员。以上海司法机关改革试点中的做法为例,三类人员的比例分别是 33%、52% 和 15%,[2] 根据中央政法委的统一部署,确定这三类人员占比分别是 39%、46% 和 15%,严格的比例限制意味着对法官实行更加严格的准入条件。至 2018 年全国法院按照以案定额、按岗定员、总量控制、省级统筹的原则,经过严格考试、考核,从原来的 21 万名法官中遴选产生 12.5 万名员额法官,法官、审判辅助人员、司法行政人员的比例分别是 34.6%、49.5% 和 15.9%,严格执行了法官员额比例。[3] 法官员额制改革是推进司法专业化、职业化、精英化的一次重要改革尝试。

1. 法官身份的取得。员额制改革改变了原来审判员和助理审判员都是"法官"的情况。只有进入"员额"的法院人员才能被称为"法官"。根据法官法和人民法院组织法,"审判员"即法官职务的获得必须通过全国人民代表大会、地方各级人民代表大会及其常务委员会的选举、任免。各级人民法院院长由各级地方人民代表大会选举,而副院长、审判委员会委员、庭长、副厅长、审判员均由本院院长提请本级人大常委会任免。在获得法律任命之

---

① 林娜:《案多人少:法官的时间去哪了》,载《人民法院报》2014 年 3 月 16 日。

② 罗沙、杨金志、黄安琪:《中国深入推进法官、检察官员额制改革》,载新华网 2015 年 7 月 22 日,http://news.xinhuanet.com/2015-07/22/c_1116009926.htm,2017 年 3 月 22 日访问。

③ 最高人民法院编:《中国法院的司法改革(2013—2018)》,人民法院出版社 2019 年版,第 49 页。

前，候任法官人员即"法官助理"，均需通过申请报名、法官岗位承诺、入额基本条件审查、业绩考核、入额考试、审委会面试6个环节，最终报法官遴选委员会择优遴选。根据《法官法》第16条规定，各省级行政区划设置法官遴选委员会，负责本地区所有初任法官人选专业能力的审核。法官遴选委员会包括地方各级人民法院法官代表、其他从事法律职业的人员和有关方面代表，一般包括立法机关、公检法各政法单位、法学研究者、律师等来自法律职业共同体的代表。

2. 法官的资格条件。根据《法官法》第9条规定，初任法官应当具备7项条件："（一）具有中华人民共和国国籍；（二）拥护中华人民共和国宪法，拥护中国共产党领导和社会主义制度；（三）有良好的政治、业务素质和道德品行；（四）具有正常履行职责的身体条件；（五）具备普通高等学校法学类本科学历并获得学士及以上学位；或者普通高等学校非法学类本科及以上学历并获得法律硕士、法学硕士及以上学位；或者普通高等学校非法学类本科及以上学历，获得其他相应学位，并具有法律专业知识；（六）从事法律工作满五年。其中获得法律硕士、法学硕士学位，或者获得法学博士学位的，从事法律工作的年限可以分别放宽至四年、三年；（七）初任法官应当通过国家统一法律职业资格考试取得法律职业资格。"

但是，我国的法官同时按照公务员管理。根据《公务员法》第13条规定：法律对公务员中的领导成员的产生、任免、监督以及法官、检察官等的义务、权利和管理另有规定的，从其规定。据此规定，我国的法官、检察官纳入公务员体制管理，只有先通过公务员考试才能招录进入法院，成为初任法官。根据《公务员法》第13条规定须具备以下条件："（一）具有中华人民共和国国籍；（二）年满十八周岁；（三）拥护中华人民共和国宪法，拥护中国共产党领导和社会主义制度；（四）具有良好的政治素质和道德品行；（五）具有良好的政治素质和道德品行；（六）具有符合职位要求的文化程度和工作能力；（七）法律规定的其他条件。"

法官的资格条件包括政治、专业和道德三方面要求。现行法官法为2019年修订，现行公务员法为2018年修订，在法官和公务员的任职条件上较修订之前都增强了政治方面的要求，明确"拥护中国共产党领导和社会主义制度"。而2019年法官法对专业化、职业化的要求也有大大提高，初任法官的学历要求排除了"非法律专业本科"，"非法律专业本科"必须获得法律硕士、法学硕士及以上学历，才能满足任职法官的学历要求。对从事法律工作经验的一般要求也从 2 年大幅度增加到 5 年。

3. 法官人员来源的特点。中国法官队伍的管理接近欧洲大陆国家传统，对司法人员实行普遍行政等级制度，代表着不同于一般律师的地位和职业保障。从 1979 年到员额制改革之前，我国法官队伍人数处在缓慢膨胀中，到 2014 年改革之前已经占到法院系统总人数的 58%。改革后，由于法官比例限制，入额法官的人数增加受到限制。2016 年全国已有 28 个高级法院（含兵团分院）、363 个中级法院、2644 个基层法院完成员额法官选任工作，共产生入额法官 105433 名。① 法官与人口的配置比达到大约每 10 万人 14.3 名法官，世界排名 30 多位，低于德国、日本、俄罗斯等国家。② 根据 2021 年全国法院整治年底不立案新闻发布会介绍，截至 2021 年 11 月 15 日，全国共有 12.7 万名员额法官，每年人均结案 188 件。

我国法官队伍的来源有三类：大学毕业生经过公务员考试考录进入；军队专业干部；其他部门调入。目前，法学专业大学毕业生已经成为补充法官队伍的主要来源。因此，在年龄结构上中国的法官队伍总体偏年轻，这是相对于西方法治发达国家的特异之处。有互联网问卷统计表明，35 岁以下的法官占总数的 46.99%，50 岁以上资深法官仅占 5.38%，担任法官不满十年的占到总数的 66.54%。员额制改革后，员额法官队伍中中青年仍然占据多数。据公开报道，2016 年重庆市完成员额制改革后，首批员额内法官平均年龄 41.7 岁，其中 45 岁以下中青年骨干占 62.4%。从审判经历看，平均担任法官职务 13 年，办案经历经验更加丰富。从学历专业看，本科以上 100%，研究生以上 27.2%，比改革前提高 1.4%，专业性更强、专业结构更加优化。到 2021 年，在某基层县法院一线办案法官中"90 后"占比为 25%，"80 后"占比为 42%，"70 后"和"60 后"占比为 33%。

4. 法官的教育培训。成为法官的职业起点是法官助理。成为法官助理首先要在大学接受法学本科教育，通过国家法律职业资格考试。按照法官法的规定，本科为非法学专业的还必须具有法律硕士、法学硕士或以上学历。根据 2020 年最高人民法院《法官教育培训工作条例》，法官培训分为法官职前培训、任职培训、晋高培训、在职培训：拟初任法官的人员，必须接受为期

---

① 参见最高人民法院《中国法院的司法改革（2013—2018）》白皮书。
② 王梦瑶：《中国每 10 万人配 14.3 名法官　配置比低于蒙古国》，载《新京报》2016 年 9 月 14 日，第 B08 版。

一年的职前培训，着重掌握审判实务技能，提高审判工作能力；初任院长、副院长，必须接受不少于半个月的任职培训，着重提高法院组织管理领导能力；晋升高级法官的，必须接受不少于一个月的晋高培训，着重提高审判理论和实务的综合司法能力；任职法官期间，每年必须接受不少于 12 天的在职培训，着重提高法学理论素养和司法审判能力。

然而，成为一名法官真正需要的职业训练，并不是从以上的教育培训中获得。西方国家法官职业培训有英美法系的职业进阶模式和大陆法系的职业考训模式：①职业进阶模式下法学院的毕业生先担任法官助理，然后进入律师、检察官的职业道路，经过多年的职业训练，才有可能成为法官候选人；职业考训模式下，法学院毕业生通过第一次司法考试后，在法院、检察院或者行政部门见习，然后参加第二次司法考试，合格者才能具备"候任法官"资格，经过任命后在初审法院试用 3 年才能有机会转任终身法官。我国法官助理的职业成长道路相对于西方法治发达国家更具有专业化的色彩，绝大多数的职业成长道路完全在法院内部完成。法学院毕业生经过公务员考试进入法院成为法官助理，法官助理具备遴选成为法官资格之前要经过至少 5 年的审判业务训练，培训方式一般采取资深法官"一对一"带教方式，这也是法官最重要的成长路径。带教过程会持续 1—2 年，其间预备法官从熟悉书记员的工作开始，逐步掌握主持庭审，调查案件，撰写裁判文书等审判能力。上海地区法院系统还独创"调研助理"制度，要求新进法官助理在一年半时间内担任调研助理，专门联系审判实际开展应用法学研究，在此过程筛选有培养成为专家型法官潜力的法官助理。②

5. 法官的职级序列和薪酬保障。根据《法官法》第 26 条规定，法官实行单独职务序列管理。法官等级分为十二级，依次为首席大法官、一级大法官、二级大法官、一级高级法官、二级高级法官、三级高级法官、四级高级法官、一级法官、二级法官、三级法官、四级法官、五级法官。单独职务序列管理改革的目的是让法官等级和行政职级脱钩，实行单独序列管理，并实行按期晋升和择优选升相结合的晋升制度。

---

① 杨富元、吴昊、宋震：《员额法官养成机制的逻辑分析与范式建构》，载《山东法官培训学院学报》2019 年第 5 期。

② 参见李年乐：《上海二中院："5+2"模式着力人才培养》，载《人民法院报》2011 年 12 月 1 日，第 5 版。

但是，法官等级和行政职级之间的对应关系并不能完全消除。法官如果交流到别的部门，对应或者相当于什么级别的干部还是需要明确。比如，三级高级法官相当于正处，四级高级法官相当于副处。此外，法官的职务等级与法院的行政级别也是密切关联的，其中基层法院法官等级最高为三级高级法官，中级法院法官等级最高为一级高级法官，高级法院法官等级最高为二级大法官。法官等级还要根据法官的职务编制，而地方法院的法官职务要受到地方行政机关编制规定的制约，实际上法官等级与法官的行政职级的对应关系没有完全消除，法官等级的晋升受到行政职级的制约。又如，入额之前行政级别为科员或者副科级的审判员，入额后确定为一级法官，但是并不等于正科级，并不具有晋升为副处级的法院副院长的资格。

在员额制改革之前，我国法官的工资标准参照普通国家公务员体系执行，根据其行政职务和级别确定工资水平。根据 2015 年中央全面深化改革领导小组通过的《法官、检察官单独职务序列改革试点方案》规定，法官等级与行政职级脱钩，实行单独的职务序列和工资制度，法官的工资待遇高于一般公务员，根据改革措施已经落地的上海地区的情况，法官工资水平相对于一般公务员提高 43%。但是，由于法官工资是省级统筹，各地区之间的差异仍然比较大。

（二）检察官

中国检察制度主要来自大陆法系法国、德国和日本。在术语翻译上受日本影响，检察官最早被称为"检事"，与作为法官的"推事"相近。如 1906 年清朝《大理院审判编制法》中，规定各级审判厅内附设"检事局"作为检察机关。土地革命时期，人民检察制度在根据地建立，中央苏区设置临时最高法院，内设检察长、检察员，以"检察员"称呼检察官并延续至今。在 1954 年第一部人民检察院组织法上无"检察官"一词，而只有"检察人员"一词。"检察官"一词在我国最初确定是从 1995 年制定的检察官法开始。过去的"检察人员"的外延与现在的"检察官"基本一致。现行检察官法于 2019 年与法官法同时修订，固定了司法人员员额制改革成果。

1. 检察官身份的取得。根据现行《检察官法》第 2 条规定，检察官是依法行使国家检察权的检察人员，包括最高人民检察院、地方各级人民检察院和军事检察院等专门人民检察院的检察长、副检察长、检察委员会委员和检察员。据统计，员额制改革之前，全国检察官人数达到 15 万人。到 2017 年全国员额制改革推开后，全国检察机关遴选员额检察官 84444 人，占中央政法专项编制的 32.87%。^① 取得检察官职位的法律程序是通过全国人民代表大会、地方各级人民代表大会及其常务委员会的选举、任免，并且各级人民检察院检察长由各级地方人民代表大会选举，地方各级人民检察院检察长的任免，须报上一级人民检察院检察长提请该级人民代表大会常务委员会批准。

如同法官一样，员额制改革后，检察官职务的取得增加了遴选入额程序，省级检察官遴选委员会对检察官是否具有任职资格有最终决定权。从网上公示情况看，以广东省检察机关遴选入额程序为例，大概包括笔试、专业能力考核、综合素质考核、候选人考察、遴选委员会专业评审五个环节。上海市检察机关遴选入额程序包括笔试、业绩考核、遴选面试三个环节。

2. 检察官的资格条件。根据《检察官法》第 12 条规定，检察官的资格条件与法官几乎一致，相对于修订前的检察官法，在任职资格的政治素质和专业素质方面都提高了要求，将"拥护中国共产党领导和社会主义制度"作为法定要求，而且提高了对法学专业学历的要求，至少要具有法学本科学历。

员额制改革后，入额检察官在业务素质方面的要求突出强调办案经验。因为员额制改革的目的就是增强办案一线力量配置，"只有检察官才能办案，也只有办案才能担任检察官"。专业素质方面的要求归根结底就是"能够独立办案"。从各试点地区的情况看，均要求五年以上办案经验，而离开办案岗位超过五年的则没有参加遴选成为入额检察官的机会。在专业能力的考核中也主要考核担任助理期间参与办理的案件数量和质量。

3. 检察官队伍的特点。检察官的来源与法官基本类似，也包括大学毕业生经过公务员考试考录进入、军队专业干部、其他部门调入三个主要来源。当前法学专业大学毕业生是检察官助理的主要来源，检察官也主要在这一群体中产生。目前员额检察官年龄结构以中青年为主体。据公开报道，2016 年上海市检察机关员额制改革后，员额检察官队伍平均年龄下降 2—3 岁，在45 岁左右。同年北京市员额检察官队伍平均年龄为 43 岁。江苏省连云港市全市员额检察官中 50 岁以下占到 76%。

4. 检察官的教育培训。成为检察官的教育培训要求与法官也基本相同，大学毕业生通过国家统一法律职业资格考试后，可以报考地方各级人民检察院。进入检察院后，一般也采取资深检察官带教预备检察官的培训模式，带

---

① 2017 年《最高人民检察院关于人民检察院全面深化司法改革情况的报告》。

教过程会持续整个任命助理检察员之前的一到两年时间。[①]

检察院的办案业务较为多元，包括审查批准逮捕、审查起诉、刑事执行检察、职务犯罪侦查、民事行政检察等内容差异巨大的业务。根据 2007 年最高人民检察院《检察官培训条例》的要求，检察官培训分为任职资格培训、领导素能培训、专项业务培训和岗位技能培训。其中，任职资格培训包括初任检察官培训、晋升高级检察官培训。员额制改革后，对于检察官的教育培训推出了检察官研修制度，一些省级检察院还专门制定研修管理办案和方案。有的地方检察机关加强检察官理论研究能力，与法学研究机构和高校合作建立研修基地，由学者专家辅导检察官开展理论课题研究。有的地方检察机关突出岗位练兵实战性要求，按照"干什么、练什么、缺什么、补什么"的原则，大力推行"检察官＋实战训练＋双向互动式"培训，打造实践演练平台。还有的地方按照省市县三级检察院司法实务的不同要求涉及研修课程。省检察院检察官的业务研修项目，以法律适用问题请示，业务指导性案例撰写，立法和司法解释实施情况调研，专项业务工作分析，规范性文件调研和起草等内容为主；市级院检察官的业务研修项目，以法律适用问题请示，指导性案例的撰写，业务规范性文件的起草，案例评析和办案心得、案件剖析的撰写，优秀司法文书的撰写和类案问题的调研等项目为主；县区院检察官的业务研修项目，以案例评析和办案心得、案件剖析的撰写，优秀司法文书的起草为主。[②]

5. 检察官的职务等级和薪酬保障。根据 2019 年《检察官法》第 27 条规定，检察官实行单独职务序列管理。检察官等级分为十二级，依次为首席大检察官、一级大检察官、二级大检察官、一级高级检察官、二级高级检察官、三级高级检察官、四级高级检察官、一级检察官、二级检察官、三级检察官、四级检察官、五级检察官。但是，检察官等级也很难与行政级别完全脱钩，特别是检察官仍然要在体制内交流任职，高级检察官员额数量也与所在检察院的行政级别密切相关。《检察官法》对检察官的薪酬保障制定专门条文，要求按照检察官等级享有国家工资待遇，并且建立与公务员工资同步

---

① 参见张爱玉:《上海松江检察院资深检察官与新进人员进行带教培养签约》，载正义网 2012 年 9 月 13 日，http://www.jcrb.com/procuratorate/jckx/201209/t20120913_946653. html，2015 年 7 月 23 日访问。

② 参见甘肃省人民检察院研究室:《创新思路构建检察官业务研修制度》，载《检察日报》2017 年 10 月 22 日，第 3 版。

调整机制、定期增资机制等。据一些网络自媒体统计，从全国范围来看，检察官工资的地区差异很大。同时，还要注意到检察官的薪酬待遇是与其职务挂钩的，一旦调离或者退休后高于普通公务员的薪酬待遇也就不再保留。

（三）法官助理和检察官助理

2018年修订后的《人民法院组织法》第48条规定，法官助理在法官指导下负责审查案件材料、草拟法律文书等审判辅助事务。符合法官任职条件的法官助理，经遴选后可以按照法官任免程序任命为法官。2018年修订后的《人民检察院组织法》第43条对检察官助理作了几乎相同的规定。由此可见，法官助理和检察官助理的职责是辅助法官、检察官审理审查案件，并作为法官、检察官的后备队伍。

早在1999年最高人民法院首个《人民法院五年改革纲要（1999—2003）》就提出在高级法院开展法官助理的试点，目的是让法官助理协助法官工作，使法官专司审判事务，从辅助事务中解放出来，到2014年《人民法院第四个五年改革纲要（2004—2018）》，再次提出"推进法院人员分类管理制度改革，将法院工作人员分为法官、审判辅助人员和司法行政人员，实行分类管理"。检察官助理的改革起步较晚，是2014年司法人员分类改革中首次提出，[①] 检察官助理受检察官指导在司法办案工作中承担辅助任务，与法官助理的设置相同，也是希望检察官能够专司办案业务，从辅助事务中解放出来。

1.法官助理和检察官助理的任职条件。在司法人员分类改革前，各级法院、检察院在招录时不加区分，统称为招录"工作人员"。改革后各级法院开始分别招录法官助理、检察官助理和司法行政人员。其中招录法官助理、检察官助理的资格条件与以往招录助理审判员、助理检察员相比并无太大变化。以2017年江苏省招录法官助理、检察官助理的条件为例，应具备以下条件：通过全国统一司法考试（A）、普通高等学校政法专业本科及以上毕业、年龄18周岁以上35周岁以下、具有良好的道德情操和心理素质、身体健康、体检标准按照修订后的《公务员录用体检通用标准（试行）》执行；曾因犯罪受过刑事处罚、曾被开除公职、法律规定不得录用为审判人员、检察人员的其他情形的除外。

现有的法官助理、检察官助理实际上有两个来源：一是改革后新招录

---

① 参见中央全面深化改革领导小组第三次会议通过的《关于司法体制改革试点若干问题的框架意见》。

的，另一个则是原来的助理审判员、助理检察员和一部分不能入额的审判员、检察员转任的。法官助理、检察官助理制度推行面临一些现实矛盾，即多数任命为法官助理、检察官助理的原本具有助理审判员、助理检察员身份，改革的效果是把法院审判辅助人员的称谓调换了一下。① 根据现行法官法和检察官法，助理审判员、助理检察员属于法官助理、检察官，而转任检察官助理则丧失检察官身份，不可否认对司法官队伍的稳定性造成一定的冲击，改革的现实性和合法性如何调和也需要研究。但是，这一部分人员的问题随着时间推移会逐步解决，员额制改革经历五年后，目前的分类招录的法官助理、检察官助理已经成为队伍主体。

2. 法官助理和检察官助理的职责。根据司法责任制改革中最高人民法院、最高人民检察院的相关改革文件规定，法官助理并非具备审判权的主体，只能从事"在法官指导下审查诉讼材料、庭前组织交换证据、代表法官主持调解、接待诉讼参与人、协助法官调查取证、保全执行、进行调查、草拟法律文书"等程序性职责。检察官助理的定位是"协助检察官开展各项法律辅助业务"，在检察官的指导下承担相关司法办案工作。在办案职责、选任条件等方面大陆的检察官助理都与台湾地区检察官助理比较接近。依据台湾地区"法院组织法"第 66 条之 3 第一项第三款的规定，检察事务官还得协助检察官行使法定的提起公诉、实行公诉、协助担当自诉及指挥刑事裁判之执行等职权。但是，检察官助理必须以检察官的名义担当上述职责。

从目前实践情况看，法官助理、检察官助理和书记员的权责界定还很模糊，法官助理、检察官助理有时在代行法官、检察官的权力，如有的省、自治区、直辖市明确规定在改革过渡时期，法官助理、检察官助理可以被授权行使部分法官、检察官的办案权力，但是有时还要承担书记员的工作。以上海为例，在庭审程序中在书记员座位旁边新设了法官助理的席位。② 法官助理、检察官助理与书记员在职责上最大的区别在于，需要在对案件形成自己的判断意见供法官、检察官决策。但是，这会让法官助理、检察官助理继续扮演原来助理审判员、助理检察员的角色，而法官、检察官有可能变成新的审批层级，沿袭"审者不判"的问题。法官、检察官助理的职权定位还需要

---

① 参见苏力：《法官遴选制度考察》，载《法学》2004 年第 3 期。
② 参见王烨捷、周凯：《法官助理首次出席庭审》，载《中国青年报》2014 年 9 月 29 日，第 3 版。

理论和立法上的进一步论证和明确。[①]

　　司法助理与司法官权责不明的问题在审判工作中并不突出，原因在于审判活动比较"消极被动"，法官的主要工作都在庭审"幕后"，而在检察机关表现得比较突出。这一问题有两个主要表现：一是检察官助理能否在法庭上发言。在改革初期有的地方检察机关让检察官助理承担宣读起诉书、展示证据等工作。2020年在引发较大网络舆情的包头王永明涉黑案庭审中，就有辩护律师公开表示检察官助理在法庭上发言违反刑事诉讼法。根据最高检检答网专家组的解答意见：宣读起诉书、讯问、询问、质证、答辩及发表出庭意见等属于检察官亲历事项，属于出庭的重要职责，应当由检察官本人履行。二是检察官助理是否为检察办案组的成员。检察官办案组是法定的检察机关办案组织形式，有观点认为检察官助理不是办案组成员，办案组成员只能是检察官。这一观点引发检察系统较大争议，广大检察官助理认为这一观点没有充分承认检察官助理在检察办案中的重要作用。2019年最高检法律政策研究室相关负责同志撰文指出："检察辅助人员是以独任检察官或者检察官办案组为核心的办案团队的重要组成部分，对于检察官办理案件具有重要的辅助作用。"[②]　相关争议就此才逐步平息。

（四）人民陪审员

　　人民陪审员制度在新中国起步较早。《五四宪法》就规定"人民法院审判案件依照法律规定实行人民陪审员制度"。1954年人民法院组织法专门设置"人民陪审员"一节规定人民陪审员的选任、权利和执行职务的补助。由于人民陪审员是人民主权原则的重要体现，加之新中国成立初期，法官队伍的专业化建设刚刚起步，人民陪审员在审判中发挥的作用与法官基本相同，

---

　　① 参见袁定波：《法官助理身份有望"名正言顺"》，载《法制报》2015年5月31日，第6版。

　　② 高景峰、李先伟：《正确认识和理解人民检察院办案组织的组成与定位》，载《检察日报》2019年1月3日，第3版。

各项制度也相对完备。①1982 年宪法删去了有关人民陪审员的规定，但是刑事诉讼法、民事诉讼法中保留下来了。2004 年第十届全国人大常委会第 11 次会议审议通过了《关于完善人民陪审员制度的决定》(以下简称 2004 年决定)，2015 年第十二届全国人大常委会第 14 次会议审议通过了《关于授权在部分地区开展人民陪审员制度改革试点工作的决定》(以下简称 2015 年决定)。2018 年第十三届全国人大常委会第二次会议审议通过了《人民陪审员法》，2019 年最高人民法院发布《关于适用〈中华人民共和国人民陪审员法〉若干问题的解释》，人民陪审员制度实践进入崭新阶段。

人民陪审员是审判组织的重要成员，也是人民参与司法的重要形式。《人民陪审员法》第 16 条新增人民陪审员和法官组成的"七人合议庭"，人民陪审员在审判组织中的地位得以加强。在人民陪审员法实施之前，人民陪审员制度存在"陪而不审"和功能异化的问题，②实务研究多集中于如何发挥人民陪审员的作用。一是对人民陪审制度合理性和必要性的再认识。一些研究则转向英美法系陪审制度的起源与现实的运行状况，比较借鉴陪审制度在日本、俄罗斯等国的移植和改造过程，试图对我国改革人民陪审员制度有所借鉴。③二是具体化人民陪审员制度的价值目标。一般认为，人民陪审员代表的是司法民主化的要求，是人民群众对审判权的监督手段，但是实际司法民主在司法专业化趋势面前相当无力，一些研究观点提出通过限制人民陪审员的价值目标，发掘人民陪审员的特殊功能来切入司法专业化的形成的传统

---

① 1956 年司法部《关于人民陪审员的名额、任期和产生办法的指示》《关于陪审员是否可以暂代行审判员职务问题的复函》，1956 年最高人民法院《关于各级人民法院民事案件审判程序总结》《各级人民法院刑事案件审判程序总结》，1957 年最高人民法院《关于经陪审合议后的民事案件，审判员又独自进行调解而达成协议的，应否重新合议等问题的复函》《关于主持调解的审判人员是否包括人民陪审员等问题的批复》，1964 年最高人民法院《关于民事案件在开庭审理前试行调解时不必邀请人民陪审员参加的批复》等规范性文件形成了最早的人民陪审员制度体系。

② 参见彭小龙:《人民陪审员制度的复苏与实践:1998—2010》，载《法学研究》2011 年第 1 期。

③ 通过比较重新认识人民陪审员制度的研究成果包括:李真、周宏亮:《两大法系陪审制度下我国人民陪审员制度的困境与出路》，载《河北法学》2014 年第 9 期;蒋庄平:《我国与英美国家陪审制度之差异比较——兼论我国人民陪审员制度的改革》，载《法制与社会》2013 年第 6 期;尹琳:《日本裁判员制度的实践与启示》载《政治与法律》2012 年第 1 期;米铁男:《俄罗斯刑事陪审团制度刍议》，载《中国刑事法杂志》2011 年第 5 期;陈琳、肖建华:《论我国人民陪审员参审的角色重构与实现路径》，载《北京社会科学》2021 年第 5 期。

"势力范围"，如引入专家陪审员或者更具有民间伦理象征的陪审员参与陪审。① 三是对人民陪审制度程序的进一步完善。实践领域的通常路径就是进一步完善人民陪审制度的程序规定，规范人民陪审员的选任、退出和惩戒机制、人民陪审员参审的案件范围，增加参与合议庭的人民陪审员数量，设置人民陪审员的提前阅卷程序，以增强人民陪审员在合议庭中参与合议，影响合议庭裁决结果的能力。②

1. 人民陪审员身份的取得。在 2004 年决定中，人民陪审员的员额由基层人民法院提请同级人民代表大会常务委员会确定。人民陪审员身份取得采取"推荐—审查—任命"程序，由其所在单位或者户籍所在地的基层组织向基层人民法院推荐，或者本人提出申请，由基层人民法院会同同级人民政府司法行政机关进行审查，并由基层人民法院院长提出人民陪审员人选，提请同级人民代表大会常务委员会任命。2015 年决定将人民陪审员任命程序变更为"抽选—审查—抽选任命"的程序，由基层和中级人民法院每五年从符合条件的当地选民或者当地常住居民名单中随机抽选当地法院法官员额数 5 倍以上的人员作为人民陪审员候选人，制作人民陪审员候选人名册，建立人民陪审员候选人信息库。基层和中级人民法院会同同级司法行政机关对人民陪审员候选人进行资格审查，征求候选人意见，从审核过的名单中随机抽选不低于当地法院法官员额数 3—5 倍的人员作为人民陪审员，建立人民陪审员名册，提请同级人大常委会任命。2015 年决定的任命程序被《人民陪审员法》采纳。

2. 人民陪审员的资格条件。根据《人民陪审员法》第 5 条，人民陪审员应当具备下列条件：（1）拥护中华人民共和国宪法；（2）年满二十八周岁；（3）遵纪守法、品行良好、公道正派；（4）具有正常履行职责的身体条件；（5）担任人民陪审员，一般应当具有高中以上文化程度。农村地区和贫困偏远地区公道正派、德高望重者不受此限，还可以进一步降低。但是，其他法律职业人员不具有担任人民陪审员的资格，即人民代表大会常务委员会组成人员、监察委员会、人民法院、人民检察院、公安机关、国家安全机关、司

---

① 参见刘士军、张朴田：《人民陪审员制度的反思及其可能的走向》，载《湖南警察学院学报》2011 年第 4 期；邵栋豪、梁晓峰：《以司法伦理化为基础重塑人民陪审员制度》，载《山东青年政治学院学报》2011 年第 6 期。

② 参见张先明：《聚焦人民监督员制度七大改革》，载《人民法院报》2015 年 4 月 21 日，第 1 版。

法行政机关工作人员、律师、公证员、仲裁员、基层法律服务工作者等。

3. 人民陪审员队伍的特点。2013 年 10 月 22 日，十二届全国人大常委会第五次会议听取最高人民法院院长周强作的《关于人民陪审员决定执行和人民陪审员工作情况的报告》。报告中提出，全国人民陪审员人数达到 12.7 万人，其中大学专科以上学历占 85%，普通群众占全国新增人民陪审员比例为 76%，占全部人民陪审员的 53%，人民陪审员的代表性和广泛性明显增强。各地法院丰富选任方式，尽可能增加人民陪审员队伍的代表性，既广泛邀请人大代表、政协委员、专家学者以及社区工作者参加陪审工作，也注重提高普通群众代表所占比例，不断优化人民陪审员队伍结构。各地普遍规定了选任普通群众担任人民陪审员的最低比例。但是，由于 2004 年决定对人民陪审员文化程度要求偏高，导致普通群众在人民陪审员中所占比例偏低，在一些经济落后、地理偏远地区，人民陪审员数量也不足。[①] 在 2014 年改革之前，司法实务界对人民陪审员的角色期待是"法律内行、同职同权"，也就是 2004 年决定中要求的"在事实认定、法律适用、参与调解、法制教育等方面全面履职，承载弘扬司法民主、促进司法公正、保证司法廉洁、维护司法权威的功能。"[②] 这一角色定位导致各地法院倾向于任命法律专业人士和特定专业领域的专业人士，进一步加剧了人民陪审员在审判中与法官认识趋同，陪审的形式化特征更加明显。2014 年改革后各地选任人民陪审员更加强调"通民情、知民意、接地气"的普通群众代表。

4. 人民陪审员的审判职责。根据 2018 年最高人民法院《关于人民陪审员制度改革试点情况的报告》，人民陪审员的审判职权虽然同等，但是必须实现法律审和事实审的分离，法律审与事实审的分离是人民陪审员制度实现的重要支点，人民陪审员应当主要在事实审中发挥作用。[③]《人民陪审员法》第 22 条规定："人民陪审员参加七人合议庭审判案件，对事实认定，独立发表意见，并与法官共同表决；对法律适用，可以发表意见，但不参加表决。"最高人民法院《关于适用〈中华人民共和国人民陪审员法〉若干问题的解释》第

[①] 参见 2013 年 10 月 22 日第十二届全国人民代表大会常务委员会第五次会议《最高人民法院关于人民陪审员决定执行和人民陪审员工作情况的报告》。
[②] 陈琳、肖建华：《论我国人民陪审员参审的角色重构与实现路径》，载《北京社会科学》2021 年第 5 期。
[③] 张奇源、姚艳：《构筑事实审与法律审分离的辅助机制》，载《西部学刊》2021 年第 24 期。

13 条第 2 款也明确规定:"人民陪审员全程参加合议庭评议,对于事实认定问题,由人民陪审员和法官在共同评议的基础上进行表决。对于法律适用问题,人民陪审员不参加表决,但可以发表意见,并记录在卷。"法官通过在评议中的口头引导帮助人民陪审员分清事实问题和法律问题,还有观点建议通过书面指引进一步引导人民陪审员,防止法官滥用引导职权。严格来说,事实问题和法律问题有时候不能作截然的划分,哪些问题属于需要判断的事实问题本身也包含法律判断。从某种意义上说,人民陪审员审判的范围是在合议庭中的审判长的决定影响下。这个问题在后文的裁判方法中会有进一步解释。

（五）人民监督员

人民监督员制度是检察机关为加强对查办职务犯罪工作的监督而探索建立的一项重大制度,是人民群众监督司法、参与司法的重要形式。人民监督员制度的正式实施始于 2004 年最高人民检察院制定发布《关于实行人民监督员制度的规定（试行）》（以下简称 2004 年规定）。但是,人民监督员制度并未法治化,只是在 2012 年最高人民检察院《人民检察院刑事诉讼规则（试行）》中第 706 条规定:"人民检察院办理直接立案侦查的案件接受人民监督员的监督,具体程序依照有关规定办理。"2015 年中央全面深化改革领导小组审议通过了《深化人民监督员制度改革方案》（以下简称 2015 年方案）并经最高人民检察院、司法部公布,对人民监督员的选任和重要的程序问题提出了改革试点方案。同年,最高人民检察院制定《最高人民检察院关于人民监督员监督工作的规定》。

人民监督员改革从 2004 年开始已经历时 10 年以上。一般认为,人民监督员制度的建立是为了对检察机关的职务犯罪侦查权实施监督,改变职务犯罪案件的侦查、逮捕和起诉缺乏外部监督的问题,参照了英美法系的大陪审团制度和日本的检察审查会制度。[①]对人民监督员制度的主要争论和质疑在于人民监督员并不是完全的外部监督方式,在选任、监督范围、监督程序和监督效力等多方面均受到检察机关本身的制约。比如,在选任方式上,许多质疑观点指出,人民监督员是检察机关自己选任监督自己,来源上多为官员、

---

① 参见秦前红:《人民监督员制度的立法研究》,武汉大学出版社 2010 年版,第 12—18 页。

教授、企业高管等精英阶层。① 又如,在监督范围上,多数研究均指出,监督程序的启动由检察机关主导,犯罪嫌疑人、被告人及其辩护律师没有知情权和申请启动的权利,因此对检察机关侦查活动的违法违规行为的监督就很少。② 2015年中央深化改革领导小组审议通过的《深化人民监督员制度改革方案》吸收考虑了实践与研究中的主要问题,将人民监督员的选任交由司法行政部门,限制机关、团体、事业单位工作人员候选人不超过50%,赋予人民监督员案件知情权和检察院不接受人民监督员监督意见时申请上一级检察院复议的权利。

2015年改革以后,对人民监督员制度发展带来最大不确定性的并非制度改革本身,而是人民检察院法定职责的变化。国家监察体制改革后,人民检察院的职务犯罪侦查权发生重大调整,检察院仅保留部分司法工作人员职务犯罪的侦查权,绝大多数公职人员职务犯罪的调查权由国家监察委承担,人民监督员监督案件和范围也相应大大缩小,人民监督员制度发生重大调整。2019年最高检制定发布《人民检察院办案活动接受人民监督员监督的规定》(以下简称《规定》),回应国家监察体制改革后的监督新形势。2022年最高人民检察院、司法部修订《人民监督员选任管理办法》(以下简称《办法》)也将监督范围从原来的"案件"修改为"办案活动",扩大了监督范围,理论上说检察机关的所有办案活动都可以邀请人民监督员监督,这也进一步推动了人民监督员制度健康发展。

1. 人民监督员身份的取得。根据2004年规定第8条:人民监督员由机关、团体、企业事业单位和基层组织经民主推荐、征得本人同意、考察后确认,也就是"推荐—考察—确认"的选任模式。在实践中有的地方检察机关采取了上一级检察院统一确认任命的做法,不是由本级检察院自己任命自己的人民监督员。而2015年方案对人民监督员的选任做出了重大修改,选任的职责部门从检察机关自身变为司法行政部门。选任方法是省级和设区的市级司法

---

① 参见王忠良:《人民监督员选任机制之现实困境与实践进路》,载《西南政法大学学报》2012年第4期;温后钟、王芳:《关于完善我国人民监督员选任机制的思考》,载《广州市公安管理干部学院学报》2008年第3期;李晓郭、胡旭宇:《刍议人民监督员选任模式》,载《广西警官高等专科学校学报》2014年第5期;姜双林:《关于人民监督员选任机制的思考》,载《行政与法》2006年第9期。

② 参见项谷:《人民监督员监督案件之实务研究》,载《国家检察官学院学报》2007年第1期;苏明明:《检察院人民监督员制度探讨》,载《法制与社会》2007年第3期;常艳:《人民监督员制度深化发展的路径》,载《国家检察官学院学报》2007年第5期。

行政机关与同级人民检察院协商，根据本辖区案件数量、人口、地域、民族等因素合理确定人民监督员的名额及分布。省级和设区的市级司法行政机关协调有关机关、团体、企事业单位和基层组织推荐人民监督员人选，并接受公民自荐报名，对推荐和自荐人选进行审查，提出拟任人民监督员人选并向社会公示。① 2022 年《办法》基本延续了这一选任模式。

2. 人民监督员的资格条件。2022 年《办法》第 8 条规定："拥护中华人民共和国宪法、品行良好、公道正派、身体健康的年满 23 周岁的中国公民，可以担任人民监督员。人民监督员应当具有高中以上文化学历。"人民监督员的任职资格条件与人民陪审员基本相同，但是任职的排除条件与人民陪审员有显著差异。人民陪审员排除了其他法律职业人员，包括从事立法、司法、仲裁、公证等职业。人民监督员的任职排除条件，主要是排除了人民代表大会常委会组成人员、监察机关、人民法院、人民检察院、公安机关、国家安全机关、司法行政机关在职人员，而且还排除了人民陪审员，原因可能是检察机关履行审判监督职责，可能涵盖人民陪审员的履职行为，因此人民监督员监督检察机关审判监督活动，必然要避免人民陪审员兼任人民监督员。

3. 人民监督员队伍的特点。与人民陪审员不同，人民监督员队伍没有精英化的尝试，从一开始就试图走人民性、大众化的发展路线。最高人民检察院和司法部明确要求各地人民监督员拟任人选中，来自机关、团体、企事业单位的人员一般不得超过 50%。到 2015 年方案出台前，全国 10 个试点省市共选任人民监督员 5300 人，其中省级院人民监督员 853 名，市级院 4450 多名。② 在队伍结构上，各地都力求人民监督员队伍更具有大众化和代表性。以河北省司法厅发布的 2022 年河北省选任人民监督员的队伍结构情况为例：一是年龄结构更合理。35 岁以下占 14.2%，36—50 岁占 65%，51 岁以上占 20.8%，达到了梯次搭配、新老结合的目标。二是行业覆盖面更广。机关、事业单位工作人员占 29%，基层、企业、社团和其他人员占 71%，涵盖法律、教育、医疗、卫生、审计、金融、消费、工程等领域和行业。三是广泛性、代表性更强。中共党员占比为 56.7%，民主党派占比为 19.1%，人大代表和

---

① 参见 2015 年最高人民检察院、司法部《深化人民监督员制度改革方案》。

② 参见周斌文：《人民监督员制度改革稳妥有序推进——试点 10 省份选出 5300 余名人民监督员》，载《法制报》2015 年 7 月 7 日，第 5 版。

政协委员占比为25%，少数民族、退役军人占比为10%。四是学历层次更高。硕士研究生及以上学历占30%，本科学历占65%。

4. 人民监督员的监督对象。根据2019年《规定》，人民监督员可以监督的办案活动包括：案件公开审查、公开听证；检察官出庭支持公诉；巡回检察；检察建议的研究提出、督促落实等相关工作；法律文书宣告送达；案件质量评查；司法规范化检查；检察工作情况通报；其他相关司法办案工作。2015年之前人民监督员的监督对象以检察机关直接立案侦查的职务犯罪案件为主，其他办案活动为辅，而在现行检察机关职权框架下，监督直接立案侦查的职务犯罪案件已经成为极少数，其他办案活动监督成为制度主体。

二、裁判方法

通常所谓的"裁判方法"是指被称为"涵摄"的法律适用方法，也就是确定生活事实与法律规范之间的关系，检验事实是否满足法律规范的事实构成，并因此产生规范所规定的法律后果。[①] 实际上"涵摄"只是办案组织裁判过程的"后半程"，确定生活事实，也就是查明案件事实是司法机关办案组织的主要职责，可能是难度更大，要运用司法人员法律知识、生活经验、其他专业领域知识的复杂认识活动，从决定是否提请公诉的检察官到作出裁判的合议庭概莫能外。

司法机关办案组织判断案件的正当性建立在人类能够通过一系列认识活动还原案件事实的可能性基础上。司法机关办案组织查明案件事实是一个特殊的过程，它不同于自然科学研究中对实验结论的预测、记录和归纳过程，也不同于运用专业知识对案件事实的调查发现，如鉴定交通事故、对尸体的检验、死亡原因的鉴定等，甚至不同于司法机关办案组织另一项专有的特殊活动——法律适用。司法机关办案组织查明案件事实采取的基本方法为运用自由心证的证据裁判。从本质上来说，自由心证就是把一系列复杂判断简化为司法官内心对证据证明力轻重的衡量，这种裁判方法具体而言分为以下步骤：

（一）确定待证事实

发现司法中的待证事实的过程在刑事诉讼学理上关注比较多，被称为"事实发现"或者证明问题。在司法过程中有待发现的事实被称为"法律事实"，以与客观事实相区别，是法律适用过程中的"涵摄"要运用的"小前

---

① ［德］魏德士：《法理学》，吴越、丁晓春译，法律出版社2005年版，第295页。

提"。一个经常在法庭上出现的情况在提醒我们法律事实与客观事实有很大不同——当事人情绪激动讲了很多，法官不得不打断他"说正事、说正事"。在当事人朴素的生活伦理中，他们之间纠纷有关的人情世故、来龙去脉、细枝末节的事实都是法官应该考虑的事实，而法官只想知道对法律适用有关的事实，也就是有可能纳入"涵摄"的"小前提"事实。如《刑事诉讼法》第55条第（一）项规定，定罪量刑的事实都有证据证明。

"定罪量刑的事实"实际上是经过法律规范确立的事实范式塑造出来的事实。司法机关办案组织汇总在事实调查过程中汇总过来的各方面信息材料，根据法律人专业知识进行"裁剪"。大多数情况下，某个特定案件总是能与特定法条塑造的事实范式等置对应，但是，也有很多情况下特定案件事实与多个法条确定的事实范式可以对应，这时候就需要法官作出选择。[①] 比如，被告人借助网络程序漏洞"窃取"他人财物，司法人员会面临将被告人的行为纳入盗窃还是诈骗两类不同事实范式的选择难题。又如，在民事诉讼中，司法人员也经常会面临合同还是侵权的事实范式选择问题。

即使在法官作出选择后，法律中还有一类"小前提"事实具有很大的不确定性，需要司法人员的选择，这就是所谓的"主观要件"事实，也就是常见的"故意"还是"过失"的判断。主观要件事实实际上不可能被直接证明或发现，没有任何技术条件能够发现在案件发生时当事人的主观心态。主观心态的证明仍然通过客观事实的"剪裁"来构建。比如，在交通事故发生后，司法人员从行为人是否采取制动措施来判断在主观上是故意还是过失。因而待证事实的确定不是逻辑推论的顺序问题，像过失一类的事实要件与目的和（价值）评价有关。[②] 法官在确定待证事实时并不是在适用某个法条，有时候甚至在适用整部法典。

结合最高人民法院《关于适用〈中华人民共和国民事诉讼法〉的解释》第93条规定了当事人无须证明的事实，其中一些涉及自然知识和生活经验的判断，如自然规律以及定理、定律、众所周知的事实；另一些涉及法律事实的判断，如已经为人民法院生效裁判确认的事实、已为仲裁机构生效裁决、有效公证文书证明的事实。在刑事诉讼中同样也有一些无须证明的事实，哪些案件事实需要调查确定是裁判的起点，也是容易被重视的一点。还有一种

---

① 参见孙日华：《裁判事实如何形成》，载《北方法学》2011年第6期。
② ［德］魏德士：《法理学》，吴越、丁晓春译，法律出版社2005年版，第291页。

特殊情况，法官甚至不用确定待证事实就要作出裁决，这就是民事上的"谁主张，谁举证"，或者是刑事诉讼上的"存疑时有利于被告人"原则。当起诉一方对其主张的事实不能提供足够证据的情况下，这一事实主张也就不会成为法官需要查明的事实。

（二）听取意见或者公平听审

司法活动与其他人类的专业活动有着显著不同，争议双方齐备，法官居中听审这一程序模式成为司法活动的特质。东西方司法制度虽然差异很大，但是审判的程序形式却基本相同。司法官要公平听取争议双方的意见和辩解，公平审查双方提出的案件材料，确认哪些证据材料与待证事实相关，以及是否合法，也就是认定证据材料是否可以进入最终证明力衡量的入口，相关性的、合法性确定有可能直接影响证明事实。司法官听取争议双方意见的活动赋予司法活动不同于其他专业活动的特质。

以刑事诉讼程序为例的完整的法庭审理过程，包括检察官作为指控人宣读起诉书，举证和质证，发表出庭意见和法庭辩论，被告人最终陈述等。最为重要的程序步骤就是交叉询问（cross-examine），也就是每一项证据、证言都要听取控辩双方的意见。传统上认为英美法系相对于大陆法系更加强调司法程序的独立价值。起源于英国大宪章，成就于法国《人权和公民权利宣言》和美国宪法第五修正案的正当法律程序原则是司法程序中具有支配地位的重要原则，它要求"任何人非经正当程序不被剥夺生命、自由或财产"。罗尔斯认为，不完善的程序正义的基本标准是：当有一种判断正确结果的独立标准时，却没有可以保证达到它的程序。[①] 而审判程序正是属于这种不完善的程序正义，总有另一种标准来判断审判结果是否正当。正当程序在英美法系已经接近于罗尔斯所称的"纯粹程序正义"的价值，正当程序本身即可作为检测剥夺生命、自由或财产正当性的标准。然而，在英美法上并没有检验程序是否"正当"的标准，一般来说正当程序针对的是公权力的行动，应该包含某种"听证"。美国联邦最高法院在 Goldberg v. Kelly 案中对何种程序称得上"正当"提出了若干标准。通说观点认为，正当程序应当包括 10 项内容：没有偏见的法庭；可能实施行为的通知以及实施依据；提出不能实施行为理由的机会；举证包括传唤证人的权利；了解

---

① ［美］约翰·罗尔斯：《正义论》，何怀宏等译，中国社会科学出版社 1988 年版，第 82 页。

相反证据的权利；交叉询问相反证人的权利；裁判只能基于举证作出；获得法律帮助的机会；对举证的法庭记录；法庭书面陈述裁判和依据。正当法律程序原则实际上已经成为各国法治实践共同的原则，但是，正当程序原则并不是绝对的。美国宪法第五修正案其实还包含一层含义，即程序成本要与裁决关联的权益相适应，当涉及生命、重大人身自由或者重大财产利益的处置时才需要完备的庭审程序来决定，而程序决定的结果仅是对人身自由或者财产很轻微的影响时，"正当"的含义会明显不同。美国联邦法院在 Goldberg v. Kelly 案之后的 Mathews v. Eldridge 案中提出了三项程序与结果是否相适应的判断标准：一是官方行为可能影响的私人权益；二是通过所使用的程序错误地剥夺此类利益的风险，以及可能存在的额外或替代程序保障的可能价值；三是政府的利益，包括所涉及的职能以及附加或替代程序要求将带来的财政和行政负担。

正当程序原则不仅是法庭作出裁决的基石，在检察官的办案活动中也要遵循正当程序原则，只不过其"正当"的含义不等于三方齐备的审判程序，在正当的完备性上的要求稍弱。比如，在美国刑事司法系统中，权力最大的检察官也要受到大陪审团的制约。根据美国联邦宪法第五修正案，在重罪起诉中检察官先要向大陪审团提交申请公诉书，大陪审团传唤证人审查后作出准予起诉或者不准起诉的决定。相较于陪审团的不同之处在于，大陪审团传唤证人并不需要交叉讯问，只有检察官向证人发问。此外，检察官在审查案件时要采取限制人身自由、扣押财产的强制措施时，也要向法庭提出申请。法庭在公平听证的基础上作出裁决。在我国的刑事诉讼程序中，根据现行《刑事诉讼法》第 173 条规定，检察官在审查起诉中应当讯问犯罪嫌疑人，听取辩护人或者值班律师、被害人及其诉讼代理人的意见。根据《刑事诉讼法》第 88 条规定，检察官在审查逮捕过程中，在三种情况下也要直接讯问犯罪嫌疑人。也就是检察官对犯罪嫌疑人是否符合逮捕条件有疑问；犯罪嫌疑人要求当面向检察官陈述；侦查活动可能有重大违法行为的。我国检察机关在办案中也在尝试适用三方齐备的公平听证程序。根据 2020 年最高人民检察院《人民检察院审查案件听证工作规定》第 4 条，检察院办理羁押必要性审查案件、拟不起诉案件、刑事申诉案件、民事诉讼监督案件、行政诉讼监督案件、公益诉讼案件等，在事实认定、法律适用、案件处理等方面存在较大争议，或者有重大社会影响，需要当面听取当事人和其他相关人员意见的，经检察长批准，可以召开听证会。从当今的司法实践看，正当程序原则已经超越不同法系、不同司法机关办案模式，成为司法活动的共通原则，也是所有司法机关办案组织履行裁判职责的共同方法。

（三）审查证据材料

司法机关发现案件事实的过程实际上就是对证据材料进行判断的过程，衡量证据证明力大小是查明事实的核心环节，刑事诉讼程序中专门称之为"证据裁判规则"，但是民事、行政诉讼中也发展完善了自己的证据裁判规则。证据裁判规则在诉讼程序中的确立被认为是人类司法活动从野蛮蒙昧走向科学的标志，而在此之前人类的裁判活动主要依靠口供和神明裁判，缺少理性因素。比如，在中国古代传统的司法程序中，口供在事实认定方面具有决定性意义。在西方国家传统的司法程序中也有相同的倾向。陪审团最初并不是作为裁判主体存在，而是作为事实的证明手段。来自于被告人住所地周围的，具有身份体面的邻人被法庭召集起来，实际上是为了对被告人的口供提供证明。证据裁判规则对司法人员的事实判断活动形成了规范和制约，事实的查明过程在一定规则下变得可以预测，也可以被重复。证据裁判规则被称为支配事实认定的帝王条款。证据裁判规则包括两方面内容：一是证据材料是否可以成为证据，即是否有成为证据的资格。二是运用证据证明事实的规则。

证据资格条件的设置主要为了发现事实真相和规范取证手段。中国古代司法程序对关键证据——口供的获取就设置了一些规则。比如，《睡虎地秦简》中记载对犯罪嫌疑人进行刑讯，只能是涉嫌可能判处"笞掠"刑罚的罪名，而且采取"笞掠"措施前，官吏必须书写"爰书"记录。《唐律疏议》有记载"拷囚不得过三度""非亲典主司不得至囚所"等。进入现代以后，证据资格作为规范取证手段规则的作用更加明显。比较著名的就是美国的"米兰达规则"，在获取犯罪嫌疑人供述时，如果执法人员没有向犯罪嫌疑人作"米兰达警告"，口供就不能在审判中使用。在大陆法系国家，证据资格一般包含两方面条件：一是证据材料不被法律禁止；二是证据获得经过法定的调查程序。在我国的司法实践中对证据资格的要求非常高，但是实务中通常使用的术语是"证据标准""证据规格"，比如，"公安办案证据规格"会列举每一种罪名需要的证据材料及其形式要求，而各类案件和各类证据材料都会有专门的形式要求。又如，2019年公安部《公安机关办理刑事案件电子数据取证规则》对获取并固定电子数据证据作出具体规定。如果使用常见的打印、拍照或录像方式固定证据必须是无法扣押原始存储介质并且无法提取电子数据的情况下，或者存在电子数据自毁功能或者装置，需要及时固定相关证据，或者需要现场演示、查看相关电子数据的情况下。虽然各种现行规范对证据规格有复杂的规定，但是这些证据规格的要求却很难有排除证据的效果，遇到证据规格的问题，办案机关更多倾向于"补强"而不是"排除"。实践中越是客观证据越容易因为不符合形式条件被排除，越是被告人供述、证人证言等主观证据，即使存在问题，也会被反复补强。

运用证据证明事实的方式在大陆法系国家有严格证明和自由证明两种原则。严格证明是指证据的证明必须按照法定的形式，根据法定的审查方法来完成，司法官必须严格遵守法律对各种证据证明力的规定。这种证明原则的特点就是把人的主观因素尽可能压到最低，试图让所有人面对相同证据材料作出相同的判断，所以又被称为"明码标价"的规范证明模式。如同 2002 年《最高人民法院关于民事诉讼证据的规定》第 77 条的规定："国家机关、社会团体依职权制作的公文书证的证明力一般大于其他书证；物证、档案、鉴定结论、勘验笔录或者经过公证、登记的书证，其证明力一般大于其他书证、视听资料和证人证言；原始证据的证明力一般大于传来证据；直接证据的证明力一般大于间接证据；证人提供的对与其有亲属或者其他密切关系的当事人有利的证言，其证明力一般小于其他证人证言。"

自由证明又称为"自由心证"，自由心证与法定证明相反，它并不要求在判断证据时，将某一类证据的证明力放在另一类证据之上，比如哪些人的证言更加可信。同时也不要求在事实证明中有哪些证据就可以确证某一事实。如德国 1877 年刑事诉讼法中指出的："法院应根据从全部法庭审理中所得出的内心确信，来确定调查证据的结果。"法定证明模式下证明过程变成了如同"打牌比大小"的过程，有时候得出的证明结论反而可能违背常识，更为严重的是在法定证明为"制造"冤假错案开出了"操作手册"。自由心证是建立在对法定证明模式批判的基础上，因而大陆法系国家都不在法律中明确规定不同证据的证明力大小。[①] 但是，自由心证模式也有自身的弊端，诸如过于主观，没有强调对取证活动的规范。大陆法系的证明模式并非单纯的自由心证。

我国诉讼法在原则上也采取了自由心证模式，但是，实践过程也体现出

---

① 参见何家弘：《司法证明模式的学理重述——兼评"印证证明模式"》，载《清华法学》2021 年第 5 期。

在法定证明和自由心证之间的平衡调整。比如，在刑事诉讼中对证据证明力大小的判断，最高人民法院《关于适用〈中华人民共和国刑事诉讼法〉的解释》第104条规定："对证据的证明力，应当根据具体情况，从证据与待证事实的关联程度、证据之间的联系等方面进行审查判断。"最高人民检察院《人民检察院刑事诉讼规则》第62条规定："证据的审查认定，应当结合案件的具体情况，从证据与待证事实的关联程度、各证据之间的联系、是否依照法定程序收集等方面进行综合审查判断。"2022年修改后的《最高人民法院关于民事诉讼证据的规定》中删除了第77条，回到了自由心证的模式下，其第88条规定："审判人员对案件的全部证据，应当从各证据与案件事实的关联程度、各证据之间的联系等方面进行综合审查判断。"最高人民法院《关于适用〈中华人民共和国民事诉讼法〉的解释》第105条规定："人民法院应当按照法定程序，全面、客观地审核证据，依照法律规定，运用逻辑推理和日常生活经验法则，对证据有无证明力和证明力大小进行判断，并公开判断的理由和结果。"我国学者普遍认为，中国司法程序中的证明模式采取的是一种称为"印证"的模式，也就是有关待证事实的各种证据材料能够互相印证，形成证据链条或者证明体系。个别不能与其他证据材料印证的证据要么排除，要么进行补强。在证明过程中既主要依靠司法人员自身的经验，也要遵循法律对证据形式的规范，由于对证明链条的要求，又减少了证明结果的主观色彩，能使证明过程尽可能客观、可以被复查复现，实际上是一种"规范化"的自由心证证明模式。

（四）确定法律事实

"以事实为依据，以法律为准绳"是我国司法审判活动的基本原则之一，在刑事、民事和行政诉讼法中均有规定。但是，这句话中的"事实"指的是什么事实，曾经在中国的法学研究中引起长久的争论。中国共产党在长期革命和实践中形成了实事求是的思想路线，"以事实为依据，以法律为准绳"就是实事求是思想路线在司法活动领域的"投影"，与此相适应的是调查研究、群众路线等党的群众工作方法也被运用在人民司法工作中。毛泽东同志对"实事求是"的解释是："实事"就是客观存在的一切事物，"是"就是客观事物的内部联系，即规律性，"求"就是研究。"客观存在的"就是"不以人的主观意志为转移"的客观事实。"以事实为依据"中的"事实"也就是指客观存在的事实。司法工作任务之一就是揭示案件的客观事实，也正是由于揭示客观事实的任务，让中国的司法制度中存在特有的申诉和审判监督程序，即对生效裁判的纠错程序是没有止境的。任何时候发现生效裁判在认定事实方面存在问题，都可以成为纠正生效裁判的原因。

改革开放以后，我国的司法制度吸收人类司法活动的有益成果，采取控辩对抗的诉讼结构，引入证据制度和法律方法论，发展越来越趋向于专业化、专门化。司法活动中能够发现的事实与客观事实也出现分化和差异。这种分化和差异出现的基础首先在于法庭上重现客观事实可能性的怀疑。从唯物主义辩证法出发，客观事实一旦发生就不可能无差异地回溯或者重现。在法庭上通过各种事后间接证明手段发现的事实更不可能与客观事实完全重合。其次，在于法庭上发现事实所采用的专门方法。不论是证据规则、证明模式都不属于客观的调查手段，本身包含着很多法律的价值判断和专门的法律方法论。经由司法人员通过专门司法方法发现的事实必然被加上了一层法律专业的"主观滤镜"。最后，司法活动中发现事实的过程要考虑经济成本。司法活动必须在有限的时间和经济成本中完成，了解争议是司法活动的主要目的，不能为了复现客观事实而无休止地在司法活动中投入时间和经济成本。理论界批评司法程序追求客观事实的主要理由也就是从时间成本考虑，无止境的申诉和审判纠错对当事人、司法机关和社会都是难以承受之重。能够将法律事实和客观事实区分开，并且相信和接受法律事实与客观事实有所不同，很多时候被认为是具有法律专业思维的标志。经过证明力衡量，具有较高证明力的事实就是程序上得以证明的法律事实。在民事诉讼中，只要一方主张的事实有一定的证明力优势就可以成为确证的法律事实，而在刑事诉讼中，证明有罪的证据则要具有排除一切合理怀疑的证明力，才能确证有罪事实。

2020年全国法院审判监督工作会议上仍然强调："要坚持实事求是、有错必纠，正确处理依法纠错和维护裁判权威的关系。"由此可见，我国司法程序仍然坚持对客观事实的追求，并将事实错误始终作为依法纠错的对象。如果单纯从法学的专业视角出发，难以理解我国司法程序对客观事实的追求。但是，社会不可能只从法学专业视角或者法律职业团体的立场出发看待司法裁判。司法裁判活动需要得到社会公众的信赖，不能专断地只从法学专业的视角出发。从司法实践的现实情况看，越是引发社会舆论关注，激发群众讨论热情的"公案"，案件的事实本身越是在不同阶层、差异化的价值视角下变得模糊不清。经过某种"价值滤镜"过滤的法律事实，也许在某一特定时期能够得到社会多数群体的认可，但是能否经得起历史的检验仍然存在疑问。司法裁判真正能获得社会最广泛的信赖，并对历史负责，最好的办法仍然是努力通过司法程序揭示客观事实。

三、办案职权的运行机制

2018年《人民法院组织法》第29条规定："人民法院审理案件，由合议庭或者法官一人独任审理。"根据最高人民法院2013年《关于审判权运行机制改革试点方案》，法院审判组织有三种基本运行机制：合议制、独任制和审判委员会制度。在刑事诉讼法、民事诉讼法和行政诉讼法上，我国司法机关办案组织的一般形式为合议庭。人民法院审判第一审案件，由审判员组成合议庭或者由审判员和人民陪审员组成合议庭进行；简单的民事案件、轻微的刑事案件和法律另有规定的案件，可以由审判员一人独任审判。人民法院审判上诉和抗诉的案件，由审判员组成合议庭进行。但是，审判委员会实行的议案方式是民主集中制。民主集中制是有中国特色的一种司法机关办案组织方式。检察机关办案组织在法律上出现较晚，2018年修订的《人民检察院组织法》首次明确检察机关三种办案组织形式：独任检察官、检察官办案组和检察委员会。检察委员会中实行的是有别于合议制和独任制的特殊组织形式，即检察长领导下的民主集中制。

（一）合议制

合议制的基本规则包括：一是直接听审。合议制不仅是共同议决案件，更重要的共同听审，共同调查案件事实，而且古今合议制的雏形都包括直接听取案件当事人陈述、直接审查证据的内容。二是有决有议。合议制不是一种简单的投票多数决议机制，参与合议的各方主体发表意见也是合议制必须，发表意见既是陈述自己的观点，发表意见不仅是参与合议者的权利，也是一种义务，任何参与合议者不应拒绝在合议范围内发表自己的意见，这也是对其他参与合议主体的说服。三是意见一致。合议制的目的是达成一致意见，在陪审团制度中还保留着一致决议的要求，多数决只是为了保证合议必然产生决议的一种妥协选择。

合议制是国家权力机构运行的基本方式之一，不仅在司法机关采用，立法机关所实行的一般也认为是合议制。我国刑事诉讼法上对合议制的权力运作方式有进一步的规定，即根据《刑事诉讼法》第179条的规定，合议庭进行评议的时候，如果有意见分歧，应当按照多数人的意见作出决定，但是少数人的意见应当写入笔录。人民陪审员参与合议庭的时候，与审判员有同等权利。合议制是人类社会在解决纠纷案件时普遍采用的一种案件评议方式。

在西方，其雏形最早可以追溯到雅典的民众会议和罗马的"库里亚民众会议"，中世纪的封建庄园法院。而在中国，自秦汉时期，对重大案件就有丞相、廷尉和御史中丞的会审制。合议制相对于个人决策可以使对案件事实的认识更加接近客观，克服个人的偏见、常识的偏差和知识能力的局限性，也可以在一定程度上增加司法腐败干扰裁判的难度。①

2006年《人民法院组织法》将合议制规定为法院审理案件的基本组织原则，而2018年《人民法院组织法》改变了这一规定，将合议制和独任制并列为法院审理案件的基本组织形式。普通程序适用合议制，简易程序适用独任制的惯例也被打破，独任制的普通程序也被法律所承认，独任制的适用范围被明显扩大。合议制在全世界范围内同样面对适用范围越来越小的情况。合议制一般只适用于重大案件，而常见婚姻家庭、伤害案件、交通事故案件都适用独任制审判。合议制和独任制适用范围此消彼长的趋势主要是因为诉讼案件的迅速增长给司法体系带来巨大压力。合议制决策形成的制度成本明显高于独任制。在法律扩大独任制适用范围之前，司法实践中经历了长时间的"形合实独"的局面，也就是表面上适用合议制，实际上只有合议庭中的承办法官负责作出判决，其他法官只是参加合议庭而不实际审理案件、发表意见。

审判长职务的固定化、行政化从另一层面也加剧了合议制的虚化问题。最高人民法院2000年颁布《人民法院审判长选任办法（试行）》。各地在实施过程中普遍设立相对固定的合议庭，将审判长选任为相对固定的职务，审判长成为在庭长之下的一级审判管理职位。审判长的实际角色从主持合议庭合议变成对合议庭中其他法官承办案件的管理和审批，而且审判庭中全体审判长组成的审判长会议又可以直接讨论决定整个审判庭中其他法官承办的案件，进一步限制了合议制的实际运行效果。这就使合议庭从审判组织形式变成了审判管理的行政机制。

（二）独任制

独任制的概念来源于法院审判组织，相对于合议制来说独任制出现比较晚，在涉及人的财产和人身自由等重大问题时，人们天然地比较相信众人的智慧，而对个人专断采取慎重态度。比如，我国1979年刑事诉讼法只有合议制一种审判组织形式，1996年修改后的刑事诉讼法增设简易程序才引入独任

---

① 参见张永泉：《论合议庭制度》，载《法律科学》2001年第5期。

制。到目前为止，刑事审判中的独任制只适用于 3 年以下有期徒刑的轻刑案件。大陆法系诉讼程序进入近代化的标志是 1877 年德国民事诉讼法，其中合议制是唯一审判组织形式。到 1924 年独任制的早期形态才在德国民事诉讼法上出现。独任法官最初并不具有裁判案件的权力，而是作为合议庭的辅助角色出现，主持正式庭审开始前的准备程序，进行证据调查，以便于在其后的主审判程序中，证据调查能够一次完成。直到 1975 年德国民事诉讼法再次修改，才在基层法院设置具有审判职权的独任法官。但是，毫无例外，在基层法院独任制已经成为案件审判的主要组织形式。

目前，法律上有关独任制具体运行规则的规定较少。独任制主要作为提高司法效率的举措。如 2002 年广州海事法院全面推行"普通程序独任审理"改革措施，除了个别重大、疑难案件组成合议庭之外，其他案件均由一名法官审理。在实行改革的一年中独任审理案件占到全部一审案件的 89%，案件平均审理周期 85 天。① 在最高人民法院《人民法院第四个五年改革纲要（2014—2018）》中，独任审判被放在与合议审判同等重要的地位，提出完善主审法官、合议庭办案责任制，推动建立权责明晰、权责一致、监督有序、配套齐全的审判权力运行机制。现行《民事诉讼法》第 40 条第 2 款规定："适用简易程序审理的民事案件，由审判员一人独任审理。基层人民法院审理的基本事实清楚、权利义务关系明确的第一审民事案件，可以由审判员一人适用普通程序独任审理。"2020 年最高人民法院《民事诉讼程序繁简分流改革试点方案》进一步扩大独任制适用范围，探索中级人民法院和专门人民法院可以由法官一人独任审理部分简单民事上诉案件。独任制的基本规则包括：（1）在民事诉讼程序中，简易程序和普通程序都可以适用独任审理，甚至二审程序也可以适用独任制。（2）独任并非一人。独任制办案组织并非只有一人，而是由一名司法官和多名辅助人员组成，即独任审判组织由审判员、书记员、审判助理组成。（3）独任组织内部，按照上命下从的规则运行。独任办案组织中的司法官是独任办案组织的领导者、指挥者，也是办案责任的承担者，因此，其他辅助人员都要服从司法官的命令、指挥，不得以自己的名义作出决定。在独任制下作决定的只有独任法官一人，相对于合议制有效率上的优势。

检察机关中办案组织的出现比审判组织更晚。一般认为，德国检察院组

---

① 参见广州统计局：《广州年鉴 2003·政法·审判·广州海事法院》。

织法上实行首长代理制，^①即检察院由检察长负责，其他检察官作为检察长的代理人行使属于检察长的职责。实际上单个检察官都应该是检察院职务的组成部分。德国《法院组织法》第142条规定，检察机关的职责在联邦最高法院由联邦总检察长和若干名联邦检察官行使，在州高等法院和州法院由若干名检察官行使，在地区法院由若干名检察官或者地区检察官行使。根据这一规定，单个检察官作为检察机关的组成部分应当可以作为办案主体。至于德国《法院组织法》第144条上关于其他检察官是检察长代理的规定，则是进一步说明在履行办案职责时，检察官与检察长具有同等的代表检察机关的职权地位。在日本、韩国检察制度中，独任检察官作为基本办案组织从制度初期就得到确认，因此被认为是"东亚模式"。检察厅是统辖检察工作的机关，检察官是独任官厅制，检察事务全部由检察官单独处理，检察官有各自的权限。在行使检察职能时是检察官独立，检事对于自己所负责的案件，独立地进行调查与判断，独立做决定，并且自己承担责任。^②我国2018年《人民检察院组织法》首次规定检察机关办案组织形式，其中第28条规定："人民检察院办理案件，根据案件情况可以由一名检察官独任办理，也可以由两名以上检察官组成办案组办理。由检察官办案组办理的，检察长应当指定一名检察官担任主办检察官，组织、指挥办案组办理案件。"根据该条规定，一名检察官承办案件时属于独任制，多名检察官组成办案组办理案件时，却并不能认为是合议制。合议制的审判组织内，组成合议庭的法官在决定案件时具有同等地位和权限。但是，在检察官办案组中，主办检察官承担组织、指挥办案组的职责，职责权限高于其他检察官。严格来说，检察官办案组仍然是一种独任制。

（三）民主集中制

民主集中制是中国司法机关特有的办案职权运行方式。2018年《人民法院组织法》第38条第2款规定："审判委员会会议由院长或者院长委托的副院长主持。审判委员会实行民主集中制。"2018年《人民检察院组织法》第32条第2款也规定："检察委员会会议由检察长或者检察长委托的副检察长

---

①　参见万毅：《论检察制度发展的"东亚模式"——兼论对我国检察改革的启示》，载《东方法学》2018年第1期。

②　参见万毅：《对日本检察官"半独立"地位不要误读》，载《检察日报》2015年6月9日；王丹：《韩国的检察制度》，载《人民法院报》2009年1月23日。

主持。检察委员会实行民主集中制。"民主集中制是宪法规定的，我国国家机构的组织原则之一。民主集中制思想最早由列宁提出，党的七大党章将民主集中制表述为"民主集中制，即是在民主基础上的集中和在集中领导下的民主"。它是无产阶级政党和社会主义国家机构的根本组织原则和领导制度，它的基本含义是民主基础上的集中和集中指导下的民主相结合。在民主集中制中，民主与集中是辩证统一的关系，民主是集中的前提和基础，集中是民主的指导和结果。对无产阶级政党来说，民主集中制既是党的根本组织原则，也是群众路线在党的生活中的具体运用。

党的十二大对民主集中制规定了6条基本原则，其中大部分都是关于党的领导体制，以及上下级党组织之间关系的内容，只有第五项原则是党组织决策重大问题的程序原则，对司法机关办案组织的运行具有直接指导作用。该项原则的内容是：党的各级委员会实行集体领导和个人分工负责相结合的制度。凡属重大问题都要按照集体领导、民主集中、个别酝酿、会议决定的原则，由党的委员会集体讨论，作出决定；委员会成员要根据集体的决定和分工，切实履行自己的职责。党的十八大之前，理论和实务界对党和法的关系有不正确的认识，也带来民主集中制是否也是司法活动基本原则的疑问，还有一些研究观点，将对审判委员会、检察委员会制度的质疑与对民主集中制的质疑"捆绑"对待，认为审判委员会、检察委员会不符合司法活动中的直接言词原则和正当程序原则，民主集中制实际上是只讲"集中"，将司法活动变成"层层审批"的领导决策。由此可见，对审判委员会、检察委员会实行民主集中制的质疑并不是针对民主集中制本身，实际上是针对"异化"的民主集中制，甚至是对党对司法工作的绝对领导的不理解。

民主集中制是对传统合议制的改进升级。传统合议制下以形成表决意见为目标，并不重视表决意见形成的过程，不论表决结果是"9—0"还是"5—4"。对于研究者而言，"5—4"判决及其背后的不同意见理由会引起他们持久热烈的研究兴趣。但是，对社会而言，"5—4"判决只会引起持久热烈的对抗。美国联邦最高法院已经为传统合议制的不足之处提供了很好的注脚，不同党派背景的大法官以意识形态划界，让社会的"裂痕"直接传导到联邦最高法院，忘掉了霍姆斯等前辈在联邦最高法院努力维持的一致形象，联邦最高法院也无法起到弥合社会分歧，团结美国社会的作用。民主集中制相对于传统合议制的优秀之处就在于尽可能实现"9—0"判决，而实现的手段就要靠"集体领导、民主集中、个别酝酿、会议决定"。民主集中制原则得到有效贯彻的审判委员会、检察委员会也能够成为法官、检察官隔绝上级不当干预、依法行使裁判权的支持力量。值得注意的是，审判委员会、检察委员会的讨论决议程序进一步丰富完善了党的民主集中制，在运行中吸收了合议制的成分，更多体现司法活动的基本特征：

1. 拟议内容根据多数意见确定。审判委员会拟出的决议内容是按照多数意见确定的，而非按照领导的意见确定。最高人民法院《关于改革和完善人民法院审判委员会制度的实施意见》第 16 条第 3 款规定："审判委员会委员发表意见后，主持人应当归纳委员的意见，按多数意见拟出决议，付诸表决。审判委员会的决议应当按照全体委员二分之一以上多数意见作出。"检察委员会拟出决议内容的方式稍有不同，作为会议主持人的检察长在拟决议内容时有更大的发言权，更加接近民主集中制，根据最高人民检察院《人民检察院检察委员会议事和工作规则》①第 21 条规定，会议主持人在委员发言结束后可以发表个人意见，并对审议情况进行总结。委员意见分歧较大的，会议主持人可以决定暂不作出决定，另行审议。

2. 限制领导意见的影响。在民主集中制下，领导的意见具有较大的影响，有时候会成为民主评议的基础，被称为"集中指导下的民主"，这种民主不过是将领导者的意志化为群众的意志，将领导者的号召化为群众的行动。而在审判委员会、检察委员会的议事程序中，都有相应的手段限制领导意见左右评议过程。如审判委员会、检察委员会相关议事程序规定中一致规定，审判委员会委员、检察委员会委员发表意见的顺序，一般应当按照职级高的委员后发言的原则进行，主持人最后发表意见。如《关于改革和完善人民法院审判委员会制度的实施意见》第 16 条规定：审判委员会委员发表意见的顺序，一般应当按照职级高的委员后发言的原则进行，主持人最后发表意见。

3. 少数意见的保留。在民主集中制的基本规则中强调少数意见对多数意见的绝对服从，民主集中制的根本目的在于在民主的基础上形成相对集中的决定，而少数意见仅在议事程序中有重要意义，在最后形成的决定中并不重要。但是，在审判委员会、检察委员会的议事程序中，少数意见可以保留并且应当记录在卷，少数意见也有自己独立的价值。如《人民检察院检察委员会议事和工作规则》第 22 条规定，少数委员的意见可以保留并记录在卷。《关于改革和完善人民法院审判委员会制度的实施意见》第 16 条则规定，审

---

① 现已失效。——编者注

判委员会委员发表意见不受追究，并应当记录在卷。

检察委员会的议事程序中还有独特的"检察长不同意检委会多数人意见"的处理机制，属于一种特殊的"少数意见保留"机制。1951年《中央人民政府最高人民检察署暂行组织条例》①中规定，检察长与多数委员意见不一致时，取决于检察长。1979年人民检察院组织法改变了这一规定，要求检察长在重大问题上与多数意见不一致时，可以报请本级人民代表大会常委会决定。2018年人民检察院组织法进一步明确，检察长与多数意见不一致时，对于办案问题，可以报请上一级检察院决定，属于重大事项的，可以报请上一级检察院或者本级人大常委会决定。

（四）审批制

最高人民检察院《人民检察院刑事诉讼规则》第4条规定："人民检察院办理刑事案件，由检察官、检察长、检察委员会在各自职权范围内对办案事项作出决定，并依照规定承担相应司法责任。"但是，在司法责任制改革前一个版本的《人民检察院刑事诉讼规则（试行）》第4条规定，人民检察院办理刑事案件，由检察人员承办，办案部门负责人审核，检察长或者检察委员会决定。该规定确立了检察机关办案组织基本的权力运行方式，被概括为"三级审批制"。这种运作方式的优势是保证检察权运行的一体化原则，强调在检察机关内部上级对下级的监督制约。在司法机关的权力运作方式中，审批制并非法律确定的方式，却是一种现实存在，而且效力等级极高的方式，在审判机关中也被普遍采用。

虽然在法院组织法和诉讼法上，法院审判权运行采用的是合议制和独任制两种基本形式。实际上长期以来，庭长、院长对案件处理的审批制度也在并行不悖，所谓案件的审批制度就是审判组织特别是独任庭、合议庭对案件有了裁判意见后，须报庭长、院长层层审核签发。通过审批制的实施，庭长、院长对案件的处理结果进行审核，对一些疑难、重大案件的妥善处理提供了保证，也对独任审判员、合议庭的权力形成了有力的制约。但是，这是一种"法外"的审判权运行方式，案件当事人并不了解，既不公开于公众，案件当事人也无法参加。同时庭长、院长的审核权变成了实际上的审判权，形成了现实中"审者不定、定者不审"的弊端，一定程度上制约了司法效率，一些案件无法当庭宣判，必须等待上级的审核决定。审判责任不清，一

---

① 现已失效。——编者注

且发生了冤假错案，无法落实司法责任。

　　实际运行的审批制导致一种特殊的现象在司法机关中出现，即案件审查权和裁决权的分离。司法机关办案组织是审查权与裁决权考察的逻辑起点，也是司法权运行机制的重要载体。审查权是指负责具体案件审理事务，直接听审或调查的权力，包括案件的管辖和程序的主持，而裁决权是决定判决内容的权力。司法独立是司法机关办案组织的一个重要特征，即其审查权和裁决权都不受外部干扰和制约，但是在实际运行中审查权和裁决权都受到来自各方面的不同程度的制约和影响。

　　司法独立原则在微观层面要求直接审理案件的司法机关、司法官员有权独立依据法律作出裁决，不受任何其他机关、个人、团体的影响、干涉。审理权和裁决权统一的依据植根于正当程序和自然正义。公正的程序观念作为自然公正原则的核心远可追溯到 2000 多年前的古希腊，近则可以追溯到1215 年英国的《自由大宪章》，在美国等国家则演变为正当程序。"自己不得做自己的法官"和"任何裁决都要听取当事人的陈词"是自然公正原则的两大基本要求。从自然公正的两大基本要求出发，审理权和裁决权的统一就是一种逻辑上的必然。

　　审批制的运行导致了办案职权运行方式的行政化。主要表现在：判审分离，审者不判、判者不审；审判工作内部层层审批，权责不明，错案责任追究难以落实；上下级法院之间的行政化报批，影响审级独立，也就是审理权和裁决权发生了分离。不但在法院系统，在检察机关也有同样的"定者不审、审者不定"的问题，这也是现阶段司法体制改革所要解决的问题。不论是否认可法官独立，不论西方化的司法独立，还是中国特色的司法机关依法独立行使审判权，在具体案件的审理权和裁决权应当统一的问题上认识是一致的，即应当实现"让审理者裁判、让裁判者负责"。

　　在西方法治国家司法过程中审理权和裁决权应当统一似乎并无疑问，实际上仍然有一些需要明确的领域，如在检察官的办案过程中审理权和裁决权统一仍然有限制，限制主要来源于上文提到的指令权、检察机关的一体化结构和检察官的等级性。上级检察官是否可以就具体案件向下级检察官发出指令在实践中仍然有争论。法国刑事诉讼中对于检察官有"书面须服从，言论可自由"原则，即在个案中检察官在书面结论中必须遵循下级服从上级的原则，而在庭审中可以根据个人内心确信发表意见。在不起诉案件中，检察官的角色与法官最为接近，是否应当听从上级指示观点也不尽一致。在德国一般观点认为，在起诉可以裁量，不涉及公正性问题时，检察机关的高级官员可以对检察人员就具体案件作出指示。而欧盟理事会部长会议于 2000 年 10 月 6 日曾经通过无法律约束力的建议"原则上应禁止向检察机关发出不予追诉的个案指令"。

四、办案职权的获得方式

法官、检察官依法有权行使审判权、检察权，实际上仅是具有一种权能，法官、检察官对某一具体案件的审判权、检察权并非因为他具有职位就"与生俱来"。同理，办案组织虽然在法律上有办理案件的"权力能力"，但是并非就立即具有办理某一特定案件的权力，实际对某一具体案件行使办案职权还要有专门的获得方式——案件的分配。

案件分配在司法机关内部是审判管理权或者检察业务管理权的内容。在德国，根据法院组织法第 21e 条，德国法院在每一个开庭年度开始之前，院长都会决定一个案件分配方案（Geschäftverteilungsplan）。方案中会决定审判组织的设置及其代表。还会进一步规定案件分配到单个法官或者审判组织的一般规则。据此可以在案件受理时就确定哪一位法官或者审判组织会负责这个案件。以此来满足"法定法官"的宪法原则（德国基本法第 101 条第 1 款第 2 项）的要求。法院案件分配方案必须公之于众，分配方法可以按照受理时间、案件发生地域、当事人姓名首字母、原审裁判的审判组织或者法院，甚至可以按照顺序循环分配。方案设定的原则包括：保证案件一受理就可以确定主审法官或者审判庭，而且周延所有案件，以一年度为时间区间，不能延长或者缩短，方案一旦公布就要连续实施，除非遇到死亡、疾病或者突然退休等不可预料的情况。美国过去实行的是"总清单制度"，所有案件在受理后并不分配给一个固定的法官，而且将每个案件中确定时间的不同程序，随机分配给任何有时间的法官或者按专业知识分配。目前，美国建立起新的"个人诉讼事件制度"，法院将案件或者随机或者按专业知识分配给法官，法官取得对案件全部程序的管理权，因此有条件对案件进行有效的管理这一新的分案制度确实推动了诉讼效率的提高。这种分案制度很快在许多国家得到推广，英国、加拿大和澳大利亚都很快建立起了这样的分案制度。

案件的分配权在检察机关内部是一项重要检察管理权。检察机关的案件分配同法院一样，也是采取年度案件分配方案的模式。案件分配方案同时确定检察院的内设机构设置。案件根据涉及罪名分配至各办案部门，有的时候甚至按照罪名首字母进行分配，以此确保案件分配有一定的随机性，并且每年度都进行调整。但是，根据《法院组织法》第 145 条第 1 项，检察机关首长具有职务收取权及职务移转权，即检察首长对于下属承办的案件可以收归自己办理（收取权）或者移交其他下属办理（移转权）。职务收取权和移转权的设立目的是在不违反检察官追诉犯罪的基本准则的前提下，保证追诉标准的一致。[①]

目前，我国法院和检察院实行的分案制度是将不同的案件分配到不同的业务庭和内设业务机构，在业务部门内部按照每个法官和检察官、审判庭和办案组的工作量、专业方向分配案件到具体的承办人。分案与业绩考核相结合成为法院、检察院办案部门负责人进行业务管理的主要职权。但是，部门负责人分案也存在明显弊端，主要是部门负责人权力过大，可以直接确定案件承办人进而影响案件的程序和实体处理的走向。为了限制部门负责人的分案权，司法机关在实践中也探索了轮流分案或简单随机分案。轮流分案就是将新收案件按照案号依次分给对应业务部门的法官、检察官，不考虑案件本身难易程度和承办人本身的专业水平。轮流分案模式下部门负责人的权限被压缩，变成立案庭或案件管理部门直接面对业务部门承办人，一旦发生承办人拒绝收案的情况，立案庭或案件管理部门缺少直接约束承办人的手段，协调难度会比较大。简单随机分案进一步减少人为干扰因素，有的是让计算机程序直接随机分配案件。但是，承办案件难以完全取决于运气，更不利于法官、检察官提升专业化办理特定类型案件的能力。实际上遇到重大疑难复杂案件时也不可能完全贯彻随机分案的原则。

司法责任制改革启动后，最高人民法院、最高人民检察院在改革实施意见中均提出建立"随机分案为主、指定分案为辅"的分案原则，并且引入计算机业务管理系统，让分案、案件办理、审核、管理都在业务系统中运行。指定分案虽然只是应用于少数重大疑难复杂案件，但是指定分案权也被集中在院领导一级，部门负责人不具备指定分案权。比如，《最高人民检察院司法责任制改革实施意见（试行）》规定：检察官承办案件，采用随机分案为主、指定分案为辅的原则。重大、疑难、复杂案件可以由检察长（分管副检察长）指定检察官办案组或独任检察官承办。又如，2021 年《海南法院分案管理实施办法（试行）》规定，海南法院全面实行按照指定分案规则，运用

---

① 林钰雄:《检察官论》，法律出版社 2008 年版，第 212 页。

信息技术，由计算机系统自动确定案件承办部门或者审判团队，自动匹配审判长、承办法官、合议庭其他成员、法官助理和书记员的分案模式，指定分案适用于 7 种特定案件，分案人员必须在办案系统中上传指定分案的相关附件，说明指定分案的理由，做到指定分案留痕。

司法机关分案问题绕不过"法定法官原则"。研究者一般认为，公正的分案制度必须以法定法官原则为基础。[①] 德国基本法上的法定法官原则是指"例外法院不合法，不得剥夺任何人的法定法官""非经法律不得设立特别法院"。法定法官原则逐渐引申为当事人都有权得到客观公正且独立的法官的审判，为此目的法院内部的案件分配应当不能被人为控制，导致审判受到偏见或者预设的干扰。不论是否采取法定法官原则作为基础，"随机分案为主、指定分案为辅"实际上已经成为中外司法机关分案的共同规则。但是，法定法官原则强调法官独立，与我国宪法上法院、检察院依法独立行使审判权、检察权并不相容，对于引入法定法官原则应当持谨慎态度。我国的司法责任制一方面强调办案组织依法行使办案职权，另一方面也强调对办案组织的监督制约，以及法院院长、业务庭长的审判管理，检察长和业务部门负责人的检察管理职权。"指定分案"虽然在实际中只能为"辅"，但是有时候却要扮演关键角色。完善我国的司法机关分案制度关键在于指定分案的监督制约，应当严格落实院领导、部门负责人指定分案的监督制约机制，比如，指定分案的留痕，以及承办法官、检察官的异议机制等。

第二节　办案组织的古代传统

我国司法机关办案组织经过了长期的历史演变，主要有两种主要类型：一类是作为国家政权组成部分的官方司法办案组织，另一类是得到国家政权认可的民间司法办案组织。近代以来，我国的司法制度发生了巨大的转向，开始向西方法治国家学习和移植西方司法制度的过程，建立统一的国家司法体系。但是，照搬外国制度难以成功，国家司法传统也不可能被根除。中国司法的传统并非与西方国家的司法传统截然相反，其中也有共同规律、共同特征有待发

---

① 参见孔祥承：《"去行政化"背景下我国法院案件分配制度之重构——以法定法官原则为视角》，载《湖南社会科学》2019 年第 4 期。

现，司法传统如何影响当代我国司法机关办案组织的运行也值得研究。

一、官方司法办案组织

强大的中央集权是中国古代社会区别于西方社会的主要特征，因此，中国传统上一直保持强大的官方司法机关。《左传·庄公十年》中记载的"曹刿论战"。曹刿问鲁庄公鲁国靠什么与齐国进行决战，鲁庄公谈到了国家治理的三个重要方面：一是"衣食所安"即物质保障；二是"牺牲玉帛"即宗教祭祀；三是"小大之狱"即司法审判。曹刿认为，统治者提供公正的司法审判是获得民众支持最具有决定意义的方面。司法审判就是最低限度的统治。秦朝设置廷尉掌管刑狱，汉朝设置三公曹，主断刑狱。东汉以二千石曹主中都官之盗贼、词讼、罪法事。南朝宋齐梁陈及后魏、北齐都以都官尚书兼掌刑狱之事。至隋朝开皇年以后设置刑部尚书，刑部从此成为专门的官僚司法机关。古代的司法审判官，在春秋战国时为大理，秦汉时期最高时代审判官为廷尉，北齐到隋朝称为大理寺，从唐朝一直沿用至明清。以唐代为例，刑部设尚书与侍郎各一人，执掌刑法以及徒隶刑罚的复查确认。而大理寺长官有大理寺卿一人、少卿二人，负责具体的刑事审判事务。[①] 在地方实行政法合一，以汉代为例，郡一级行政长官郡守，负责一郡范围内的行政和司法事务，并设置决曹，主要负责审理具体刑事案件。官僚司法办案组织的特征：

（一）条块分立的"二元"司法审判体系

"二元"司法体系中的"块"是地方行政机关的审判体系，古代中国行政、司法合体，地方治民的行政长官同时负责一地的司法审判，一般包括，县乡、州府和中央三级。而"条"则是从中央到地方专门设置的司法机关，如宋朝初年任命转运使派官提点刑狱，"淳化（宋太宗）初，始置诸路提点刑狱司"，后独立为一司。淳化二年开始在各路设置提点刑狱司，起初它是隶属于转运司的刑狱官，宋真宗以后"不隶转运，别为一司，稍重其权"，提点刑狱司就独立于转运司。宋真宗景德四年《置诸路提刑诏》记载："所至，专察囚禁，详审案牍，州县不得迎送、聚会。"王安石曾经在担任常州知州后，被升迁为提点江南东路刑狱。提点刑狱主要职责是考察辖区内各州县对刑狱是否处理得当，而且必须常年在辖区内各州县巡视，不能只是在

---

① 参见张晋藩：《中国司法制度史》，人民法院出版社 2004 年版，第 98 页。

治所办公。从王安石的《答王深甫书》记载看，考察刑狱的结果包括对审案官吏的处置，王安石在任期间处置了五名官吏，除一人罢官，其他都是处以罚金。[1]

明朝继承该体制，设置按察司，与布政使并立，而按察司的长官就是专门负责刑事审判的。[2] 但是，到明朝后期和清朝，条块分立的"二元"司法体系逐渐合一，清朝地方审判死刑案件的秋审就是由地方行政长官督抚会同布政司和按察司进行，判决后由刑部汇奏，再由三法司复审，最后御笔勾决，死刑才能执行。

（二）以司法官个人为司法办案活动的主体

在古代中国，一般案件的审理都是由司法官个人承担，独任制的审判组织形式是一般形态，只有少数重大案件才适用多名司法官员共同参与的合议制的审判。虽然是独任制，司法官本人为办案责任主体，但是，各级司法官审理案件都会有下属官吏协作，实际上都是以多人共同组织形成的办案组织形式审理案件的。司法官员的选任如同行政官员一样，在古代中国的多数时候都是通过科举考试选拔，在国家基层审案与治民的官员是合一的，也就是州县长官负责审判案件，而实际上州县长官都普遍缺乏专门的法律知识，他们将审判活动当作一般的行政事务，而且不得不私下雇用精通法律专业的幕僚帮助审理案件。[3] 而到上一级地方政权中才有专任的司法官。

西周之前的司法制度目前已经难以考证，从已经出土的甲骨文记载中可以发现，负责占卜的"贞人"承担一部分司法职能。在对重大案件的"审判"（占卜）中，王会亲自对甲骨上的"兆"作出解释，贞人对"兆"有不同的认识，也会记载在甲骨上。可见贞人在履行职能时有一定的独立性，而且不受王权的左右。西周中期的一件青铜器"西周师旟鼎"记载的军法案件也显示：在西周时期军事指挥权与司法权已经出现了某种职能分离，而以司法官个体为主的办案组织基本固定。师旟出征一些属员没有跟随出征，这些属员被交

---

① 参见邓广铭：《北宋政治改革家王安石》，北京出版社 2016 年版，第 25 页。
② 参见吕思勉：《中国通史》，上海古籍出版社 2009 年版，第 167 页。
③ ［美］D. 布迪、C. 莫里斯：《中华帝国的法律》，朱勇译，江苏人民出版社 1995 年版，第 112 页。

付伯懋父审判，伯懋父在判决中用罚金刑代替了流放刑。[①] 对西周司法制度最为重要的记载是著名的"琱生三器"，三件青铜器记载了一件土地权益诉讼纠纷，其中有"狱剌""讯有司""有司曰"的记载，表明西周时期就有处理家族土地权益纠纷的专门机关。其中有可能涉及当事人行贿司法官员获取有利于自己的判决结果的情形，但是学术界争议很大，尚未有定论。

在长期的专制社会，司法虽然不独立，但是除特设的司法官吏以外，干涉审判的官员，也只限于治民之官。唐朝最基层的县一级司法机关中，县令必须"躬亲狱讼"。《大明律》上也有规定州县衙门断案，不得听从上司主使。[②] 与司法官独任审判相协调的是司法官的司法责任制度，自秦汉以来，法律上就对司法官错误裁判确立了刑事责任，如秦朝法律上对司法官员适用的纵囚罪和不直罪。

（三）在重大案件中普遍采取合议制

古代中国对重大案件的审判一般都采用多部门、多名司法官员共同参与的合议制，而且这种合议不同于传统意义上司法机关内部办案组织的合议，甚至会跨越司法机关、司法机关的监督机关以及行政机关的"大合议"。在汉朝遇到重大案件就有廷尉、丞相和御史大夫一同审理的"杂治"。其中，廷尉是最高司法审案机关，而丞相是行政部门的首脑，御史大夫是监督机关的首脑。

唐朝有"三司受事"的规定，即刑部、大理寺、御史台三个衙门共同审理重大案件。宋代以后三法司推事称为常态，明朝则制度化为三法司会审，作为最高审判裁定。然而，实际上三法司在普通司法程序中各有分工，"刑部受天下刑名，都察院纠察，大理寺驳正"。在洪武年间，朱元璋会亲自召集三法司会审案件，皇帝直接讯问被告人。到永乐时期开始，演变成皇帝审批三法司拟定的定罪量刑意见。明清时代遇到特别重大案件还有九卿会审制度，即六部尚书、大理寺卿、都察院左都御史、通政使九人一同审理，最后由皇帝审核批准。如此规模的"合议"审理的目的：一是保证审判过程的审慎；二是防止个人专断，加强监督制约；三是保证裁判结果的最大公信力。

---

① 铭文为：唯三月丁卯，师旂众仆不从王征于方雷。使厥友引以告于伯懋父。在，伯懋父乃罚得、㬎、古三百锊。今弗克厥罚，懋父令曰："义，厥不从厥右征，今册，其又内于师旂。"引以告中史书，旂对厥于尊彝。

② 参见朱永嘉：《明代政治制度的源流与得失》，中国长安出版社2015年版，第274页。

（四）中国特色的逐级审转复核制

审转复核是指根据案件处刑轻重，由基层司法衙门审理后，转报上一级司法衙门复核，直至有决定权的司法衙门作出判决。类似于现代司法机关中存在的审批制。如在汉朝，审批、审核程序被称为"报"，凡是判处死刑的案件或者适用法律疑难的案件都要上报得到批准。在古代中国重视人的生命，死刑被认为是专属于最高权力的刑罚权力，只能由皇帝做最终审查和决定，所以基本上历朝历代司法制度都要求死刑案件必须逐级上报复查。当代中国的死刑复核程序仍然保留着审转复核制的残留。有许多研究将这种审转复核制当作"审级"，实际上是混淆了审级和审批，审级是当事人自主争取救济的行为，以当事人的上诉为启动原因，而审批是司法机关内部基于上下级关系的职权行为，当事人的意志没有作用；审级是以下级司法机关有权裁判为前提，而审批是以下级司法机关无权裁判为前提。

《汉书·景帝纪》中记载景帝时的诏令："狱，重事也。人有愚智，官有上下，狱疑者谳有司。有司不能决，移廷尉。有令谳而后不当，谳者不以为失。欲令治狱者务先宽。"根据该诏令以及张家山汉简《奏谳书》中记载的案例可以断定，汉朝审判权力运行中存在审批制的判案方式。即县、道司法官吏审理案件遇到难以定罪量刑的情形时，可以上奏郡长官请求决疑，郡长官不能判断，则要上报到廷尉处决定，廷尉都无法决定时就要由皇帝来决定。即使遇到不必上报而上报的情形，不属于下级审判组织的过失，如此是让下级尽量上报，防止定罪处刑严酷的问题。[①] 从唐朝到明清，对可能判处重刑的案件，也有相应的判决审批制度。如根据《唐律·名例律》规定，县级司法官只能判决杖刑以下的案件，判处徒刑以上的案件，先由县级审理判决后，移送州府一级复审，流刑以上的案件州府断案后移送尚书省复核。这样的审转复核一直延续到明朝和清朝。

---

① 参见张建国：《汉简奏谳书和秦汉刑事诉讼程序初探》，载《中外法学》1997 年第 2 期。

表 1　清朝司法机关处理刑事案件的逐级审转复核程序 ①

司法机关	案件类型			
	死刑案	流刑、涉及杀人的徒刑	徒刑案	笞杖刑案
州、县	侦查	侦查	侦查	审判
府、道	转报上级	转报上级	转报上级	汇集转报
按察使司	审判	审判	审判	最高上诉机关
总督、巡抚	批示	批示	批示	—
刑部	复审	最终判决	汇集上报	—
三法司	最终判决	—	—	—
皇帝	批示	—	—	—

二、民间司法办案组织

古代中国政治权力的控制力有限，官方的影响力无法到县级以下，广大农村乡间延续着自给自足的治理结构，有自己行之有效的裁判争议的体系、制度和程序。同时，由于古代中国实行"礼法并用"的治理方式，民间的裁判组织和方式也是被官方所承认和支持的。

汉朝乡间设有啬夫，有听讼之职，《后汉书》记载爱延担任外黄乡的啬夫，老百姓不知道有郡县，可见乡间审判组织容易被地方豪强把持，成为压迫剥削农民的工具。所以隋朝曾经废止乡官听讼。② 唐朝县以下的基层组织有乡里，乡有乡正、里有里正，在两京及州县之郭内分为坊，设坊正，郊外为村，有村正。上述带有一定行政职能的基层组织都负有处理轻微刑事案件，以及对土地、婚姻等民事案件进行调解、仲裁甚至审判的权力，重大案件则交由县处理。里正、村正、坊正还负有维护地方社会治安的责任。明朝由于开国皇帝朱元璋有很深的布衣情结，对农村情况十分了解，为了防止官吏擅断骚扰乡村，也是为了在民间讲究道德教化，因此十分重视民间的诉讼制度建设。乡村的基层组织是里甲，大体上一百户为一里，设里长一人，甲首一人，不是官府在册的官员。还要推举年长有德者为里老，管理乡里的日常事务。洪武三十年颁布的《教民榜文》对民间诉讼作了明确规定，审讯案

---

① 表 1 资料来源：[美] D. 布迪、C. 莫里斯：《中华帝国的法律》，朱勇译，江苏人民出版社 1995 年版，第 115 页。

② 参见吕思勉：《中国通史》，上海古籍出版社 2009 年版，第 168 页。

件的主持人为里长、甲首和里老，审理案件的范围是本里甲内的户婚、田土、斗殴、争夺、失火、盗窃、詈骂、钱债、赌博、私宰耕牛、损毁稼穑、畜产咬人、水利等一般民间纠纷。审讯时，由里老、里长、甲首以年齿就坐，传讯相关当事人，问明事由以后，由里老、里长、甲首合议判断。合议后宣读判决书，判决的依据除了法律规定，还要依据当地的民情风俗。①

三、讯问为主的裁判方法

中国古代办案组织的裁判方法汉朝以前已经无从考证，但是最主要的方法就是司法官对案件当事人的直接讯问。《尚书·吕刑》关于裁判方法有"师听五辞"的说法，但是该书早已被考证出为汉代伏生的伪作，并非西周时期实际存在的制度。汉朝司法机关确立的裁判方法也是古代中国司法机关办案组织的基本裁判方法。《史记·酷吏列传》中留下的张汤审老鼠的故事说明了汉朝的刑事诉讼程序："劾鼠掠治，传爰书，讯鞫论报"。起初在对《史记》的文字研究中人们并不能理解其中含义，后来通过考古发现汉朝的刑事案例书籍才对上述裁判方法进行了解读，其中"劾"类似于现代的提起公诉；"讯"即为讯问犯罪嫌疑人，讯问到犯罪嫌疑人"无解"（即如实供述罪行）和"毋解"（无法辩解）时为止，如果反复诘问，犯罪嫌疑人仍然抵赖不服，可以实行刑讯，称为"掠治"；"鞫"是审判人员对审理得出的犯罪过程与事实加以归纳；而"论"则是撰写判决书；"报"则是上报上级司法机关审批判决。②

汉朝的裁判方法一直延续到清朝末年，此种裁判方法不区分侦查和审判程序，以主办案件的司法官吏主动获取被告人的口供为主要的查明案件事实的手段，为此，在法律规定的限度内可以采取拷打手段。即使在民事审判中，采取的方法也是诉讼双方当庭对质，法官通过讯问查明案件事实，为了获取败诉方的口供也可以采取拷打手段。明朝成化年间，皇帝曾经根据建议决定停止在人命、强盗、盗窃、奸犯、死罪以外的案件中使用笞杖刑讯，而只能使用鞭扑。③在民事案件中的刑讯也一直持续到清朝末年司法制度的改革。

---

① 参见朱永嘉：《明代政治制度的源流与得失》，中国长安出版社 2015 年版，第 272 页。
② 参见张建国：《汉简奏谳书和秦汉刑事诉讼程序初探》，载《中外法学》1997 年第 2 期。
③ 参见张晋藩：《中国司法制度史》，人民法院出版社 2004 年版，第 334 页。

四、官吏分权的运行机制

秦汉时期法家思想在司法体系中占统治地位，只有受过严格法律训练的官员才能充任司法。不论司法、行政官员的选举实行"官吏合一"的晋升政策。具有文化知识的青年在太学受过教育以后，分配到地方政府担任掾吏，再由长官察选到中央，通过中央考试后正式担任官员。[①] 因此，司法官员都有长期从事司法审判工作的经验，都熟悉法律条文、审判程序和审理技巧，亲自审理案件并撰写判决书。汉武帝在位时期，司法机关内部发生了一场司法改革运动，儒家学说取代法家学说成为具有统治地位的指导思想，在司法机关中也有同样的变化趋势，精通儒家经典的官员进入司法机关。《史记·酷吏列传》记载："是时上方乡文学，汤决大狱，欲傅古义，乃请博士弟子治尚书、春秋补廷尉史，亭疑法。"即张汤审判重大案件，都会请精通尚书、春秋的儒士作为廷尉的助理，提供适用法律疑难问题的解释意见。由此可见，早期儒生在司法机关内部只是充当助理的角色，审查权和决定权集中于资深的司法官员手中。

秦汉以后，在法律上司法机关一直坚持审查权和裁决权的统一，即"官非正印者，不得受民词"。如未经授权者审理民事案件，州县官也要承担连带责任。即使是乡保、典吏、巡检查勘呈报的案件，也要州县官"亲加剖断，不得批令乡、地处理完结。"[②] 科举制度确立以后，儒士成为司法官员的主体，在官员选任上采取"官吏分途"的政策。特别是到明朝，从胥吏不能担任御史发展到不能参加科举考试，实务经验丰富的胥吏永远不可能成为官员，而通过科举获得司法官职位的儒士又不具备法律专业知识。因此，有人说明清两朝的官员只能管官，不能管事。在司法活动中审查权和裁决权的统一不可能落实。州县官受理案件后大多委托幕友审理，"钱谷刑名，一切咨之幕友，主人画诺而已"。在司法活动中，审查权和裁决权的配置在法律上统一，而在实际运行中是分离的。

---

① 钱穆：《中国历代政治得失》，生活·读书·新知三联书店 2001 年版，第 16 页。
② 张晋藩：《中国司法制度史》，人民法院出版社 2004 年版，第 427 页。

第三节　办案组织的近代变局

清末，传统中国面临"千年未有之大变局"，1902 年清朝政府为了变法图强，统一内外司法权，开始了司法制度的近代化改革，司法机关办案组织也随之近代化转向。清朝政府启动改革时已近覆灭，多数改革举措还是停留在纸面上，近代司法制度的最终建立是在民国时期。但是，中国现代化的进程并未中止，在中国如何建设法治国家还是一个未解难题，适应中国法治现实的司法机关办案组织还要经历若干次改革才有可能实现。

一、司法官准入的专业化

中国近代司法改革启动后，建立近代化司法机关办案组织面临的第一项变革任务就是主体的改变，第一批法官、检察官主要来源于原来从事审案工作的官员，受过新式法律专业教育的人才紧缺。而当时当权者实行的政策是留用一部分有审判经验者，逐步过渡到以接受新式法科教育的专门人才。在《法部奏各级审判厅定期开班折》中，对京师高等、地方审判厅的人员任用说明中提出："再司法机关于人民之利害安危关系最重，故任用法官较别项人才倍宜审慎，其有熟谙新旧法律及于审判事理确有经验者，自应斟酌遴选以备临事之用。"由于中国近代法学教育尚未开展，清末变法早期，日本培养的法政学生是充任司法官的优先选择。以宣统元年吉林高等、地方两级审检厅法官、检察官为例，在全部 41 名正选、候补司法官员中，只有高等检察厅检察官邱正夔为日本政法大学毕业，另有一名高等审判厅候补推事为北洋法政毕业，一名高等检察厅行走检察为吉林监狱科毕业，一名地方检察厅行走检察为江苏法政毕业，6 人为举人身份，其余均为监生、附生等。[①]

进入民国时期，中国的近代法律教育和法律职业正规化步入正轨。法政专业相对于其他高等教育专业膨胀较快，法科毕业生要进入司法官行列也必须通过严格考试甄选。民国初期，中央政府组织了多次司法官考试，一些地方也组织了本地区的司法官考试。民初规定，兼理司法的县级审判官资格由省级司法机关负责确定，各省拥有选任的权力。北京政府时期，浙江、湖南、湖北、山西、云南等省份都曾举行过地方司法官考试。江苏省高等法院

---

① 参见邢小兰：《清末法官选任制度研究》，中国政法大学 2004 年硕士学位论文。

在 1929 年、1930 年两次招考承审员。总体上看，这些省份招考的大多为低级司法官，如兼理司法审判的承审员、专审员、审判官等，考试资格、内容和形式均模仿中央，考试合格后也须先在各地审检厅实习锻炼后，再分发任职。另外，从录取来看，地方考试竞争也甚为激烈，录取比率甚至有时超过全国统一考试。1915 年南京民国政府颁布《文官高等考试令》和《司法官考试令》，规定了以甄录试、第一试、第二试、第三试、第四试和甄别试为顺序的详尽复杂的司法官考录程序。与今天类似的是，民国时期司法官的考录也要以公务员考试为前提，其中第一试的内容就是文官考试。

二、中西杂糅的运行方式

（一）建立合议制和独任制

清末到民国在司法权运行方式上已经吸收近代法治国家的一般规则，在审判权运行方式上采取合议制和独任制并行。1906 年《大理院审判编制法》规定，大理院、京师高等法院审判庭、城内外地方审判庭均采用合议制，以数名法官充任。至城谳局，不妨以单独一人审判官充任。也就是说，在基层法院可以采取独任制审判案件。1910 年民国《法院编制法》继承了上述规定，并且进一步规范化科学化。对地方法院的审判方式采取了一种折中原则，即地方审判厅第一审案件以推事一人独任审判，如果案件复杂，经当事人申请或者法院依职权，可以以推事三人合议审判。对于第二审、第三审案件则一概采用合议制。当时的通说已经发现独任制和合议制各有优势，"合议制可收集思广益之效，详审周密，而错误之事少，一也，互相监视，而徇私枉法，不能行于其间，二也；主张独任制者，以独任之善，在于权力统一而执行速，指挥便利而责任专"。[1] 合议庭以推事三人组成，判案取决于多数。推事办案，是独立行使职权，院长虽可陈述意见，但与推事意见不一，仍以推事意见为准。

（二）从逐级审转复核向覆审制过渡

中国特色的"逐级审转复核制"在清末仍然发挥作用，但是，相对于近代法治中当事人的上诉制度已经出现明显不足。比如，虽然复核的机关很多，但是下级审判机关只求应付上级，下级的审理多数时候只是走过场，上级机关由于离案件中心遥远，也很难做有效的审理裁判。当事人的意愿在其

---

[1] 丁元普：《独任制与合议制之审理问题》，载《现代法学》1931 年第 1 卷第 8 期。

中无法得到表示，并不利于化解冤假错案。因此，在向新的上诉制度的转换中，覆审制度作为过渡形态发挥作用。

覆审案件主要包括两种类型：一是死刑等重大案件。清末需要大理院覆审的案件为府、州、县拟判死刑的案件。1912年北洋政府的《覆审暂行简章》也规定，死刑、无期徒刑以及一、二等有期徒刑等重刑且当事人未上诉的案件应由省高等法院覆审。二是县知事审理的未经二审的案件。进入民国后，本意设置独立的审检厅负责处理地方司法事务。由于缺乏专业和有经验的司法官员，独立司法机关难以施行，只能恢复由"县知事兼理司法"的旧有做法，由县知事代行审判权是民国初期的妥协政策，覆审制度也是对县知事代行审判的监督制约，未经覆审的县知事判决不能生效。[①] 从1912年至1922年，覆审程序适用案件范围不断扩展，需要覆判的案件的自由刑从5年降低至1年。县知事作出判决后在一审上诉期限届满后5日内，将案件初判书及案卷呈报高等检察厅或分厅，该厅接收后5日内附意见书将案件移送高等审判厅或分厅覆审。覆审可以书面审理也可以直接提审。如果情罪相符合，高等审判厅就会核准判决并送高等检察厅饬令原审县知事执行判决。如果原审判决错误，则可以发回重审或提审，原审判决中的法律适用错误可以直接改判。覆审制度与传统审转复核的不同在于设置了当事人的上诉，"有不服各该高等审判厅或分厅之判决者得于上诉期内照章上告；其提审案件有不服各该高等审判厅或分厅之决定或命令者得于上诉期限内照章抗告"。从覆审制度实施情况看，高等审判厅改变县知事初判的比例比较高，在司法制度向近代转向过程中发挥了重要作用。

（三）检察一体下的分工合作制

从清末司法改革到民国法律制度的建立，检察制度基本上仿行日本检察制度。但是，经历了从清末到北洋政府时期的审检分署，再到南京政府时期审检合署的变化。审检合署的理由是减少机构、减少行政成本，避免法院院长和检察长之间互争权限造成弊端。南京政府相关条例中规定在法院附设首席检察官一名，检察官若干名，办理检察事务的书记官若干人等。为了加深审检合署的影响，在公文中禁止使用"检察厅""检察处"等用语，只能使用检察官的称呼。但是，检察机关的独立作用并不能被简单抹杀，到1930年

---

① 参见李春雷：《中国近代刑事诉讼制度变革研究（1895—1928）》，北京大学出版社2004年版，第204页。

南京政府的《法院组织法立法原则》又要求各级法院配置检察署。在相关立法说明中提出，审检合署以来法院只设检察官，给社会公众检察官附属于法院的观感，设置检察署是为了表示检察机关独立执行职务的精神。虽然最后该条并未普遍推行，但是最高法院的检察署被作为成果保留。最高法院任命检察长一名；地方法院和高等法院各设首席检察官一名、检察官若干名，设置检察处机构。检察官参与刑事侦查、负责公诉、监督执行，还可以参与民事诉讼。地方法院首席检察官受高等法院、最高法院首席检察官的指挥监督。

检察权的运行机制实行的是检察一体下的分工合作制。检察机关办案组织的基本形式是独任检察官，独任检察官作为办案组织时还包括检察官下属的录事、书记员等。但是，独任检察官并非组织法意义上独立的办案组织，在组织法上仍然是检察机关整体作为办案组织。检察官作为检察首长的代理人承担办案任务，在分工合作的体制下具有相对独立的地位。即"检察官上下合体而组织一个检察机关，非如审判官之人各独立也，自大理院总检察厅以下至各初级检察厅，皆合为一体。故检察厅只有分汇办事之法，而无纯然管辖之范围"。① 每年熟悉检察官按照一定方式将案件分配给检察官办理，具体办案事务分配表还要上报司法行政部门，首席检察官在法律上仍保留直接处理案件和转移案件管辖权的权力。"凡各检察官，干实施检察事物上，有不受特别许可而代理所属检察厅长官或监督检察官之权"。而检察厅长官有直接处理检察事务，或者移转管辖的权力。② 至 1946 年法院组织法进一步扩大了检察官个体的办案职权，即第 29 条和第 30 条规定检察官对于法院，独立行使其职权。

三、裁判方法的近代化转向

从清朝末年改制开始，传统的以刑讯和获取口供为主要手段的审案方式被认为是野蛮残忍的。随着近代化司法机关和诉讼程序的建立，证据裁判方法也被引入中国。清末修改刑律时有条件地废除了刑讯。中华民国建立以后，临时大总统即颁布《大总统令内务、司法两部通饬所属禁止刑讯文》，

---

① ［日］冈田朝太郎：《法院编制法》，熊元襄编，张进德点校，上海人民出版社 2013 年版，第 150 页。

② ［日］冈田朝太郎：《法院编制法》，熊元襄编，张进德点校，上海人民出版社 2013 年版，第 172 页。

要求在民事、刑事案件中一律停止刑讯。从此，在法律上逐步确立了以证据裁判为基础的自由心证原则。1935年《民事诉讼法》第222条规定："法院为判决时，应斟酌全辩论意旨及调查证据之结果，依自由心证判断事实之真伪，但另有规定者，不在此限。得心证之理由，应记明于判决。"从现存的司法裁判文书档案中可以发现，法官基本上能够做到运用情理、常识等经验法则，在全面审核证人证言等证据材料上基础上作出判断，并在判决书中说明判决理由。[①] 但是，另一方面从清末到民国，我国基层司法体系没有普遍建立，县一级基层司法机关财政紧张、缺乏专业人才。根据1936年《县司法处组织条例》，多数地方实行的是县级政府的司法处审理案件。因此，证据裁判的规则、方法仅停留在法条上，实践中，裁判案件采取何种方式完全依赖于审案官员的个人素质。

第四节　办案组织的现代新生

中华人民共和国成立前后，为了"废除伪宪法、废除伪法统"的政治需要，以及建立无产阶级领导的工农联盟为主体的人民民主专政政权，在中国共产党领导下，开始了对旧中国司法机关以及审判组织、检察机关办案组织的改造，主要通过"废除国民党六法全书""司法改革运动"等司法改革运动，并且吸收苏联等社会主义国家的法治经验，在司法工作的指导思想上，"必须确切不移地以马克思列宁主义、毛泽东思想的国家观和法律观及人民政府的政策法令为唯一的指导思想"。新中国司法机关及其办案组织的改造完成以1954年法院组织法、检察院组织法的制定为标志，两大改造举措密切关联、相互配合，对新中国法治建设具有深远影响。

一、司法制度的新旧更替

（一）废除国民党"六法全书"

1949年2月22日中共中央发布《关于废除国民党的"六法全书"与确定解放区的司法原则的指示》（史称"二月指示"），提出"在无产阶级领导

---

① 参见曾代伟、毕凌雪：《南京国民政府时期自由心证制度驳议——以民国司法档案为据》，载《贵州社会科学》2013年第1期。

的工农联盟为主体的人民民主专政政权下，国民党的'六法全书'应该废除。人民的司法工作，不能再以国民党的'六法全书'为依据，而应该以人民的新的法律作依据。在人民新的法律还没有系统地发布以前，应该以共产党政策以及人民政府与人民解放军所已发布的各种纲领、法律、条例、决议作依据"。同时，不仅在规范层面上要彻底废除国民党法律体系，还要"经常蔑视和批判'六法全书'及国民党其他一切反动的法律法令的精神，蔑视和批判欧美日本资本主义国家一切反人民法律、法令的精神"，并且在指导思想、法学和法律方法上，"以学习和掌握马列主义、毛泽东思想的国家观、法律观及新民主主义的政策、纲领、法律、命令、条例、决议的办法，来教育和改造司法干部"。以此来推动"司法工作真正成为人民民主政权工作的有机构成部分"，提高司法干部的理论知识、政策知识与法律知识的水平和工作能力，改造成为新民主主义政权下的人民的司法干部。

废除国民党"六法全书"是党在新民主主义革命时期的一贯主张，这一政策有全面性和连续性。1949 年 1 月 14 日中共中央发布《中共中央主席毛泽东关于时局的声明》，首次提出"废除伪宪法、废除伪法统"的主张。1949 年 3 月 31 日，华北人民政府主席董必武发布《废除国民党的六法全书及其一切反动法律》的训令，则具体说明为什么"废除伪法统"就要废除"六法全书"："不要以为新法律尚不完善，旧法律不妨暂时应用。""反动的法律和人民的法律，没有什么'蝉联交代'可言，而是要彻底地全部废除国民党反动的法律"。中华人民共和国成立前夕，具有临时宪法性质的《中国人民政治协商会议共同纲领》，第 17 条再次郑重宣告："废除国民党反动政府一切压迫人民的法律、法令和司法制度，制定保护人民的法律、法令，建立人民司法制度。"这明确表明"废除六法全书"正是党中央"废除伪法统"政策的具体落实。

废除国民党"六法全书"是向全世界宣告中国人民开启新的法治建设的决心和能力，人民期盼着一个崭新的社会主义法律制度的诞生，促使新生的人民政府加快制定了一批适用于全国范围的法律和法令，党将自身长期革命战争和政权建设中积累起来的治理经验推广到全国范围，如 1950 年婚姻法、1951 年《人民法院暂行组织条例》《最高人民检察署暂行组织条例》《惩治反革命条例》等。以此为起点，马列主义、毛泽东思想的国家观和法律观开始在中国法学界取得支配地位。

（二）司法改革运动

1952—1953 年的司法改革运动主要是针对中华人民共和国成立以来"三反""五反"运动中暴露出来的，公安机关、司法机关中严重的政治不纯、组织不纯、思想不纯问题。1952 年 5 月 24 日，政务院政法委员会向毛泽东、中共中央呈送《政务院政法委员会 1952 年下半年工作要点（草案）》，正式向中央提出司法改革的计划。5 月 30 日，中央批准了这一计划。6 月，董必武在政法委员会会议和全国政法干部训练会上分别作了《关于整顿和改造司法部门的一些意见》《关于改革司法机关及政法干部补充、训练诸问题》的报告和讲话，对司法改革运动作出部署。8 月 30 日，中央发布了《关于进行司法改革工作应注意的几个问题的指示》，对司法改革运动提出了具体要求，这场司法改革的主要内容包括：

一是批判旧法观点。旧法观点是"北洋军阀到国民党基本一脉相承、统治人民的反动的法律观点"。比如，司法独立论主张司法机关垂直领导，院长掌握案件的审判，是侵犯了审判员的权力；程序法定论认为没有程序或程序不完备就无法办案，为了维护法律的尊严和稳定性，司法人员即使发现案件错判，也不能改判，走群众路线是一般工作路线和方法，而不是或者不完全是司法工作的路线和方法；旧法可用论认为旧法道理虽不可用，但是技术还可用，国民党制定的法律里面还有进步成分，应该采用等。

二是整顿旧司法人员。中华人民共和国成立初期，人民政权对旧法人员基本上采取"包下来"的办法，大部分留用。但是，其中有一些罪行重大且有民愤的坏分子，还有一些在中华人民共和国成立后仍然保留旧法习气，滥用司法权力损害群众利益。在司法改革运动中，人民政府惩办其中罪行深重的，对积习难改的清除出司法队伍。同时，选派一部分有经验的干部到法院担任领导骨干，选调青年知识分子、"五反"运动中的工人店员积极分子、土改工作队和农民中的积极分子、转业建设的革命军人、各种人民法庭的干部以及由工会、农会、妇联、青年团等人民团体帮助选拔的适宜做司法工作的干部和群众运动中涌现出并经过一些锻炼的积极分子充实到司法机关。

三是整顿改造大学政法院系。目的是肃清旧法思想观点在法律教育中的影响，引入解放区的人民司法理念。原来的 53 所政法院系合并成四所以培养政法干部为目标的政法院系，即北京政法学院、华东、中南和西南政法学院，以及人民大学、东北人民大学两所综合性大学的法律系。各地还利用这次机会，把大学政法院系的教授组织到司法改革运动中来，帮助他们进行思想改造，不能继续担任政法教授转任其他课程，或转业改行。

（三）两场改革运动的意义

党的十八大以来，中国特色社会主义建设进入新时代，全面依法治国理论和实践取得重大进展。习近平总书记对政法工作作出一系列重要讲话和重要指示，特别是习近平法治思想使我们对中国特色社会主义法治的理解和认识提升到新的高度，在理论上、实践中都有更充分的准备重新审视这段历史。本书认为，中华人民共和国成立初期法治建设领域的这两大举措有以下重要意义。

第一，它是建设社会主义法治国家的起点。2013年习近平总书记提出"两个不能否定"的重要论述，即"对改革开放前的历史时期要正确评价，不能用改革开放后的历史时期否定改革开放前的历史时期，也不能用改革开放前的历史时期否定改革开放后的历史时期"。"两个不能否定"对我们重新认识中华人民共和国成立初期那段历史具有重要指导作用。

我们不能以当前全面依法治国格局下，政府、社会和人民执法、司法和守法的水平，去否定废除国民党"六法全书"后出现的法治不够健全，以政策、指令或命令代替法律的现象；也不能以当下司法队伍的专业化、职业化水平去评价"司法改革运动"后的司法人员队伍的水平。习近平总书记还强调："要坚持实事求是的思想路线，分清主流和支流，坚持真理，修正错误，发扬经验，吸取教训。"不论是中华人民共和国成立初期废除"六法全书"，还是现在颁布民法典，建成中国特色社会主义法律体系，两者的主流都是建设中国特色社会主义法治，而在国家治理中还没有完全消灭的破坏法治、"权大于法"的现象只能算作支流、末流。"司法改革运动"中，党和政府清理旧法人员，以及今天政法队伍开展教育整顿，治理顽瘴痼疾，两者都属于建设革命化、正规化、专业化、职业化的政法队伍的主流，而政法队伍中那些偏离专业化、职业化的问题，也同样属于支流。"虽然这两个历史时期在进行社会主义建设的思想指导、方针政策、实际工作上有很大差别，但两者绝不是彼此割裂的，更不是根本对立的。"正确评价这两场革命的关键在于坚持实事求是，从中华人民共和国成立初期党情、国情和社情的具体情况出发，更要牢牢抓住中国特色社会主义制度建设这根主线，从更长的时间尺度，运用实事求是和以人民为中心的立场观点去辩证认识。

第二，它确立了党对政法工作的领导。经过70多年革命、建设和改革实践，到党的十九大，全国人民深刻认识到中国共产党的领导是中国特色社会主义的本质特征。新中国法律体系和司法制度是中国共产党一手缔造的，党带领人民推翻了国民党反动统治，推翻了"三座大山"，完成了新民主主义革命和社会主义改造，中国这片古老的土地上生长出法治花朵，才有了基本条件。党的绝对领导是政法工作的最高原则，也是政法工作不断取得新成就、赢得新发展的根本保证。

1949—1952年，我国正处在新民主主义革命向社会主义革命转变的过程中，建立人民司法制度的根本就是要确立党对司法工作的领导，也就是要扫除确立党的领导的一切思想上、组织上和制度上的障碍。一方面，政法工作是业务性极强的政治工作，也是政治性极强的业务工作，政法工作的政治性和专业性高度统一，政法队伍也必须是革命化、正规化、职业化、专业化高度统一的一支队伍。因此不是党领导人民制定的法律，不是衷心拥护党的领导的司法人员，只能弃之不用。另一方面，党领导的中国革命经历了28年艰苦卓绝的斗争，革命不只是彻底推翻旧统治秩序，在夺取全国胜利之前，党有领导上亿人口解放区的社会治理经验和司法工作经验，有相对成熟的人民司法理念、制度和机制。因此，将党在解放区行之有效的纲领、法律、条例、决议推行于全国是必要且现实的。

第三，它符合当时社会革命和发展需要。中华人民共和国成立初期司法队伍中反动分子占有相当大的比例。据当时司法部报告，在武汉、广东、江西、广西等各级法院的旧司法人员中，反动党、团、特务分子就高达64%。浙江省、福建省、苏南区、上海市法院的1259名旧司法人员中，反动党团、特务骨干分子等占比为66.1%，其中有伪省院委员、伪特刑庭庭长和"戡乱条例"起草人，伪军统特务训练班指导员和伪中统特务行动支队长等。当时社会上就有"共产党法院，国民党掌握"的说法。司法队伍中反动分子破坏活动猖獗。旧司法人员中的反动分子和旧的反动统治阶级的爪牙（部分未经改造的旧法官、旧律师等）互相勾结，为非作恶，大肆实施盗窃和出卖审判情报、盗窃国家财产、恐吓欺骗，敲诈勒索当事人、侵吞、盗卖没收的赃物等犯罪活动。司法队伍中的旧法思想和旧司法作风危害很深。除贪赃枉法和违法乱纪现象突出之外，一些旧司法人员以"法律不溯既往""法无明文规定者不罚""不符合管辖规定"等借口，对一些罪恶深重背负血债的反革命分子，重罪轻判，甚至无罪释放。还有一些旧司法人员不联系群众，问案不调查研究，不实事求是，坐守衙门，孤立办案。从1949—1952年，全国范围内"三反""五反"运动正在进行，国民党的反动统治的余孽尚存，在政法领域的新旧势力斗争还很尖锐，司法制度和司法队伍已经到了非改不可的关头，必须进行"脱胎换骨"式的根本性改革，才能巩固新生政权，为新中国的革命、建设创造稳定环境。

从当时的社会现实出发，国民党政府虽然有纸面上的"六法全书"，实际上连统一的司法机关体系都没有建立，在多数地区县一级司法机关是由县政府的司法处来代替，为了镇压革命，炮制了大量维护独裁统治的"特别立法"和"特别法庭"。特别是广大的中国农村地区仍然是"法治荒漠"，亿万农民主要受到封建宗族势力的控制和压迫，司法在普通农民心中充满恐怖和神秘色彩。"六法全书"中符合现代法治精神的内容在中国社会并未生根。然而，司法改革运动后，具有先进思想、熟悉群众工作的干部充实到司法队伍中，基层政权组织遍布城乡各个角落，乡村巡回审判、群众办案、选拔农民法官等"司法大众化"而非"司法专业化"的制度创新，才让农民有机会接触到具有近现代特征的司法活动，解决了农村中大量积案、冤案，有效贯彻实施了新中国颁布的婚姻法、土地法大纲等重要法律。

第四，它奠定了现代法治建设的基础。经过70多年革命、建设和改革，我们基本建成中国特色社会主义市场经济和法治，并且对其产生、改革和发展的规律有了更深层次的认识。中国特色社会主义的法治建设成就在人类发展历史上是意义空前的，前无古人，过程艰难曲折。当时，法治建设的任务是服务于新政权巩固和其后的社会主义改造，唯一可以参考的经验是苏联的法治经验。而直到改革开放30年以后，我们建立起相对完善的社会主义市场经济，回顾过去才能发现"六法全书"中有一些符合法治基本规律，符合市场经济规律的内容可以被采用。然而，要求中华人民共和国成立初期的党和政府去识别、分辨国民党"六法全书"中哪些法律制度是适应将来社会主义市场经济建设需要的，脱离具体实际，超越了时代背景。

党的十八届四中全会通过的《关于全面推进依法治国若干重大问题的决定》中指出，实现全面依法治国的总目标，要坚持从中国实际出发，"汲取中华法律文化精华，借鉴国外法治有益经验，但决不照搬外国法治理念和模式"。有学者认为，国民党"六法全书"中有一些是属于"人类法律科学的共同成果"，或者说有一些普世性的内容，不应该采取全面摧毁、全面废除的方式来对待。这种观点也不具有现实性。中国法治建设汲取中华法律传统精华，借鉴国外法治有益经验的前提是建立社会主义法律制度和司法制度。没有自己的基础骨干，也就是确立社会主义法治的根本方向，吸收借鉴也就无从谈起。新中国在其他领域，比如在外交领域就实行"另起炉灶""打扫干净屋子再请客"的方针政策，也就是先废除国民党政府一切外交关系，彻底清除帝国主义在中国的控制和影响，在新的基础上发展对外关系。废除国民党"六法全书"是法治建设领域的"另起炉灶"，司法改革运动清除旧法观念，也就是法治建设领域的"打扫干净屋子再请客"。

二、民主集中制的运行方式

1954年制定的法院组织法、人民检察院组织法确立了司法机关办案组织的基本形式。由于司法工作指导思想和司法人员组成结构发生了根本变化，司法权的运行方式也相应发生了巨大的变化，其中最主要的特点是取消"法官独立"，呈现民主集中制特点。

（一）办案组织的基本形式

根据1954年《人民法院组织法》第9条，合议制被确定为法院审判组织的基本形式，第一审案件由审判员和人民陪审员组成合议庭审理，上诉和抗诉案件由审判员组成合议庭审理。第10条规定，各级人民法院设立审判委员会，总结审判经验，讨论重大的或者疑难案件和其他有关审判工作的问题。各级人民法院审判委员会会议由院长主持，本级人民检察院检察长有权列席。

1954年人民检察院组织法并未专门规定检察院办案组织的基本形式，在有关检察院行使职权的条文中，使用的主语均为"人民检察院"。组织法明确规定的办案组织形式只有检察委员会一种，检察委员会在检察长领导下，处理有关检察工作的重大问题。但是，人民检察院组织法没有再规定1951年《各级地方人民检察署组织通则》（现已失效）中规定的"业务机构"，在组织通则中只有省级以上人民检察署设有业务处，而省级以下检察署只设检察员、助理检察员和书记员。1954年检察院组织法不再规定业务机构，而是对各级检察院统一规定，检察院设检察长、副检察长和检察员若干人。因此，可以据此认为，检察院组织法上的基本办案组织应为检察官个体，即检察员、副检察长和检察长。

（二）民主集中制的引入

从1949年的中国人民政治协商会议共同纲领就规定，"各级政权机关一律实行民主集中制"，《五四宪法》和法院组织法、检察院组织法都规定了民主集中制原则。民主集中制也称为司法权运行的一种基本方式，主要体现就是审判委员会、检察委员会的出现。1951年《人民法院暂行组织条例》（现已失效）第 15 条规定，省级、县级人民法院设立审判委员会，组织人员为院长、副院长、审判庭长及审判员组成。审判委员会处理刑事、民事的重要或疑难案件，并为政策上和审判原则上的指导。1951 年中央人民政府同时还制定了《各级地方人民检察署组织通则》《最高人民检察署暂行组织条例》（现已失效），设置了类似于审判委员会的检察署委员会议。设委员若干人，以检察长、副检察长及委员组成委员会议，以检察长为主席。委员会议意见不一致时，取决于检察长。各级地方人民检察署委员会议，议决有关检察之政策方针及其他重要事项。

　　到目前为止，审判委员会和检察委员会仍然是中国司法机关中最为重要和权威的办案组织。对审判委员会制度的研究主要集中在如何坚持巩固并不断改革上。首先，实务界的基本观点是审判委员会是中国特色社会主义司法制度的重要组成部分，是宪法规定的民主集中制原则在审判工作中的现实体现。[①] 这一点也是党的十八届四中全会通过的《中共中央关于全面推进依法治国若干重大问题的决定》所明确的。但是，"废除审判委员会"或者在部分法院废除审判委员会的观点也一直存在，理由在于审判委员会审理案件不符合直接言词原则的要求，妨碍主审法官、合议庭独立行使审判权，以及审判委员会的组成本身高度行政化等。[②] 针对上述问题，多数观点是继续保留和维持审判委员会制度，但是必须进行改革。一是限制审判委员会的审案功能。即将案件审理排除在审判委员会职责之外，将其变成法院的议事和咨询机关，主要讨论决定本院的审判工作指导意见、总结审判规律、制定本院的组织管理制度，为法官、合议庭审理案件提供咨询意见。[③] 二是审判委员会直接审理案件。即由审判委员会直接组成案件的合议庭，开庭审理案件，由

　　① 北京市第一中级人民法院课题组：《审判委员会的变与不变》，载《人民司法（应用）》2015 年第 7 期。

　　② 主张废除审判委员会制度的相关研究有：彭东钫：《废除审判委员会制度的可行性》，载《西部法学评论》2009 年第 1 期；赵红星、国灵华：《废除审判委员会制度——"公正与效率"的必然要求》，载《河北法学》2004 年第 6 期；白迎春：《审判委员会制度存废之谈》，载《前沿》2015 年第 2 期，还有一部分观点认为，在基层法院可以废除审判委员会，参见高洪宾：《中国审判委员会制度改向何处——以本土化视角的思考》，载《法律适用》2006 年第 3 期。

　　③ 参见陈光中、步洋洋：《审判中心与相关诉讼制度改革初探》，载《政法论坛》2015 年第 2 期；李雨峰：《司法过程的政治约束——我国基层人民法院审判委员会运行研究》，载《法学家》2015 年第 1 期；江放：《怎样的案件才需要提交审判委员会讨论》，载《法学》1983 年第 2 期。

院长担任审判长，全体审判委员会成员直接听审，共同在裁判上署名[①]但是，由于审判委员会人员众多，讨论过程复杂，于是有折中观点提出，审判委员会应当主要决定案件的法律适用问题，[②] 这种观点也是实务界的主流意见。三是审判委员会旁听案件。即审判委员会通过到场旁听，远程视频旁听观看案件审理情况，审判委员会从案件决定转向对主审法官、合议庭的监督。[③]

检察委员会同样属于有中国特色的办案组织，与审判委员会一样，存在的合理性也颇受质疑。[④] 进一步建议取消检察委员会的论据与对审判委员会的质疑基本相同，即检察委员会的成员来源属于高度行政化的，在进行司法裁决时不符合程序公正的基本要求，不利于检察官独立执法办案，无法落实办案责任等。与取消论相对的是检察委员会改革论，主要观点是将检察委员会的议事程序作司法化的改造：如二元化议事程序，即对于具有诉讼化议题性质的重大案件，适用"准司法化"模式的议事程序；对于其他性质的重大检察业务事项，适用"行政化"模式的议事程序。[⑤] 其他观点还包括：将检察委员会决策案件的范围限制在少数重大、复杂案件上，而其主要职能应当是对检察院的宏观决策、全局调控、检察官的监督和综合评价等方面。[⑥]

（三）办案组织的行政化

在当时国家治理的视野中，对行使司法权的审判机关、检察机关与公安机关、司法行政机关没有区分，笼统地视为政法工作。中华人民共和国成立时，根据1949年《中央人民政府组织法》设立作为中央人民政府组成部分的

---

① 贺要生:《审判委员会决定的案件裁判书应由审判委员会署名》，载《法学》1990年第10期。

② 江必新:《深化审判机制与体制改革》，载《中国党政干部论坛》2014年第1期。

③ 参见庞景玉、成延洲:《对审判委员会运作三种模式的分析》，载《人民司法（应用）》2015年第7期。

④ 参见姜菁菁:《检察委员会机制改革初探——论独立行使检察权问题》，载《检察日报》2004年3月13日；陈海龙:《中国刑事诉讼制度的进一步完善》，载《法律适用》2000年第2期。

⑤ 卞建林、李晶:《检察委员会议事程序之思考》，载《人民检察》2010年第17期；邓思清:《论我国检察委员会制度改革》，载《法学》2010年第1期。

⑥ 该观点已经成为检察委员会改革论的通说。参见张晓元:《检察委员会基本职能与作用研究》，载《人民检察》2010年第7期；张毅、王中开:《论检察委员会的去行政化》，载《法学杂志》2008年第4期；黄海、梁晓淮:《论检察委员会的法律地位及其改革完善》，载《西北大学学报（哲学社会科学版）》2010年第1期；项谷、张菁:《强化检察委员会业务决策职能的实现路径》，载《华东政法大学学报》2011年第4期。

最高人民法院。1951 年中央人民政府公布的《中央人民政府最高人民检察署暂行组织条例》也规定设立最高人民检察署受中央人民政府直辖。司法权运行的行政化也是被法律所确认的。根据 1951 年《人民法院暂行组织条例》规定，高级法院和专门法院的设置由司法部报请国务院批准，中级法院和基层法院的设置，由省级政府司法行政部门报请省级政府批准。地方各级法院副院长、庭长、副庭长和审判员由各级地方政府任免，地方法院助理审判员由上一级政府的司法行政部门任命。

（四）逐级审转复核制的复兴

由于办案组织的行政化，加之新加入的司法人员不具备法律专业知识，对他们把握法律和政策的能力不能完全信任。传统中国司法机关实行的逐级审转复核制得到一定程度的复兴。严格来说，实际上是行政机关采取的层层审批方式。以中华人民共和国成立初期的"三反""五反"特别法庭或"人民法庭"为例。1950 年 7 月 14 日中央人民政府政务院第四十一次政务会议通过《人民法庭组织通则》，经中央人民政府主席批准，同年 7 月 20 日公布施行。共 15 条。规定：为保障革命秩序与人民政府的土地改革政策法令的实施，省及省以上人民政府得视情况的需要，成立县（市）人民法庭及其分庭，直接受县（市）人民政府的领导，作为县（市）人民法院的组成部分。其任务是按照司法程序，惩治危害人民与国家利益，阴谋暴乱，破坏社会治安的恶霸、土匪、特务、反革命分子及违抗土地改革法令的罪犯，以巩固人民民主专政，顺利完成土地改革。人民法庭设审判委员会，由审判长、副审判长各 1 人和审判员若干人组成。实行巡回审判和审判员回避制度。审判时法庭调查证据，研究案情，严禁刑讯。被告人有权辩护或请人辩护。旁听的人经允许后可以发言。法庭有逮捕、拘禁并判处被告死刑、徒刑、没收财产、劳役、当众悔过或宣告无罪等权力。对匪特反革命分子的死刑判决，经省或大行政区人民政府主席批准后执行，不得上诉。其他判决，被告或原告如有不服，在 10 日内可要求县（市）人民政府指令人民法庭复判，对复审判决的不服时，得提出上诉。依据通则规定建立的人民法庭，适应中华人民共和国成立初期开展的镇压反革命运动和土地改革运动需要，对于保证当时政治任务的完成，促进革命事业的发展起了很大作用。

由于人民法庭的组成是在机关、部队，组成人员除审判长为法院院长兼任，其他成员或为机关、部队负责人，或为人民团体代表、工人、店员、守法工商户等非法律职业人员。"人民法庭"的审判程序一般是为了定罪量刑慎重起见，特别法庭实际上并无独立的审判权。其中，"三反"法庭一般案件的判决要经过行政公署和师一级单位。无期徒刑和贪污1亿元以上的免刑由省级政府和二级军区、兵团批准。判处死刑由中央人民政府政务院、大行政区人民政府、大军区批准。人民法庭是在中华人民共和国成立初期为了推动土地革命、巩固人民政权建立的特殊审判组织。当时一方面要发动起最广大的人民群众彻底根除中国社会中的反动残余势力，另一方面人民司法制度又没有建立，因而对于人民法庭得失的评价不能用法治的一般原则。《邓小平文选》第一卷中《贯彻执行中共中央关于土改与整党工作的指示》一文提出："建立人民法庭，以便接收审理案件，维持社会秩序，避免乱打人、乱捉人、乱杀人的现象。"人民法庭在特殊时期很好地起到了发动人民群众参加革命，又维护正常社会秩序，保障基本人权的重要作用。

三、群众路线的裁判方法

早在中华人民共和国成立之前，在根据地时期的工农民主政权就十分重视在司法工作中贯彻群众路线，在陕甘宁边区时期形成了具有代表性的"马锡五审判方式"。马锡五担任陇东分区专员同时兼任边区高等法院陇东分庭庭长，在审理案件时注意深入群众，开展调查研究，巡回审判纠正难案疑案，受到人民群众普遍欢迎。1943年2月3日，毛泽东同志为马锡五同志题词："一刻也不离开群众"——成为"马锡五审判方式"最为精练的注脚。1944年1月6日，陕甘宁边区政府主席林伯渠在《边区政府一年工作总结》中提出："提倡马锡五同志的审判方式，以便教育群众。"

关于马锡五审判方式的主要特点，当时的报刊和工作会议曾进行过多次评论。如1944年3月13日的《解放日报》认为，马锡五审判方式的特点有三个：（1）深入调查；（2）在坚持执行政策、法令和维护群众基本利益的前提下进行合理调解；（3）诉讼手续简便。集中为一点，就是"充分的群众观点"。1945年1月13日《解放日报》发表的《新民主主义的司法工作》一文又将马锡五审判方式的特点归纳为八点：（1）走出窑洞，到出事地点解决纠纷；（2）深入群众，多方调查研究；（3）坚持原则，掌握政策法令；（4）请有威信的群众做说服解释工作；（5）分析当事人的心理，征询其意见；（6）邀集有关的人到场评理，共同断案；（7）审案不拘时间地点，不影响群众生产；（8）态度恳切，使双方乐于接受判决。集中概括起来，就是"司法工作中的群众路线"。1945年12月，陕甘宁边区司法工作会议的总结报告将马锡五审判方式归结为三项原则：（1）深入农村，调查研究；（2）就地审判，不拘形式；（3）经过群众解决问题。这些原则，贯穿一个基本精神，就是民主。1945 年马锡五在延安大学回答学生提问时又将这种审判方式归结为："就地审判，不拘形式，深入调查研究，联系群众，解决问题。"近年来，相关权威观点认为，马锡五审判方式包括以下五个方面精神内涵：第一，一切为了人民，即以人民为中心的司法理念；第二，注重调查研究，实事求是，一切从实际出发；第三，就地化解矛盾，不拘形式、手续简便、方便诉讼；第四，追求案结事了，实质性化解争议为目标；第五，倾听群众感受。[①]

总体来说，马锡五审判方式的历史和现实的精神内涵都没有发生太大变化，但是，在新时代弘扬马锡五审判方式也要注意适应法治环境的现实，适应司法程序高度专业化的现实，适应人民群众法治和权利意识高涨的现实。不能认为弘扬马锡五审判方式就是要到"田间地头"开庭，就是要在诉讼程序之外和解、调解，把弘扬马锡五审判方式形式化为一种"表演"。马锡五审判方式在不同时代背景和社会条件下应当有新的形式。比如，1956 年马锡五同志担任最高人民法院副院长，在调研北京市高级人民法院后写信提出了若干意见：比如院长亲自办案少、审判委员会讨论案件少、判决书政策性弱、说理比较差、不回应上诉人的上诉理由等。[②] 其中包含许多加强办案亲历性、判决说理等体现是司法专业化要求的意见。同时，以人民为中心的司法理念，实事求是的根本观点始终贯穿其中。

1944 年的马锡五审判方式没有遵循从西方国家移植过来的诉讼程序，以及规范的证据裁判方法，却适应传统中国农村的环境，能够满足中国农民解决民间纠纷的需要。马锡五审判方式与党的群众路线的工作方法、治理观念高度统一，是从传统中国司法机关办案组织裁判方法向现代司法办案组织裁判方法过渡的产物，即使在现代中国社会的司法工作中也有其积极意义。马锡五审判方式并未过时，在党对司法工作的领导发展进入新阶段，它的理论和实践价值更加凸显。准确把握和实现马锡五审判方式的新形式，仍然要以实事求是的思想和方法把握新时代人民群众对公正司法的期待为起点。既要程序简化、方便群众诉讼，又要尊重人民群众对正当程序的要求；既要实质性化解争议，又要

---

① 参见贺小荣：《"马锡五审判方式"的内在精神》，载《法律适用》2021 年第 6 期。
② 参见牛犇：《马锡五写给北京法院的一封信》，载《人民司法》2021 年第 18 期。

注重运用法治思维和法治方式，不能超越法律对司法机关的授权乱作为；既要注重调查研究，实事求是，又要遵循证据规则和诉讼程序。

本章小结

从中国司法机关办案组织现实和历史的考察中，我们可以发现我国司法机关办案组织的一个突出特点就是与行政组织的高度同质性。在传统中国社会，"刑名""诉讼"与"钱谷""赋役"一样是国家统治活动的一部分，而非独立的专门活动。行政组织同时也是司法机关的办案组织，行政官员同时也是司法官员，逐级上报、层层审批既是行政组织的管理施政方法，也是司法机关办案组织的审案方法。在方法论层面，即使法家思想也并非主要为了指导国家的司法活动，而主要是国家的治理。这一方面由于中国行政权自古以来都强大且统一，另一方面也是由于社会结构和生产方式简单，司法活动没有独立的必要。

直到民国建立，虽然在法律层面系统吸收了西方法治国家近代化的成果，建立了新的司法机关、办案组织、诉讼程序和裁判方法。但是，很大程度上仍然停留在纸面上，广大中国农村和农民并未走向近代化，仍然生活在传统社会中。他们也并不需要新型的、西化的"法律设施"及办案组织。新中国的建立首次在大陆建成完整的国家司法体系、司法机关及其办案组织，为国家的工业化、现代化打下制度基础设施。虽然从现在的角度看缺少专业化，但是却是建立在几十年根据地群众路线的司法工作的经验基础上的，更加适应当时社会条件下最广大人民群众对公正司法的需求。改革开放以后，中国社会进入发展社会主义市场经济阶段，社会结构和国家的治理体系面临新课题、要求新变化，但是，判断司法制度、司法办案组织的根本标准应当是人民群众满不满意，是否符合本国的具体现实，而非符合一些外国的抽象规则。

我国司法机关办案组织经历了三次重大的变化：第一次是秦汉以来建立起"外儒内法"的国家治理体系。此前的殷商到西周，中国人生活在亲属关系的"家"中，财产和人身关系都受"家长"的支配和裁断。秦汉封建绝对主义国家制度建成后，虽然普通中国人仍然在"尊尊亲亲"的家庭伦理规范中，却要接受非亲属关系的专业官吏集团的统治，也就是生活在

"国"中，受到专业训练、具备专门知识的官吏承担起司法工作。此后，大一统有强有弱，但是中国人只是偶尔会在"世家大族"中继续作为"奴婢""部曲"，绝大多数都能作为君主的"臣民"，得到安定的生活秩序和司法公正。第二次是清末改制到民国时期的近代化。中国人首次开始接受来自于西方的法治观念，建立模仿西方国家的司法机关和办案组织。但是，这种移植过程充满强迫和暴力，社会不可能走上西方国家一样的发达资本主义道路，司法机关的办案组织也同样带有强烈的半殖民地半封建社会特征。这一时期的司法机关表面上装点有西方法治的标签，实际上仍然是封建专制主义的内核，"行政兼理司法""审转复核"等特征迅速复活，绝大多数中国农民依然与现代化的政治和司法绝缘。第三次是新中国司法制度建立至今。这一次中国人才真正掌握现代化进程的方向，并调动起千千万万的普通中国人参与到这一进程中去，这一转变过程到现在仍未完成。在此过程中中国司法机关办案组织在努力学习西方先进经验，同时也在克制西方形式主义法治的弊端，而党领导人民革命和建设事业中形成的理论和经验就成了主要武器，其中包括以司法的人民性克制精英主义，以实事求是克制形式主义，以民主集中制克制民粹主义等。这一阶段的许多具体特征归结为一点就是中国共产党的领导。

第二章　西方司法机关办案组织的历史演进

据波斯纳的观察，当今的法律活动已经成为一种类似工厂化生产的活动，即从经高度训练的专门人员生产少量个性化的高质量物品转向通常在监工并最终在执行官的指导下由非技术工人从事简单重复的操作并使用机器生产的大量质量平均的物品。① 现代国家的司法机关办案组织正是这样"工厂化"生产司法公正"产品"的组织。但是，今天的西方司法机关办案组织经历了长期的发展演化过程。即从个人、个人简单组合起来的团体，再到严密协作的规范化组织的过程。本章内容将回顾这一历史进程，并考察西方法治国家历史上重要的办案组织形式及其来龙去脉和异同。

第一节　以个体为核心的办案组织

个人裁判社会纠纷由来已久，其主要优势在于裁判效率，但是权力色彩较重，不但裁判权力高度集中于一人，而且裁判权的来源也是统治权力或者行政权力。在法治出现之前，个人裁判与个人的统治权、行政权本身难以区分，裁判纠纷是行使统治权的一部分。以下是若干人类历史进程中比较重要的以个人为核心的办案组织。

一、宗教祭司

审判组织最早出现在两河流域的早期人类城市中，一开始它掌握在神职人员手中，这在东西方的古代社会是共同的，而且是以个体的人的形式出现，在古代中国则是前文提到的主持占卜的贞人团体。祭司群体掌握着国家权力，而王和首领仅有军事领导权，祭司在城市中主持审判，聆听诉讼人的

---

① 参见［美］波斯纳：《超越法律》，苏力译，中国政法大学出版社 2001 年版，第52 页。

争议，调解他们的争执并作出裁决。^①人类文明早期的宗教祭司裁判与后来出现的神明裁判有所不同，"神明裁判"更多是一种裁判方法或证明手段，而不是裁判者本身。早期文明社会中的宗教祭司裁判还有一些遗迹。比如，圣经中对古希伯来人国家的记载。保留下来的希伯来人的裁判活动就体现着祭司阶层掌管司法活动的历史特征。希伯来人的首领作为上帝的代言人，同时具有立法权和裁判权，摩西任命若干十夫长、百夫长和千夫长，代其审判百姓的诉讼争议，疑难案件仍然由摩西亲自审判。摩西之后的士师统治时期和王国时期，裁决法律争议和监督法律实施也均是由祭司承担。^②又如，古印度社会。古代印度实行种姓制度，婆罗门作为祭司阶层处于最高地位，掌握古代印度国家的立法、司法权力。在国家司法层面，婆罗门担任君王的法律顾问，并受君王之托，代表君王审理案件。在村社层级的潘查亚特法庭中，婆罗门常常主持司法事务，审理案件和裁决纠纷。在古代印度的法律论著中将裁判比作祭祀仪式，法官是主持仪式的祭司。^③

祭司作为法官有一个弊端，就是祭司阶层永远把宗教利益摆在第一位，其次才是法律，而对于法律家来说，法律是第一位的。宗教祭司裁判案件时都会将"神的旨意"作为最高依据，而且要强调裁判活动的神秘性，确保裁判权牢牢掌握在祭司基层的手上。司法权从原始宗教的祭司阶层向世俗法官的转移是人类历史上第一次"司法改革"。司法组织从祭司向世俗法官的转变经历了一个中间阶段，就是古希腊的"公民大会"。在本书其后的章节中将专门介绍，由于"公民大会"的公众性以及法律职业团体的缺乏，导致古希腊一直没有进化出在民众中推广、管理并实施私法的审判组织。^④

二、古罗马裁判官

古罗马人是具有特殊法律天赋的民族，千年以来世界都在享受其伟大的遗产。从古罗马开始，法律成为专门的知识，裁判成为专门的活动，复

---

① ［美］约翰·梅西·赞恩：《法律简史》，孙运申译，中国友谊出版公司2005年版，第47页。

② ［美］房龙：《圣经的故事》，王少龙译，中国社会科学出版社2003年版，第191页。

③ 高鸿钧：《宗教法在传统印度法中的核心地位》，载《清华法学》2019年第1期。

④ 参见［美］约翰·梅西·赞恩：《法律简史》，孙运申译，中国友谊出版公司2005年版，第121页。

杂完备的庭审程序反过来也促进了罗马法的发展，培育了以法学家和辩护人为主体的法律人阶层。古罗马一切统治权力最早完全掌握在元老院手中，贵族掌握者城邦所有的政府、司法和祭司职能。最早的世俗法官是裁判官（praetor），裁判官一词包含词根 paeire，意思是"在前面、先行的、带领"的意思，被称为"第三位"执政官。

（一）裁判官的来源

公元前 367 年，古罗马借鉴斯巴达的做法，选举两人执政拥有国王的一切权力，并且设置了第三位执政官，作为两名执政官的下级幕僚，专门处理城内的司法事务。[①] 西塞罗在《论法律》中提出："让这两人拥有王的权力，他们被称为执政官，法官和执政官在他们之前裁判和执政，他们拥有指挥军事的最高权力。"由于罗马帝国和国家治权的扩张，在新设立行省的同时也增设大量的裁判官，裁判官首先是作为军事首领掌握新领土的统治权，新增的裁判官为行省的裁判官。公元前 227 年为了管理西西里和撒丁岛增加了 2 名裁判官，公元前 197 年西班牙行省纳入时又增加 2 人。到凯撒时期增加至 10 人，最后增加到 16 人。到奥古斯都统治时期，由于皇帝制度的建立，共和国其他的政治设施从属于皇帝，裁判官来源于贵族阶层，由元老院选举产生，但是实际上元老院已经成了皇帝的表决工具。

（二）立法活动中的裁判官

裁判官的裁判权从治权中派生出来。也就是说，第三位执政官与另两位执政官一样，也拥有治权，即国家主权的体现，裁判官也执行军事任务。第三位执政官是作为执政官的下级助手，留守城内行使城内治权，又被称为"城市裁判官"（praetor urbanus）。执政官不在城内时，城市裁判官是城市的高级治安官，有权召集元老院会议，组织城市防守。裁判官在司法方面的重要权力是发布裁判官告示，告示说明裁判官对司法判决的基本政策，裁判官告示本身并不是法律，但是连续的告示也构成了先例的汇编，对裁判官告示的灵活运用成就了罗马法发展。

共和国时期，城市裁判官每年在法学家的建议下，发布裁判官告示，规定在哪些情况下裁判官会提供救济。裁判官虽然无立法权，但是借助裁判官告示实际上具有了变更法律的权力，通过裁判官告示修改的法律被称为"荣

---

① ［意］朱塞佩·格罗索：《罗马法史》，黄风译，中国政法大学出版社 2009 年版，第 41 页。

誉法"或者"裁判官法"（ius honorarium）。裁判官告示与《十二铜表法》并立，但是有效期仅为一年，因此已成了罗马法中变化较快，富有生机的部分，裁判官法成为万民法的主要渊源。[①] 到了哈德良皇帝统治时期，法学家萨尔维·尤里安受皇帝委托编辑裁判官告示，并且规定只有皇帝批准才能修改裁判官告示，已有的裁判官告示成为永久告示，同时也是用另一种方法废除了裁判官的立法权。

（三）作为审判组织的裁判官

裁判官对诉讼案件有完全的裁决权，但是，实际上裁判官并非一人裁判案件，而是有承审官、助手和陪审员一同完成。在古罗马的早期，民事诉讼与其他古老民族的诉讼形式一样，带有明显的宗教色彩，祭司在其中发挥主要裁判作用。司法权逐渐转移到裁判官以后，诉讼程序也随之世俗化了，出现了"程式诉讼程序"。在民事诉讼中，原告先主张自己的债权并且要求被告加以确认或者否认，如果被告否认，原告则宣布："既然你否认，我要求裁判官指定一名审判员或仲裁人。"裁判官审理案件的程序分为两个阶段：第一个阶段为裁判官负责的法律审（in iure），裁判官确立一种程式，任命审判员后，诉讼争议就列入程式，审判员遵循程式作出裁判。独任审判员作为私人被委任法官任务，根据不同程序进行调查。开始审判员一般是裁判官的代理人和顾问。后来主要有两种可能性：首先由当事人协商提出建议经裁判官批准。如果当事人不能达成一致意见，就从官方名录中选择指定。原告连续向被告提出建议人选，直到被告人对人选没有异议为止。最后还可以通过抽签产生审判官。[②] 第二个阶段为审判员的事实审（apud iudicum），在裁判官面前，原告宣读程式，被告接受程式，完成当事人之间应为的行为。总之，不论在整个诉讼程序中，裁判活动都受裁判官程式的约束，审判员只是裁判官的下属和程式的具体执行者。裁判官通过设定诉讼程序，可以直接裁决案件的实体结果，他可以拒绝维护某种诉权，也可以在程式中增加措施，以便在特定情况下推翻处罚决定，也可以将某些诉权扩展至其他案件的情况。[③]

---

① 米健：《略论古罗马万民法产生的历史条件和思想渊源》，载《厦门大学学报（哲学社会科学版）》1984年第1期。

② ［德］马克斯·卡泽尔、罗尔夫·卡努特儿：《罗马私法》，田士永译，法律出版社2018年版，第804页。

③ ［意］朱塞佩·格罗索：《罗马法史》，黄风译，中国政法大学出版社2009年版，第186—187页。

到戴克里先皇帝时期，两阶段基本消失，裁判官开始直接审理案件，或者任命代表听审案件，也就是公职审判程序逐渐取代程式审判，裁判官的程式演变成正式的诉权体系，公职法官代替当事人开始完全支配诉讼。裁判官对于某些以法为依据的诉讼请求拒绝进行诉讼，或者授予一些法中没有根据的诉权，诉权体系也逐渐变成法的新的渊源。[①] 从古罗马的司法实践看，在司法组织的发展早期，裁判职能来源于统治权，与立法职能也没有完全分化。司法办案组织的变化受到诉讼程序变化的影响，经过了漫长的历史进化才发展成为专业法官执掌的程序。同时，因为待裁判的案件数量的增加，也导致以分工协作为特点的司法办案组织萌芽。

三、领主裁判官

中世纪早期，也就是9世纪以前，基督教的教区制度建立以前，欧洲各民族主要生活在少数市镇和广大的农村，在农村，最小的政治实体是村庄，这些村庄由一些封建领主统治，农民既租种领主的土地，向领主纳税，而领主"恩赐"其司法公正。拉丁文中的领有权（dominium）不仅指土地所有权，还包括管辖权、主持法庭和宣告法律的权利。有观点提出，"采邑和审判完全是一回事"，领主主持的审判被称为"领主裁判"。但是，实际上领主裁判不可能全部由领主本人主持，在德意志地区的封建领主控制的土地上，出现了领主裁判官（Schuldheiß）这一职位，国王在王室法院的裁判官为scultetus，在乡村有乡村裁判官（Dorfschulzen），而在城市有城市裁判官（Stadtschulzen），代表领主向农民收取债务，以农民应当向领主履行的其他义务，担任城市议员，还代表领主行使管理权和司法权。领主裁判官类似于古罗马的裁判官，有一定的渊源关系。

（一）裁判权的来源

领主裁判官实际上是领主的公务员，他的产生各地都有所不同，有的是村庄的农民共同选举出来的，也有的地方是领主指定的。在日耳曼人东扩的过程中，承包领主土地的次级承包人通常是这块土地上的领主裁判官，这一

---

① ［意］朱塞佩·格罗索：《罗马法史》，黄风译，中国政法大学出版社2009年版，第187—188页。

职位经常与当地的某一家族和特定的财产相结合。[1] 罗马教廷势力强大时，领主裁判官的审判权由大主教确认。如 1188 年大主教威克曼保留马格德堡市的城堡指挥官和执行官作为审判组织，主持镇长官法院的审判。

（二）裁判方式

这时罗马帝国已经解体，西欧大部分地方在日耳曼王国及其大大小小的封建领主的统治下，罗马法规范完整的体系也已经解体，通行各地的封建习惯法。领主自己或者领主裁判官通常并不自己作出裁判，而是由诉讼参与者裁判，一般是领主领地上的农民，领主裁判官的主要任务是主持裁判程序，在民事和案件中，证明一般是通过共誓涤罪和神明裁判作出的。1215 年废除神明裁判后，诉讼参与者转化为陪审团作出裁判。[2]

（三）裁判权的变迁

领主裁判官多数时候担任基层法院的法官，不过领主裁判官在名义上是代替领主行使司法权。在旧日耳曼人的司法系统中，领主裁判官在法庭中担任陪审法官的角色。在 12 世纪至 13 世纪的法律汇编《萨克斯明镜》中记载，"法官离开领主裁判官无法处理任何实质性问题，领主裁判官代替法官执行法律。"在城市中，领主裁判官以代理法官的身份审判市民的案件，在中世纪后期城镇也纳入高等法院管辖范围，领主裁判官成了城镇的最高法官。通过担任法官，领主裁判官发展成为城镇的主要首脑。在更加晚近的发展中，城市的领主裁判官变成了市长、治安官等角色。而且从 15 世纪开始，领主裁判官在法院中的陪审法官职位也逐步被法官取代。[3] 领主裁判官作为一种审判组织结束了其历史使命。

四、德国检察官

检察官被称为"未完成的机关"，实际上是指检察官作为类似于合议庭、独任法官的办案组织在法律上是未得到完全确认的。德国检察机关在欧洲大

---

[1] Meyers Großes Konversationslexikon, 6. Auflage, 18. Band, Bibliographisches Institut, Leipzig/Wien 1909, S. 72.

[2] ［美］哈罗德·J. 伯尔曼：《法律与革命——西方法律传统的形成》，中国大百科全书出版社 2008 年版，第 303 页。

[3] U. Hagner: Die Amtsschultheißen und Amtsrichter in den preußischen Dörfern vom 16. bis 18.Jahrhundert in：Jahrbuch des Museums Hohenleben-Reichenfels Hohenleben 1985, S. 21-46.

陆比较具有代表性，可以对大陆法系检察机关的办案组织"管窥蠡测"。大陆法系检察机关带有鲜明的行政机关特征，检察机关的办案组织以检察官个人为核心，更加接近于行政机关的部门长官，检察官实际上是在领导行政官署办理案件。

（一）检察官的起源

检察官的起源可以上溯到古罗马的公诉制度。公元前 171 年，对于某些执政官的索贿行为，在元老院的干预下，受害公民要求裁判官指派保护人，保护人代表受害市民提起诉讼。发展到后来，任何公民都可以请求执法官允许担任控告人。[①] 到中世纪，罗马教廷下属的宗教法庭对于异端罪行采取纠问式审判方式，公共起诉应运而生，宗教法庭既是审判者也是指控者。[②] 但是，近代检察制度起源于欧洲大陆，肇始于法国，德国检察制度移植于法国。法国 13 世纪时，国王设置了家臣 Procureur du roi，作为国王代理人，执行的事务是国王的私事。国王腓力四世 1302 年颁布敕令，规定国王代理人须同总管、地方官员一样进行宣誓，以国王的名义参加有关王室利益的诉讼。对事关王室收入的罚金和没收财产之类的诉讼，若地方官员没有起诉，则由国王代理人负责提起诉讼；涉及危害社会治安的违法犯罪行为，也可由国王代理人提起诉讼。到公元 1522 年、1553 年及 1586 年，法国国王颁布法律将国王代理人定名为检察官。到路易十四世统治时期，国王敕令决定在各级法院设立检察官，承担对案件的侦查和起诉工作。[③] 法国大革命以后，无罪推定、不告不理、控辩式诉讼模式等保障人权的司法原则得以建立。到 1795 年之前，法国曾经试行一段时间英国的公民追诉制度，但是不足以恢复大革命后的混乱局势，国民议会认为有必要加强政府的力量，于是在 1795 年废除英国的预审制度，1808 年公布的刑事诉讼法将侦查与追诉犯罪的权力授予检察官，检察官作为"国王的代理人"随之变成"共和国的代理人"，检察官本身也要服从检察总长和司法部长的指令，近代检察制度随之宣告完成。[④]

---

① ［意］朱塞佩·格罗索：《罗马法史》，黄风译，中国政法大学出版社 2009 年版，第 201 页。

② 邓继好：《宗教裁判所与检察制度的萌芽》，载《世界宗教研究》2009 年第 3 期。

③ 汪鸿兴：《检察制度起源探究》，载《辽宁大学学报（哲学社会科学版）》2008 年第 3 期。

④ 陈国庆、石献智：《检察制度起源辨析——兼论检察机关的职能定位》，载《人民检察》2005 年第 9 期。

（二）检察官任命

在法律上德国检察官的选任条件与法官基本相同，以便于检察官与法官可以交流任职，形成法律职业共同体。预备担任检察官的人员先要通过第一次国家司法考试，然后经过司法机关的研修，在研修过程中具有与公务员类似的身份，研修后参加第二次国家司法考试，重点考察法律应用知识和能力，通过两次司法考试并且经申请审核后，由司法部长任命可以获得检察官职位。有的州要求检察官候选人必须曾经担任侦查法官（Richter auf Probe），时间是3—5年。但是，检察官作为行政官的历史基因导致其在任免程序上与法官稍有不同，目前在理论上均认为应当对检察官地位有优于普通行政官员的法律保障，可以与法官同等对待。实际上，检察官的职位保障并未达到法官的高度。司法部长对检察官任免的干预是时常引发争论的问题。2015年7月15日，德国联邦司法部长要求联邦总检察长退休引发了巨大的关于检察官独立性的争论，德国法官协会发出公开信反对司法部长的这一命令，指出这一命令是因为检察机关对某一网站的调查可能会产生政治上的不利后果，这一命令会使检察机关被强加政治义务，而得不到公众的信任。

（三）办案组织形式

大陆法系国家设立检察机关之初，就是要将其作为单纯的行政机关，作为政府在刑事诉讼程序中的代言人。[1]1522年后法国国王路易十四多次发布刑事布告，设立"公共部"（Ministre publique）承担刑事追诉职责。除此之外，还包括确保诉讼上国库收入、代表国家保护一般私益、保护法律施行、保护国民全体、对孤儿寡妇等弱势群体的特别保护，法院法官不足的情况下代理法官职责，甚至决定面包的价格。检察官的上述职责并非"无中生有"，而是继承自宗教法庭。大革命后，法国的检察机关在法律上是政府的一个"部"，而附设在各级法院，配置在高级法院的是总检察官（procureur général），以下各级法院都设置相当的检察官，检察官下属有辅助人员，包括检察官助理（substitus）、检察官代理（avocat）、司法警察等。[2]可以说，近代检察办案组织形式是以检察官个人为核心的行政机关。

通说认为，德国检察机关是自由主义及法治思想主导刑事诉讼程序改革

---

① 林钰雄:《检察官论》，法律出版社2008年版，第54页。
② ［日］冈田朝太郎:《法院编制法》，熊元襄编，张进德点校，上海人民出版社2013年版，第137页。

的产物。如罗科信（Roxin）指出，国家检察机关是"市民国家解放的手段，而不是专制压迫的工具。这是可以确定的显而易见的知识"。然而，实际上普鲁士刑事诉讼法修改的草案早在1848年欧洲革命来到之前就已经完成，普鲁士检察机关的范本就是法国的"公共部"。目前，许多研究都揭示，检察机关的建立反映了行政官僚体系反对市民自由主义解放法院官僚系统的历史进程。换言之，随着司法判决独立的危险出现，政府的利益在刑事司法框架内不再被关照，应当通过建立受司法部指令约束的非独立机关来应对。① 德国检察机关仍然是国家，甚至政府利益的代表。德国检察官并非像法官一样享有办理案件及人格的独立权：即"检察机关的公务人员需依其上级长官之职务上的指示行事"。每一个个别的检察官也不得全权自行决定事项，只是检察机关首长的代理人。② 1877年普鲁士刑事诉讼法和法院组织法制定后，检察机关的构成要素被描述为："官僚机关，自部门领导至司法部长等级规则的指令制度，一体化不可分割，检察首长的职务收取和移转权。"③

　　现在德国检察机关基本的办案组织形式在法律上仍为检察官个体。根据德国法院组织法第142条规定，检察机关的职责实际上是由一名或多名检察官来行使。在联邦层面，根据第148条规定，联邦总检察长和联邦检察官都是独立的司法机关。实际上，检察官不可能只靠个人来承担办案职责，还需要一些辅助人员。包括检察官助理（Referendare）担任的职务检察官（职务检察官在国家检察官领导下办理案件，在地区法院职务检察官可以独立承担地区检察官的职务）、司法辅助人员（计算机、金融、财务等专业领域的公务员）和书记官。检察院内部也设置有类似行政机关的内设机构，如科（Dezernat）、处（Abteilung）等，但是，这些内设机构的设置只是方便案件分配和司法行政事务管理，不是办案活动中承担办案责任的主体。④ 在德国法院组织法上，检察机关是由检察官组成的，检察官个体就是法定的基本办案组织，但是实际上检察官办理案件都会依靠自己领导的内设机构。司

---

① Kehr, Zur Genesis der preußischen Bürokratie und des Rechtsstaats, in: ders., Der Primat der Innenpolitik. Gesammelte Aufsätze zur preußisch-deutschen Sozialgeschichte im 19. und 20. Jahrhundert. Herausgegeben und eingeleitet von H.-U. Wehler, 2. A., 1970, S. 47.

② ［德］克劳斯·罗科信：《刑事诉讼法》，吴丽琪译，法律出版社2003年版，第63页。

③ Carsten, zur strafprozessualen Stellung der Staatsanwaltschaft in der StPO von 1877 Wohlers,（Fn.13, Entstehung），180 ff.

④ 参见魏武：《法德检察制度》，中国检察出版社2008年版，第183—185页。

法行政事务和检察办案组织都高度行政化，造成效率和公信力的低下。与美国相似的是，德国一些州也引入企业管理因素（betriebswirtschaftliche Steurungselemente）改造检察机关的内设机构。①

（四）办案方式

与法院裁判方式相对应，检察机关的职权活动方式可以称为"办案方式"。检察机关办案组织的办案方式包括两种主要形态：一是在法庭上履行公诉职责；二是提起公诉的准备以及公诉以外的其他侦查、刑罚执行等方面的职责履行。第一种形态的办案方式是法院裁判方式的构成要素。由于法庭裁判方式从纠问式转变为控辩式，必有指控一方，法院的裁判才能完成，检察官在法庭上的公诉活动其实是法院裁判方式的组成部分。检察官在法庭上可以按照自己的判断对指控活动发表意见，不受上级和其他机关的干涉，如同法国法谚所言："笔受拘束，口却自由。"

第二种形态的办案方式则是专属于检察机关的。以公诉准备为例，检察官的办案活动包括侦查和预审，在上述活动中，检察官并不具有完全的决定权，检察官的决定权受到上级的约束，其中最为重要的两项约束就是：职务收取权和移转权。在德国法院组织法上规定了检察院内部案件管辖权的自由改变，即州高等法院检察院的检察长和州法院检察院检察长有权自行接管其辖区内检察院的职务活动，而且还有权将辖区内一个检察官的事务交由另一个有管辖权的检察官负责。

指令权是对检察官裁决权的制约。即检察院的上级长官对下级属官在职务上的事项所为的一般或个别指示，个案指令权就针对具体案件的处理。由于检察机关和检察官履行的法律职责在很多方面与法官具有一致性，并且要防止行政机关通过指令权过分影响检察官的决定权，并间接影响法院裁判，避免检察机关成为政治斗争的工具。自 1877 年普鲁士刑事诉讼法暨法院组织法制定以来，除纳粹时期，几乎未曾出现过司法部长干预个案检察事务处理的案例。1930 年帝国司法部长曾经拒绝议会要求其对检察总长的指令，司法部长指出：自从德意志帝国创立依赖，帝国检察长从未被下达过任何之指令。据此，本部也放弃对帝国检察长施加任何形态的影响。②

---

① Weidmann, T. Service-teams in der staatsanwaltschaft i beim landgericht berlin. Zeitschrift Für Rechtspolitik（3）, 2001, S. 130-135.

② 林钰雄:《检察官论》，法律出版社 2008 年版，第 34 页。

（五）办案方式的司法化

回顾近代检察机关在法国的出现，一般认为检察机关是行政权力为了制约日渐独立的法院新设置的机关。行政权对检察机关的控制通过司法部长、检察首长的指令权实现。进入现代以后，越来越多的法治国家重视到检察机关相对于行政权力独立的必要，一些国家如南美的巴西、秘鲁等国在宪法中确定检察机关是独立的"第四种权力"，而且检察机关的独立和自治也促进了这些国家的政治法治化。① 而大陆法系国家开始限制指令权，特别是对个案的个别指示。为有效打击有组织犯罪，意大利最早废止了司法部长对检察官的指令权。德国法官委员会中负责检察官实务的执行委员会长期主张废除现行法律上对检察官的指令权，认为该项权力违反了分权和制衡原则。欧盟委员会在2011年12月发表的《关于以刑法保护欧盟财政利益和设立欧洲检察院的绿皮书》中建议规定欧洲检察官在履行职务时不应当寻求或接受指令，必须独立于诉讼当事人和成员国、欧洲共同体机构，独立履行其职能。欧盟委员会认为，"独立性是欧洲检察官作为特殊的司法机关的一个基本特征"。② 虽然现在指令权发挥作用的情形很少，检察官实际上已经具备地位类似于法官的独立性。但是还有观点指出，一般性指令权对于保障刑事追诉的统一性是必要的，或者政府主导实施公诉政策的权力仍然应当保留。此外，内部指令权使检察机关内部以及上下级检察机关形成纵向的一体化结构，在打击犯罪，行使侦查职权时具有优势。

五、美国检察官

美国检察制度继承自北美殖民地时期宗主国的检察制度，包括英国、法国和荷兰。根据《1789年司法法》规定，每个联邦司法区任命一位有法律经验的人担任检察官，对联邦犯罪进行追诉，联邦检察官本质上是联邦政府的律师，不仅接受政府委托担任诉讼代理人，还有私人的法律业务。到1870年设立司法部后，司法部开始负责美国国家历史的刑事起诉和民事诉讼。为协助总检察长，还增设了政府首席律师负责联邦诉讼，代表联邦政府在最高法院出庭，美国的检察制度才初步建立。在英美法系国家，检察官从属于行政

---

① Carvalho, E., & Natália Leitão. (2010). The new public attorney and process of judicialization of politics. Rev Direito Gv, 6（2）, 399-422.
② 魏武:《拟议中的欧洲检察院》, 载《人民检察》2007年第19期。

权，检察官独立原则始终处在争论之中，主要体现在"独立检察官制度"存废的争论上。独立检察官制度于1978年由国会通过的《政府行为道德法》和《独立检察官法》确立，"独立检察官制度"从诞生之初就充满争议，1999年独立检察官制度被废除。对独立检察官制度的主要质疑是不符合宪法原则，"在三权分立的体制中试图加入第四种权力"。[①]

（一）检察官的任命

联邦检察官的任命与法官基本相同，也是由总统任命，参议院确认，任期4年。但是，与法官终身任职不同，总统同时也有权免除联邦检察官的职务，如同在大陆法系国家一样，检察官任免的行政化引发了许多争议。其中最大的一次风波就是2006年的美国司法部命令9名联邦检察官辞职事件。以往新总统上任任命新任总检察长后，联邦检察官常常会自动辞职，对联邦检察官的政治任命，美国公众多年来习以为常。但是，此次命令辞职事件发生在政府没有换届，检察官正常履职的情况下。2007年年初，国会司法委员会对命令辞职事件进行了专门调查。2008年司法部对这一事件的调查报告指出，这一辞职命令原因完全是政治性的，7名联邦检察官并未按照某些参议员的要求对民主党人士启动腐败调查，这一命令是专断且根本错误的。[②]

这一事件的另一项结果是国会通过立法恢复了总检察长任命临时检察官120天的任期限制。"9·11"事件后的爱国者法案取消了临时检察官120天的任职限制，在参议院确认任命之前，联邦总检察长有权任命临时检察官，这项权力本来属于联邦巡回法院和地区法院，1986年里根政府时期修改法律将此项权力赋予总检察长。总而言之，检察官职务任免的行政化正在受到越来越多的质疑。而在州检察系统，检察官任命的行政化问题较少，因为许多州检察官属于民选职位。

（二）办案组织形式

在美国，检察机关基本的办案组织形式是检察官办公室（office of public attorney）。有研究者归纳出检察官办公室内部组织形式有两种基本模式：小型州检察官办公室采取的中心式（centralized leadership）和大型州检察官办

---

① Baker, H. H. Proposed judicially appointed independant office of public attorney: some constitutional objections and an alternative, 1975, the. Sw.l.j.

② An Investigation into the Removal of Nine U.S. Attorneys in 2006 Department of Justice Inspector General, p. 355−358.

公室采取的阶层式（hierarchical structure）。检察机关办案组织要解决的中心问题是检察长如何监督制约检察官在刑事诉讼中的起诉裁量、诉辩交易等权力。一般来说，检察官在美国诉讼程序中掌握着起诉裁量、诉辩交易、量刑建议的权力，如检察官在量刑程序中可以运用自己的量刑建议权回避强制的量刑标准。[①] 大陪审团完全成为检察官操控的表决机构，而极少受到权力制约和责任追究。常规的由律师协会对检察官进行行业自律的规制方式已经明显不足。因此，有研究提出，对检察官权力制约的重点应当从外部的规范约束，转向检察机关办案组织内部的机制建设，进而提出可以按照公司治理模式管理检察官办公室，将公众、刑事诉讼参与人作为股东，检察长作为执行部门等观点。[②]

在联邦层面，全美国被分为90多个联邦司法区，每一联邦司法区内均有一名检察官履行职务（关岛和北马里亚纳群岛由同一名检察官负责）。联邦检察官是这一司法区内执行联邦法律的首席官员，联邦检察官领导下的办公室是联邦司法部的下属机构，受联邦司法部的监督、管理和领导。各个联邦检察官办公室一共有350多名联邦助理检察官，以及350多名辅助人员。虽然联邦法律规定总检察长任命每个联邦检察官办公室中的助理检察官，但是实际情况是每个联邦检察官雇佣和解雇助理检察官，并有权对助理检察官的工作进行监督管理。检察官根据自己对联邦检察官手册（United States Attorney's Manual）的理解履行起诉职责。

州检察官的办案组织也是其下属的检察官办公室，其中主要由助理检察官组成。助理检察官经过州检察官的授权代表检察官履行公诉职责。州检察官会将其办公室分为若干部门，以应对不同类型的刑事案件，每个部门由若干助理检察官组成，这些部门会按照处理案件类型分为：重罪案件、轻罪案件、家庭暴力、交通肇事、毒品、民事等部门。不论是联邦检察官还是州检察官，从本质上与大陆法系的检察机关区别明显，联邦检察官和州检察官并非大陆法系的"机关"，而是诉讼中的律师。

---

① David Bjerk, *Making the Crime fit the Penalty：The Role of Prosecutorial Discretion under Mandatory Minimum Sentencing*, Social Science Electronic Publishing, 2004, p. 591-625.

② Bibas & Etal, *Prosecutorial Regulation Versus Prosecutorial Accountability,* Social Science Electronic Publishing, 2009, p. 959-1016.

第二节　以团体为基础的办案组织

从司法活动的发生历史看，团体形式的办案组织起源于原始部落的民主制度，团体集会共同解决成员内部矛盾，在个人权力出现后，团体办案组织带有制约和限制个人权力的作用。但是，相对于个人为核心的办案组织，在效率上有明显劣势。以下简要介绍人类历史重要的若干以团体为本体的办案组织形式。

一、雅典陪审法庭

早期古希腊人如同其他民族一样，都实行贵族寡头统治，裁判权归属于贵族组成的战神山议事会、世族法庭和执政官。公元前 592 年，代表雅典平民利益的梭伦被推选为执政官，推动改革打破贵族世家对城邦的控制。裁判制度的改革也是梭伦改革的内容之一，梭伦设立了由公民大会组成的上诉法庭，监督制约战神山议事会和执政官的裁判权。公元前 5 世纪中期，在厄菲阿尔特改革下，陪审法庭从公民大会中分离出来，从一个上诉法庭变成了数个陪审法庭，成为雅典民主制的核心机构之一。[1]

（一）人员来源

在梭伦执政时期，在雅典出生或者祖籍在雅典的公民集团统治着雅典，这一公民团体一般情况下不超过 2 万人。梭伦将雅典公民按照财产收入分为四个等级，前三个等级可以被选举为行政官员，第四等级及第四等级以外的平民可以参加公民大会。在亚里士多德时代，陪审法庭取代公民大会成为重要的审判组织。雅典每年年初选出 6 千名陪审员，根据案件类型不同组成规模大小不同的陪审法庭，有 201 名、401 名等，偶尔还会有 6 千人同时听审案件的情况。每个陪审法庭做出的判决都代表全体公民大会，因此陪审法庭的判决不得上诉。开庭当天以抽签方式决定陪审员。[2]

（二）裁判方式

梭伦的改革使每一个雅典公民都有权为了主持正义而提起诉讼，也可以

---

① 张春梅：《试论公元前五世纪中期雅典的陪审法庭变更》，载《古代文明》2009年第 4 期。

② 阴元涛：《试论雅典公民法庭的发展与演变》，载《世界历史》2012 年第 2 期。

为他人辩护。作为首席军事执政官的伯利克里曾经受到过公民指控而接受审判。案件起诉后，陪审法庭的裁判程序分为两个阶段。第一阶段，案件被提交给执政官，由执政官决定是否提交给陪审法庭审判。第二阶段，同一执政官主持陪审法庭审判案件，当事人轮流陈述并作答辩后，陪审员通过投票作出判决。执政官并不具有法律专门知识，无法对陪审员进行指导，在审判程序中不发挥任何实质性的作用，仅负责主持程序。陪审员并不需要依据法律作出判决，法律也不强制陪审团依据法律作出裁判。陪审员更多地会受到雄辩者的影响，每一案件都有可能按照为这一特定案件量身定做的规定进行判决。陪审员不同于现代的陪审员，在案件表决前不能进行讨论，也没有讨论的机会。在这种情况下，即使存在正式的审判程序，特殊的法律职业团体也无法形成，因为没有专业知识和经验可以对裁判提出有用的预测。陪审员集体对于正义的个人观念正好组织了法治的形成。因此，有观点认为，亚里士多德称雅典的民众法庭得出的任何结论都是人们高级智慧的反映，是毫无道理的。①

二、古罗马民众大会

古罗马共和时期有三种民众会议：库里亚民众会议、百人团民众会议和部落民众会议（comitia tributa）。平民组成的民众大会对贵族组成的元老院是一种制衡力量。库里亚民众会议最为古老，起源于罗马人早期的氏族组织，到共和时期，权力逐步流失只具有形式意义。百人团民众会议是民众军事组织，根据财产收入分为六个等级，作为征兵纳税的基础，每个等级组成若干个百人团，共计 193 个百人团。随着古罗马社会不断发展，人口与军事制度相脱离，出现了不分财产、不分等级，按照居住部落划分的部落民众会议。②

（一）裁判职能

民众大会的职能广泛，包括选举、立法和司法。根据《十二铜表法》，判处死刑的案件属于百人团民众会议的审判职能，还对要求继承之诉和不合

---

① ［美］约翰·梅西·赞恩：《法律简史》，孙运申译，中国友谊出版公司 2005 年版，第 77 页。
② 李海松：《罗马共和国宪制述评》，载《河南省政法管理干部学院学报》2006 年第 2 期。

义务遗嘱之告诉有管辖权，并对这些事项有很大的裁量自由。顾名思义，它由 100 名民众法官组成，后来为 105 名（35 个部落每个部落 3 名代表），百人团会议由裁判官主持，审理具体案件时从百人团中挑选成员组成委员会。[①]比较小的诉讼，如超过 30 头牛和 2 只羊，后来为一定数额以上的罚金，属于部落民众会议管辖范围。[②]

（二）裁判方式

民众大会由拥有代表民众行事权或者代表平民行事权的执法官召集并主持。其中包括若干种形式：一是"敌对行为两人审委员"召集并主持百人团民众会议审判案件；二是平民护民官组织百人团民众会议审判死刑案件；三是执法官召集部落民众会议审判科处罚金的案件。百人团民众会议表决按照等级，等级高的先投票，而部落民众会议则同时投票。

（三）裁判职能的发展

民众大会的审判职能由于刑事法庭的发展和大量增加而逐步削弱。但是，罗马并没有取消它，而是一直延续至共和时代末期。起先刑事法庭是作为特别审判机关，由元老院或者民众大会决定设立，用于审理发生在罗马本土外行省中发生的，执政官向行省平民索贿案件。索贿案件法庭的建立标志着特别刑事法庭程序向一般刑事法庭程序的转变。在其后苏拉统治时期，索贿案件刑事法庭被用于其他犯罪，并且可以判处死刑，罗马人根据不同法律设立了许多刑事法庭，每个法庭均由一位裁判官主持。罗马进入君主制时期以后，控告式诉讼程序被纠问式诉讼程序取代，君主控制的审判官也取代了传统的民众大会的审判职能。

三、陪审团

由法院主持案件审判程序，12 名宣誓的公民听审后对案件事实作出判决，这是普通法系历史悠久、最具特征的制度，一些大陆法系国家也在尝试引进陪审团制度，陪审团在现代仍然是重要的审判组织之一。以下对陪审团制度的介绍以英国、美国的情况为主。陪审团制度是美国人引以为傲的，将其

---

① ［德］马克斯·卡泽尔、罗尔夫·卡努特儿：《罗马私法》，田士永译，法律出版社 2018 年版，第 805 页。

② ［意］朱塞佩·格罗索：《罗马法史》，黄风译，中国政法大学出版社 2009 年版，第 145 页。

作为防止专断，制约政府权力的有效手段。第二任总统约翰·亚当斯（John Adams）曾经说过，陪审员应当以自己最恰当的理解和内心的良知去裁判，这不仅仅是他们的权利，更是他们的义务，只有被充分告知自己作为陪审员的权利义务的普通市民组成的陪审团参加审判时，政府的角色才能够被合适地限制在人民公仆而不是人民的主宰的定位上。担任陪审员是对公民进行教育的主要形式，公民都有义务接受法治教育。托克维尔在《论美国的民主》中提到"陪审制提升了一个民族的自然智慧，陪审制是对社会中可资利用的公民最有效的手段"。

目前，在对陪审团的研究中，引起较多关注的有以下三个方面。一是影响陪审团裁决的因素。陪审团的裁判与法官裁判的最显著不同在于，法官裁判始终受到法律的约束，而陪审团可以超越法律，即在一些案件中适用法律会导致与社会的公平正义观念相违背的结果时，陪审团可以直接运用社会通行的公平正义观念。因此，研究哪些法律之外的因素会影响陪审团的裁决就成了一项重要问题。[①] 二是陪审团裁决的形成机制。陪审团包含司法裁决的形成机制，几乎所有可能的形式：一致同意、多数一致和僵局裁决。在英国和美国对陪审团裁决的要求经历了从一致同意到非一致要求的变迁。裁决形成机制不仅关系到生产裁判的效率，还可能影响表决的实际结果。但是，非一致裁决也会降低裁判的公众接受度和质量，也影响审判组织产生共识的根本作用。[②] 三是大陆法系对陪审团制度移植的得失。陪审团制度是典型的英美法制度，大陆法系国家对陪审团制度的移植值得关注。法国、德国、意大利、俄罗斯等欧洲大陆国家都曾经历过移植到取消的过程。定罪率的高低和对司法官僚体系的监督是主导这一过程的关键因素。[③] 而这两种因素的主导作用在日本"移植—取消—恢复"陪审团制度

---

① Brooks, W. N., & Doob, A. N. *Justice and the Jury*, Journal of Social Issues，31（3），1975, p. 171-182.

② 陪审团的经典理论认为，一致同意才能代表国家意志。参见 Leonard Levy, The Palladium of Justice：The Origins of Trial by Jury（Chicago：Ivan R. Dee, 1999），43；而非一致裁决将社会中本来存在的种族、性别、阶层等矛盾公开化。参见 Lisa Kern Grffin, *The Image We See Is Our Own：Defending the Jury's Territory at the Heart of the Democratic Process*, Nebraska Law Review 75（1996）：375.

③ 参见易延友：《陪审团移植的成败及其启示》，载《比较法研究》2005 年第 1 期。

的过程中体现得更为明显。[①]

（一）陪审团的起源

目前的理论研究揭示陪审团的起源有三：一是古希腊雅典的陪审法庭，它是雅典公民行使民主权利的主要形式。陪审法庭的缔造者梭伦认为，这项制度最大的优势是用法律规定任何公民都有权利获得其他公民的帮助。二是古代日耳曼人部落的犯罪调查组织，由一群品行良好的男性成员调查犯罪活动，因诺曼征服被带入英国。1086 年威廉一世发布《末日审判书》（实际上是对土地和财产进行的经济普查令），在调查中广泛采用了 12 邻人的调查陪审团，调查陪审团必须如实回答王室官吏提出的问题，[②] 因此，早期陪审团主要在土地所有权争议案件中调查事实。三是起源于伊斯兰法，诺曼征服者在征服英格兰之前统治了西西里，而在此之前西西里在法蒂玛王朝统治之下。[③]

从中世纪开始，陪审团在英国法院中应用越来越多，适用案件范围也越来越宽，有三种原因：一是国王对听命于教皇的宗教法庭的不信任；二是律师和法官对证人的不信任；三是 1215 年罗马教廷废除神判，陪审团成为调查案件事实的唯一有效办法。从陪审团制度的起源及其发展的原因来看，政权统治者在其中发挥了重要作用，陪审团制度并非是"司法民主"的实现，而是当权者"司法专制"的工具。但是目前，陪审团制度则是"司法民主"的重要体现，以美国陪审团制度为例，陪审团制度在美国社会生根发芽的主要原因是，"美国社会有一种理念强于其他地方，即对社区社会规则的新人与对政府官员的不信任"。与陪审团制度兴起的历史相反，今天由于法院案件数量的压力，陪审团的运用会使案件审理过程更加复杂漫长，即使在美国，法官也越来越不愿意将案件交由陪审团审判。在民事案件中仅有 1%—2% 案件会启动陪审团程序，在刑事案件中绝大多数也是由法官审理，只有杀人案件启动陪审团程序的可能性高一些。

---

① 参见程德文：《日本恢复刑事陪审团制度的动因及合理性》，载《南京师范大学报（社会科学版）》2004 年第 5 期。

② 英国历史上第一个 12 人陪审团是 1075 年大主教与国王司法官的一件土地所有权纠纷案件。参见［美］约翰·梅西·赞恩：《法律简史》，孙运申译，中国友谊出版公司2005 年版，第 151 页。

③ Makdisi, J., and J. Makdisi, *The Islamic Origins of the Common Law*, North Carolina Law Review 77（1998）.

（二）陪审员的来源

按照普通法传统，陪审团应当是官员从经过正式宣誓的、发生纠纷的邻居中挑选出来的有一定财产的 12 名上等人。这表明，陪审员应当具备三项条件：宣誓、来自近邻、有一定财产。由于陪审团曾经作为土地和财产的调查组织，也是作为案件的证人被召集起来，上述条件的产生原因不言自明。现代陪审团制度下，财产条件已经被放弃。1880 年美国联邦最高法院在 Strauder v. Virginia 案中确认禁止黑人担任陪审员违反宪法第十四修正案，1898 年女性首次在犹他州担任陪审员。某一法院管辖区域内的所有成年公民都有义务担任陪审员，被列入陪审员库（Juror Pool），不论是否是所谓的"上等人"、社会精英或者受过一定教育。逃避履行陪审员义务的公民会受到罚款处罚。但是，公民也可以提出正当理由豁免自己的陪审义务，如陪审员个人工作或生活上的紧急事项与陪审义务相冲突，陪审员需要忍受特殊困难才能提供陪审服务，当事人及其律师也不想让这些人加入陪审团。

近邻审判原则的要求也被降低。美国独立之前，接受来自邻近地区陪审团的审判被认为是一项基本权利。1774 年首届大陆会议宣布："各个殖民地有权适用普通法，尤其有权适用被告重要而宝贵的特权，即受到邻近地区人们审讯的权利。"然而，实际上犯罪发生地、审判地与被告人住所地总是不一样，不可能严格遵守邻人审判原则。美国宪法第六修正案规定被告人必须由"来自犯罪本来发生的州或地区，即法律先前已经查明的发生地点的公正的陪审团"审理。实际上州法院审理案件时要从案件审理地的郡县甚至更小区域内选择陪审员，而联邦陪审员则只要来自于案件发生的州即可。[1]

（三）陪审团的构成

陪审团规模一般为 12 人，美国联邦最高法院的判决指出，对于联邦犯罪必须由 12 人陪审团作出判决。苏格兰陪审团有 15 人，是世界上规模最大的陪审团，美国有的州陪审团只有 6 人。而各个州对陪审团规模的要求有大有小。1898 年联邦最高法院在汤普森诉犹他州案件中指出，[2] 8 名陪审员和 12 名陪审员一样可以查明真相，一样会捍卫被告人的自由。在 1970 年的威廉姆斯诉佛罗里达州案件中，联邦最高法院再次肯定了汤普森诉犹

---

[1] ［美］伦道夫·乔纳凯特：《美国陪审团制度》，屈文生等译，法律出版社 2013 年版，第 146—147 页。

[2] Thompson v. Utah, 170 U.S. 343，353（1898）.

他州案中的意见并指出，12 人规模的陪审团是一个历史的意外，6 人组成陪审团也是合宪的。不同规模的陪审团都可以满足社会公众对司法的参与、分担判决是否有罪的社会责任等功能，但是必须有足够的人数规模促使集体商议通过，免受外界恐吓，并且提供获得社会中具有代表性成员参与的公平机会。[①]

比较研究表明，12 人陪审团中商议的效率较低，6 人规模的陪审团所花费的商议时间可以缩短，而且出现"僵局陪审团"的可能性较低。但是，6 人规模的陪审团更容易形成多数判决，反而使定罪率更高。相对于小陪审团，12 人规模的陪审团可能会有更多的少数意见，回忆更多的证据细节，更加详尽地考虑所有的可能性。实际上陪审团规模大小都各有利弊。

在具体案件审理中，陪审团是由双方律师和法官通过有因回避和无因回避遴选形成的。在启动陪审团程序之前，法官会主持双方律师对陪审员进行预先审查。律师通过审查可以提出对陪审员公正性的合理怀疑，这种有理由的回避申请提出的总数是没有限制的。律师也可以不提供任何理由，而对陪审员提出无因回避申请，但是无因回避申请有次数限制。在联邦法院审理的死刑案件中，双方各有 20 次无因回避申请机会，轻罪案件中双方各有 3 次，在其他重罪案件中，检察官有 6 次而辩护律师有 10 次机会。

（四）裁判方式

应该强调的是，陪审团裁判的对象始终都是案件的事实问题，而不涉及案件的法律适用。早期陪审团裁判是运用自己了解的事实（self-informing）直接对案件进行判断。13 世纪的陪审团由村镇的 12 名拥有不动产的自由民，以及邻近 4 个村庄的 20 人组成，陪审员的召集由村镇的领主裁判官（Bailiff）负责。陪审员都来自于案件发生地的周边，对原告、被告可能都有一定了解，有的陪审员本身就是了解案件情况的证人，有的通过传来证据了解案情，他们与现代陪审团的区别就是在审理案件之前就接触到案件事实和证据、证人。[②]

现代陪审团的裁判方式、法官的裁判方式都与控辩对抗的诉讼模式紧密关联。在 18 世纪，英格兰经历了从纠问式向对抗式诉讼模式的转变，到 19

[①] Williams v. Florida, 399 U.S. 78, 99（1970）.

[②] Klerman, Daniel, *Was the Jury Ever Self-Informing*, S.cal.l.rev 77.1（2001）：123-149.

世纪刑事审判变成了真正的控辩对抗，新的裁判方式也随之产生。陪审团的裁判分为三个阶段：接受证据展示—接受法官指示—秘密评议并投票。首先，在证据展示阶段陪审团完全处于被动接受地位，他们对证据的接受取决于法庭上的证据展示规则以及法庭外的取证规则。就证人证言而言，证人只能先接受传唤方律师询问，然后接受对方律师的交叉询问，证人证言的取得过程也要遵守合法性规则，不得采取威胁、欺诈、暴力手段。虽然陪审员都期望能直接向证人发问，然而绝大多数采取陪审团制度的国家法律都禁止这样做。其次，证据展示完毕后法官会就案件涉及的法律规则向陪审团作指示。尽管陪审团裁判的是事实问题，这些事实都是法律事实，陪审员并不能理解法律事实中包含的抽象、专业的概念，因此离不开法官对法律规则的解释说明。法官的指示一般都是口头的，有的州已经在尝试用书面指示作为补充，以便于陪审员在评议中能反复参考加深理解。陪审团的秘密评议是裁判的最终阶段。目前的研究揭示，在影响陪审员裁决的诸多因素中，占主导地位的还是证据因素，[①] 而且陪审团确实可以发挥集思广益的作用，他们对复杂案件的理解程度与专业的法官非常接近。

第三节　以分工为基础的办案组织

从结构的复杂程度看，自宗教法庭开始，就已经出现裁判活动的高度分工。13世纪英国的法律职业团体明显带有中世纪行会的结构特点，在律师学徒、诉状律师和出庭律师之间形成了类似行会的学徒、帮工和师傅的关系。在法院当中，也出现了法官、书记员、公证员、法律学者的分工协作。但是，司法机关办案组织的结构形式并未停留于此，而是不断升级和复杂化，以适应社会关系复杂化、法律专业化的需要。

一、宗教法庭

宗教法庭从诞生之初就是作为团体的审判组织形式，其名称"Ecclesiastical Courts"就来自雅典的"公民大会"（"Ecclesia"）一词。宗教法庭最初只处理

---

① Strier, F. *Whither Trial Consulting? Issues and Projections*, Law & Human Behavior, 23（23），1999, p. 93–115.

教徒自愿提交的案件，到了古罗马康斯坦丁大帝在位期间（公元 222—252年），他发布法律规定允许信徒将案件提交主教审判，并且所有案件一旦经过主教法庭审判就不得再被提交裁判官，按照世俗法律审判。1075 年教皇格里高利七世的教会改革之前，欧洲各地的教会主要听命于当地的国王和领主。教会改革之后，教会权力开始凌驾于世俗权力之上，"教皇在法律上凌驾于所有基督徒之上；僧侣受教皇统治，但其在法律上凌驾于所有世俗权威之上"。

（一）宗教法庭的起源

教皇在教会内部的最高统治权被确立。从教皇往下，形成了大主教管区、主教管区、助祭管区、教士管区以及独立传道会、修会区、修道院等的各级别、分序列的管理序列。教皇、大主教区、主教管区、助祭区都有自己的司法机关或司法官员。教会改革后大主教、主教从封建领主任命变为教皇任命，听命于教皇，而在自己的大主教和主教管区，则有委托管辖权、裁判权的权力。比如，1171 年艾森巴赫修道院院长从萨尔茨堡大主教处获得特许状，规定"我们授予并确认你们……在圣玛丽亚山和圣约翰教堂进行埋葬、洗礼及火审、水审之权力，正如我们知晓你们先前在原地以获授权"。又如，12 世纪中叶，北安普敦郡的圣彼得大教堂从主教处获得特许状，该特许状也规定："无论接受何种神判形式之考验，任何人皆不得在市镇或郊外接受审判，除非在本教堂庇护之下，且其须在本教堂事前守夜。"[①] 得到授权的修道院、教区的神职人员都有权并有义务主持神判，但是最低一级只能到教区教堂，而不能由教区教堂的下级机构主持神判。

教会法庭最初管辖的案件如同今天一样只是有关基督教信仰和教会管理的案件，并不涉及世俗事务。但是，宗教法庭的管辖案件随着教会的权力不断扩展。教会法庭的扩展在 12 世纪到 13 世纪受到了世俗的欢迎。因为教会法院的审判比世俗法院效率更高。即使某一案件是否要由教会法来管辖有疑问时，只要当事人同意，就可以由教会法庭来管辖。这些案件既包括宗教案件，也包括世俗的刑事、婚姻、遗产和其他民事案件主持神判的权力是隶属于教堂的一项"财产权力"，诉讼费用和罚金都是教堂的财政来源，甚至教堂的转让也要随同审判权一起转让。

---

① ［英］罗伯特·巴特莱特：《中世纪神判》，徐昕等译，浙江人民出版社 2007 年版，第 119—120 页。

（二）裁判组织构成

宗教法庭有独任法官和合议庭两种裁判组织。罗马教廷本身就有教皇领导下的审判组织，即教皇法院或者称为教议会上院。在各主教管区的主教法院中，两种裁判组织都是作为主教的代表，经过主教授权审理案件。组成合议庭的法官数量为 3 人、5 人，少数时候可以达到 7 人。组成审判组织的不仅有法官，还有一些其他审判辅助人员。11 世纪末，主教公署内的官员数量成倍增加，出现了受过法律训练的"法务官"代替主教行使法官职权。除此之外，还出现了司法掌印人、公证人、辩护人、控告人、执行法院命令的代理人、陪审人以及其他类型的司法官或准司法官。[①] 主教法庭的裁判组织愈加复杂和专业，除法官以外还有四类重要的辅助人员。

公证人（Notary），实际上是法庭的书记员，监督证人宣誓，记录庭审。由教皇英诺森三世在第四次拉特兰会议上提出设立，可以由一般信徒担任，不一定是神职人员。

陪审人（Auditor），某些情况下代理法官执行一些主持审判的程序职权，陪审人从中世纪既已存在，现在在罗马的教廷最高法院仍有这个职务的遗迹。

陪审法官（Assesor），有两种含义，一种是指合议庭的组成人员，另一种是指协助审判长解释法律的助手，负责向主审法官提供有关案件和法律的专业意见。

司库（Fiscal promoter），检察官的前身，一般在刑事案件中发挥作用，承担指控者的角色，近代宗教法庭上被称为"正义的促进者"（Promoter of justice）。司库在三种情况下出席法庭履行职责：关注教士们是否遵守教规、参与主教法庭的祈祷仪式、为婚姻的有效性和宗教专业提供辩护。司库的职责就是维护教会的权利、宗教服务的神圣、教士的纯洁、婚姻的神圣以及保存宗教生活方式。

（三）裁判方法

宗教法庭的审判方式可以分为两个阶段：在前一阶段，宗教法庭是王权的附庸，神判是王权显示权威的手段，多用在叛国案件审判中。"神判"常见的形式有将人投入水中看是否淹没的冷水审判，将手浸入沸水中看是否受

---

① ［美］哈罗德·J. 伯尔曼：《法律与革命——西方法律传统的形成》，中国大百科全书出版社 2008 年版，第 205 页。

伤的沸水审判，以及用烙铁的热铁审判等，而延续时间最长的神判方式是决斗审判。神职人员在裁判中的主要活动和职责就是祝福和祈祷。在审判活动开始前，神职人员的祝福和监督必不可少，中世纪留下的关于礼拜仪式的记载中大量包含在热铁、冷水等不同审判形式前的祈祷仪式。[①] 9—12世纪，火审和水审在整个拉丁基督教世界，针对所有类型犯罪和其他类型案件适用，但是，神判使用是受限制的，只有在无法获得其他发现真相的方法时才能使用。5世纪查理曼帝国的《萨利克法典》就规定"倘若某人被指控，且没有证人为其开脱，则他须以汤釜洗刷嫌疑。"12世纪英格兰的法律也规定，"唯有当未证明的事实无法以其他方式探知时，方可采取热铁审判"。1220年《萨克森明镜》记载："除非没有其他方式可知悉真相，否则在任何案件中使用神判皆属不当。"而且，在神判的诸种形式中，决斗裁判使用的可能性更高。正是由于神判形式过于血腥、暴力，经常会导致当事人死亡，与基督教的教义冲突，1215年第四次拉特兰宗教会议决定废除神判，教皇也要求神职人员不再参与神判。

在后一时期，即宗教改革后，罗马教皇从世俗国王手中夺取了宗教法庭的控制权，神判也被以违背圣经而逐渐禁止。实际上，在有证人证言和宣誓的情况下，神判不得使用。在中世纪由于识字的人很少，主要是神职人员和贵族，因此一种完全有效、真实可靠的书面记录是最为可靠的证据。在意大利这样文化水平高、商业发达并设有公证人的地区，神判的运用更加罕见，而多见的则是书面证据裁判。在社会上层，经过宣誓的口头证言则比书面证据证明力更高。

在整个中世纪宗教法庭和世俗法庭相互影响，神职法学家会主动学习罗马法，对宗教法庭的裁判程序产生了巨大影响，宗教法庭的证据裁判方法逐渐发展完善。只不过宗教法庭并未采取普通法上的控辩式诉讼模式，而是一直坚持接近纠问式的诉讼模式，由法官或者合议庭负责调查案件事实。只是根据1608年教会法典规定，在证明规则上采取的是"有利于被告的推定规则"。目前，在英国仍保存有宗教法庭，只是不再管辖世俗案件，而是只限于宗教内部事务，以及主教以下神职人员违反信仰规则的案件。英国宗教法

---

① ［英］罗伯特·巴特莱特：《中世纪神判》，徐昕等译，浙江人民出版社2007年版，第158页。

庭并无正式的听审程序，多数情况下根据案卷材料进行书面审理。[①]

二、神圣罗马帝国枢密法院

1495 年神圣罗马帝国枢密法院（Reichskammergericht）是近现代法院的前身，是第一个法官具有专门罗马法知识的裁判组织。由于它的影响，德意志地区各邦国的王室法院纷纷效法，受过法学专门训练的法官逐步取得优势地位。[②] 在裁判组织的发展历史上十分重要。神圣罗马帝国枢密法院的前身是 1235 年弗里德里希二世建立的皇帝枢密法院（königliche Kammergericht），是王侯之间有关帝国利益和权力诉讼的最高法院。到 15 世纪，神圣罗马帝国进入哈布斯堡王朝时期，皇帝长期不在德意志境内，法院的行政管理日益混乱。到 1495 年马克西米安一世以帝国枢密法院取代了皇帝枢密法院。

（一）裁判组织的构成

在皇帝枢密法院中，皇帝是最高法官，皇帝还选任其代理人审理案件。弗里德里希二世在 1235 年和平条令中规定：皇帝若不能亲自主持审判，得指定一名高级法官主持皇帝所在地的皇帝枢密法院。法官的选任条件特别重视道德因素。他应当是"一名享有信誉、诚实无欺……且有自由身份者，一名在此职位上至少有一年期间且良好举止者"。高级法官要宣誓不得出于爱或恨、偏爱或报答、仁慈或畏惧而作出判决，惟可根据一己之良知、无欺无误之良好信念及所知所信为正义者来审判。

根据和平条令第 29 条，高级法官得有一名特别的公证人来接收和保留控诉的证据，记录审判程序，保存放逐法外及其解除的记录，记录下皇帝法院里的主要案件的所有判决，尤其是当它们采取互相矛盾的判决形式的时候。公证人应该不是神职人员，以便于登记和记录杀人判决。公证人要发誓他"在公务中诚实地、合法地行为"，并且要"凭借良知、以无欺无误之良好信念，不去记录和去做任何有悖权利和义务的事"。[③]

帝国枢密法院建立后，对法官的法学知识要求比较突出。根据其组织法

---

① Ecclesiastical Courts Jurisdiction Act 1860.

② ［德］弗朗茨·维亚克尔：《近代私法史》（上），陈爱娥译，上海三联书店 2006 年版，第 161 页。

③ Lorenz Weinrich, ed. And trana, Quellen zur deutscher Verfassung-Wirtschaft-, und sozialgeschichte bis 1250, Ausgewählte Quellen zur Geschicte des Mittealter, vol.32（Darmastadt, 1977）, S.462ff.

规定，帝国枢密法院配备一名枢密法官，即首席法官，他是教会或皇帝册封的一名侯爵、伯爵或男爵。配备 16 名陪审法官，由德意志帝国各邦国选送正直、可敬之人，必须具有相应的知识和经验，其中一半必须是精通法学者，另一半则为骑士或贵族。1521 年修订组织后规定，骑士身份的法官如未受大学法学教育，则至少要对法院判例有所研究。[①] 帝国枢密法院对于任命的法官还要采取一项考试进行选拔，1570 年以后考试成绩还要经过法庭成员投票，以决定候选人是否胜任六年的任期，陪审法官由皇帝宣布任命。枢密法院法官的数量随着法院案件数量增加而不断增加，到 16 世纪时有 24 人，而威斯特伐利亚和会后为 50 人。[②]

帝国枢密法院有独立的财政来源：诉讼费用和帝国专项税收（公共芬尼税），不足部分由帝国财政拨付。法院组织法对案件诉讼费用做了专门规定，并且特别注意到了"工资的妥善发放，对于枢密法官、陪审法官及其他法庭从属人员的恪尽职守是很必要的。"首次提出了法官职业保障的重要性。

（二）裁判组织形式

帝国枢密法院主要采取的裁判组织形式是合议庭，少数重要案件会采取全体法官会议进行裁判。陪审法官组成若干个合议庭，每一个合议庭由一名高级陪审法官担任庭长。不太重要的判决由 4 名陪审法官决定，重要判决则由 8 名陪审法官共同决定。枢密法院建立了案件分配制度。全体法官中推选出高等陪审法官组成审判委员会，在枢密法官的领导下分配案件，决定具体案件的承审法官。分配案件由枢密法官主导，合议庭中的其他资深成员也可以代替枢密法官分配案件。这一分配制度与现代法院随机、公正、客观的分案制度不同，在分配时要考虑承审法官来自的邦国，自己的政治态度、宗教倾向和司法能力等因素，以求得当事人和公众的认可。

在合议庭审理案件时，根据投票多数作出判决，枢密法院组织法规定，每一名法官的投票权是完全平等的，法官应当依据独立之法律判断作出判决，不受他人影响。枢密法官与陪审法官之间应当保持独立，不互相干涉。

---

① 戴东雄：《中世纪意大利法学与德国的继受罗马法》，中国政法大学出版社 2003 年版，第 263 页。

② 林海：《帝国枢密法院——司法的近代转向》，中国法制出版社 2010 年版，第 26 页。

（三）裁判方式

在帝国枢密法院审判实践的早期还在使用神判、占卜以及刑讯逼供的方式裁判，长期关押迫使认罪则更为常见。1555年奥格斯堡和会后，帝国枢密法院将《加洛林法典》第31条纳入法院组织法，认定以刑讯逼供的方法与私人告密等方法获得的证据无效。除此之外，帝国枢密法院还创设了两项禁止令程序：一项是禁止在没有足够证据的情况下对申请人进行逮捕或者折磨的行为，禁止令可以向帝国地方法院或官员发出；另一项则是责成地方法院与官员在审前羁押与讯问中注意保护当事人。[1] 帝国枢密法院在审判方式上趋向于文明、理性，对于建立无罪推定原则，废除神判、刑讯逼供，建立法官心证等方面具有积极意义。

帝国枢密法院在裁判方式上的另一个重要变化是确立书面审判与案卷中心主义的裁判方式[2]。帝国枢密法院组织法第4条、第13条和第27条规定，法院进行审判时采取书面审与卷宗主义原则。书面审判导致无法律知识的当事人无法单独进行诉讼，必须求助于法律专家、辩护律师提供法律见解、代写诉状或者出席法庭辩论。卷宗主义则要求，未记载入卷宗的事实，不能作为法官定案的证据。虽然相对于辩论主义审判方式，卷宗主义会导致裁判活动相对于直接案件事实的疏离，但是对司法裁判的学术化具有积极意义。[3]

卷宗主义对陪审法官的专业水准提出了更高的要求，陪审法官无法仅凭生活经验和良知作口头判决，而是要形成有条理的书面裁判，这种裁判文书还会受到同事、后代、枢密法院督察团的官员的持续审查。因此，许多陪审法官、合议庭不得不求助于背后的法律专家。[4] 另一项重要的制度，即案卷递送制度应运而生。根据《加洛林法典》第219条规定，当法院遇到疑难问题时，应向最近的大学法学院递送疑难案件的案卷，由法学院对其进行鉴定。从16世纪开始，许多法学院的规章中都有诉状审判的内容，表明大学法学院的法律鉴定或案卷审判已经成为一项固有职责。法学院通常会有所有专任教授组成的审判团，法学院院长担任审判团主席。法学院在接受法院移送的案件后，分配一名教授负责审理，一般都是按照案件性质分配到某一课程

---

[1] 林海：《帝国枢密法院——司法的近代转向》，中国法制出版社2010年版，第150页。
[2] 此前在宗教法庭书面审是重要的审判方式之一，但是也包含其他审判方式。
[3] 林海：《帝国枢密法院——司法的近代转向》，中国法制出版社2010年版，第121页。
[4] Coing H. Die rezeption des römischen rechts in Frankfurt am Main: ein beitrag zur rezeptionsgeschichte. Vittorio Klostermann, 1939, S.41.

的专任教授。该教授经书面审理后，由主席召开审理会议，先由负责审理的教授报告审查内容要点，然后经过讨论后表决。通过决议，审判团作出判决书，盖上封印，送回法院，由法院宣判。

三、美国联邦最高法院

美国联邦最高法院是该国"法治政府，而非人治政府"理想的象征者，它的基本办案组织就是全体法官会议（en banc session），也是当今世所瞩目的审判组织。联邦最高法院作为宪法的守护者深刻影响着美国人的生活。如此重要的审判组织，美国宪法却将其设计成"一个帝王般寡头的审判组织"值得深思。

（一）法院的构成

联邦最高法院由 9 名法官组成，其中 1 名为首席大法官，另 8 名大法官，从名称上看类似于陪审法官。法官的数量从立国到目前经历了变迁，宪法制定之始，联邦最高法院法官人数为 6 人，由于美国国土面积的扩大，1807年增加至 7 人，1837 年增加至 9 人，1863 年达到 10 人，经过多次调整后，1869 年巡回法官法（Circuit Judges Act）将大法官人数定为 9 人，并且至少要有 6 人方能履行审判职务，该规定延续至今。

美国宪法以"三权分立"原则著名，联邦最高法院是司法权的象征，联邦最高法院既相对于国会、总统独立，又相互关联、相互影响。首席大法官和其他大法官都是由总统提名，参议院确认，经总统颁发委任书开始履行职责。过去参议员的任命程序很快，在杜鲁门和尼克松总统时期，确认程序一般为 1 个月，由于大法官职位重要性不断上升，现在确认程序也更长。[①] 总统总是倾向于提名与自己有相同政治观点的人选。1787 年费城制宪会议上，许多代表也认为首席大法官应当是总统幕僚圈子中为其提供法律意见和建议的人选。而实际上在马歇尔担任首席大法官之前，大法官经常向总统建言献策。1793 年华盛顿总统就正式向最高法院寻求对英美条约的意见。但是，目前有观点认为，总统提名首席大法官的权力并不合理，宪法上并无明确规定，只是长期形成的一种宪法传统。首先，首席大法官要主持总统弹劾案的审判；其次，司法审查制度确立后，大法官向总统提出建议和意见有可能在

---

① Balkin, Jack M. *The Passionate Intensity of the Confirmation Process*, Jurist（Apr. 15, 2004），http://jurist. law. pitt. edu/forum/Symposium-jc/Balkin. php. 2004.

最高法院被审查；最后，总统和参议院并不熟悉首席大法官是否具备承担相应司法行政管理工作的能力，由大法官自己推选首席大法官更加合理。①

在联邦最高法院内部，首席大法官的职责包括：主持法官集体讨论评议案件的会议；有权安排会议议程；首席大法官的意见属于多数意见时，有权指定一名法官起草判决书。在联邦最高法院外部，首席大法官的职责包括：联邦法院系统司法行政事务的最高首长；美国联邦法官会议的主席，并有权任命联邦法院司法行政部门负责人；作为美国司法系统的发言人；在参议院审理弹劾案时主持审判；主持总统就职宣誓等。

（二）大法官来源

美国宪法并未规定大法官必须具有何种教育背景，然而，从1789年以来所有的大法官都具有专业法律背景，都曾经担任过律师。但是，并非所有的大法官都具有法学学位。在全部112名大法官中，有47人具有法学学位，18人曾经就读过法学院但未取得学位，47人在法学院之外受过法学教育（在美国出现法学院教育之前，有一些大法官是通过自学获得律师职位）。从大法官的性别、民族、宗教信仰的分布来看，大法官群体从来都不具有广泛的代表性，多数大法官都是男性白人和新教信仰。

大法官候选人的来源并不与行政、司法系统隔绝。2/3的大法官都有过法官职业经历，绝大多数法官都曾经担任过公职，有6人在被任命为大法官时是参议员，6人曾经担任过参议员，1人任命时为众议员，3人曾担任过州长，而且威廉·霍华德·塔夫勒法官曾经担任过总统。宪法规定大法官"应当以良好行为履行职责"，大法官的职位是终身制的，除非被国会弹劾并定罪、退休或辞职。迄今为止，只有1名大法官受到弹劾。大法官是否选择退休则是一个复杂的政策问题，既要考虑自身的健康状况，还要考虑到总统可能任命的继任者，特别是提名自己的总统是否有机会继续提名继任者，以保持总统政策在最高法院的延续性。

（三）裁判方式

联邦最高法院的裁判方式与普通法院有显著的差异，从整体上看，它的裁判方式更加接近中世纪的宗教法庭，或者近代的神圣罗马帝国枢密法院。

根据1789年司法法（Judiciary Act），联邦最高法院大法官不仅要参与最

---

① Pettys, Todd E., *Choosing a Chief Justice: Presidential Prerogative or a Job for the Court?*, Journal of Law & Politics 22（2006）：231.

高法院自己的审判活动，还要参与联邦巡回法院的审判活动。早期联邦巡回法院的审判组织由 2 名最高法院大法官和地区法院法官组成。1793 年联邦巡回法院的法定审判组织简化为 1 名大法官和 1 名地区法院法官，到 1803 年进一步简化为 1 名大法官或者 1 名地区法院法官。尽管如此，这仍然给联邦最高法院大法官带来极大的负担，至少 2 名大法官要将一年中的绝大多数时间用在巡回审判中，只有极少的时间用在最高法院的审判中。由于大法官在最高法院负责案件终审，则不适宜在巡回法院主持案件一审，1891 年大法官参与巡回审判的制度才被废除，大法官才开始专注于最高法院的审判活动。

在巡回审判中，巡回法院采取普通法系通常的控辩对抗审判模式，经控辩双方充分举证、质证，裁判组织依据证据规则对案件事实进行判断。而在联邦最高法院的裁判方式中，在充分听审基础上的经典审判模式有所妥协，实际上采取的是一种受限制的"听审审判"模式。原因在于每年申请联邦最高法院的审理（申请调卷令）的案件数量巨大，而最终得到联邦最高法院判决的案件不到 1%，选择哪些案件进入听审程序成了联邦最高法院审判活动重要的组成部分。

裁判程序的第一个环节是"案件的选择"，即选择哪些案件进入听审程序。每个大法官最初都是单独审阅挑选案件，从 20 世纪 40 年代开始，由于案件数量急剧增加，大法官不得不依靠自己的助手审阅申请，法律助手审阅案卷材料后撰写备忘录提供给大法官。备忘录有严格的格式要求，包括每件案件的编号、案件名、下级法院与援引的判例、下级法院司法意见的起草者、异议与附议法官等，总结申请与上诉提出的问题。[1] 1972 年联邦最高法院开始采取"法律助手集体审阅"的做法：5 名大法官的助手集体撰写案件备忘录，实际上形成了一个"初级最高法院"，替大法官挑选案件。[2] 在阅读法律助手撰写的备忘录的基础上，大法官召开会议讨论确定进入审判程序的案件。在选择案件时大法官有一套非正式的四票规则，即大法官会议上如果大法官就案件是否纳入审判程序有分歧时，至少 4 名大法官同意，该案才能获得听审与考虑。

---

① ［美］戴维·M. 奥布赖恩：《风暴眼：美国政治中的最高法院》，胡晓进译，上海人民出版社 2010 年版，第 172 页。

② Schwartz, Bernard, Decision: *How the Supreme Court Decides Cases*, Oxford University Press, 1997, p.257.

听审程序是联邦最高法院审理案件的主要程序，即 6 名以上大法官主持庭审听取申请人和被申请人之间的辩论，并向双方发问。每年从 10 月到第二年 4 月的开庭期，每个月有 2 个星期联邦最高法院会组织听审案件。从 19 世纪的历史来看，案件辩论的时间越来越短，主要原因就是案件数量的增加，也有律师庭辩质量不高的原因。[①] 1848 年联邦最高法院的规则规定每一件案件的庭审辩论时间为 8 小时，双方的 2 名律师各有 2 小时。1871 年庭辩时间减少了一半，双方各有 2 小时；1911 年双方庭辩时间减少至 1 个半小时；1925 年，双方庭辩时间减少为 1 小时。在 1970 年庭辩时间被缩短为半小时，并且这一规定延续至今，但是在个别重要案件中，大法官会突破这一限制。这里的庭辩程序不同于传统的普通法系的辩论程序，有的大法官会主动向律师发问，打断律师的发言，律师辩护在审判中的作用不断下降。

听审程序结束后，随之而来的重要工作就是大法官召开案情讨论会、撰写司法意见书、传阅司法意见书、投票和撰写最终作为判决书的法院意见书。案情讨论会本来是大法官对案件进行评议，以对判决达成一致意见的讨论程序。在 19 世纪案件数量很少的情况下，大法官可以在讨论会上交换意见，对分歧观点充分推敲，逐步达成一致。但是，同样由于案件数量增加和讨论会次数的减少，大法官们很难通过讨论会深入交换意见并达成一致，讨论会多数时候变成划分投票阵营的展示机会。大法官交换意见对分歧观点进行推敲的主要程序手段变成了传阅司法意见书。司法意见书多数时候都是由大法官的助手起草的，少数大法官更喜欢亲自起草司法意见书，比如卡多佐大法官。

从形式上来说，某一司法意见获得 5 票多数时，联邦最高法院就可以作出判决。在 19 世纪的多数时间里，联邦最高法院都尽量形成一致意见。著名的首席大法官约翰·马歇尔就极力主张一致判决，不主张大法官发表异议，为此亲自撰写了大量法院意见书，即使在他不同意最终判决的观点时也是如此。他认为，全体一致判决可以确立最高法院的威望与正当性。在后来的日子里，大法官们更倾向于发表独立的意见，如不同意多数意见时的异议，以及同意多数意见但是有不同推理论证方式的附议观点。在法院意见书中表达异议，这被称为"制度性不服从"的宣示。20 世纪初担任大法官的小奥利

---

① ［美］戴维·M.奥布赖恩：《风暴眼：美国政治中的最高法院》，胡晓进译，上海人民出版社 2010 年版，第 221 页。

弗·温德尔·霍姆斯因为发表了许多与当时保守派大法官意见不同的判决意见，而且他的意见后来成为法律，因此赢得了"最伟大的异议者"的称号。现在联邦最高法院的法院意见书中个人意见越来越多，也有观点指出这种情况会导致最高法院判决、法律解释与政策的不稳定性与疑惑。大法官伦奎斯特曾经指出："让最高法院像建造巴别塔一样处理案件，根本没有勾画出明确的原则，这简直就是一场灾难。"

四、英国最高法院

英国最高法院是古老而又年轻的最高法院，根据《2005 年宪制改革法案》第三章设立，其司法权继承自上议院上诉委员会（Appellate Committee of the House of Lords）。在英国历史上，上议院的司法权则来自于英国国王的王室法院（Royal Court），王室法院以及星室法院、边境法院、宗教事务高等法院、高等海事法院等特权法院的司法权来自于国王的咨议会，服务于国王的统治，代表国王为臣民提供正义。上议院继承了王室法院的职能，承担起了终审法院的角色，听取推翻下级法院判决的申诉。由于《欧洲人权公约》第6 条要求对于可能破坏法庭独立和中立的任何情况要采取更加严格的态度，上议院上诉委员会难以在根本上完全独立于上议院，因此，英国启动了相应改革，2009 年上议院上诉委员会被最高法院接替。但是，在了解英国最高法院时也应当关注和回顾上议院的裁判历史。

（一）最高法院的构成

在上议院上诉委员会时期，履行司法审判职能的是 12 名常任上诉法官。最高法院成立后，原有的上议院上诉委员会 10 名大法官在新成立的最高法院继续履行职责。12 名大法官职位中包括正副院长 2 名和 10 名陪审法官。一旦大法官职位出现空额，则由法官遴选委员会遴选后备人选。[①]上议院时代大法官的提名权在司法大臣，现在则由大法官遴选委员会接管。该委员会由最高法院正副院长 2 人、英格兰和威尔士、北爱尔兰、苏格兰法官遴选委员会各派 1 名代表组成。遴选委员会提名的人选必须具有 2 年以上法官或者 15 年以上律师执业经验。提名名单由司法大臣交首相审核同意后，由英国国王宣布任命。一般而言，最高法院审理案件由多名法官组成合议庭，一般案件为5 名法官审理，重要案件由 9 名法官审理。

---

① Section 24 of Constitutional Reform Act 2005.

（二）管辖职权

最高法院管辖英格兰、威尔士和北爱尔兰三个司法辖区内的民事、刑事上诉案件，苏格兰区域内的民事上诉案件由最高法院管辖，但是苏格兰高等法院保留刑事案件终审权。由于英国宪制上实行"议会至上"原则，最高法院的职权与"三权分立"国家最高法院有明显不同。最高法院不能对议会制定的法律进行合宪性审查，而只能对议会授权行政机关的行政立法进行合法性审查。

（三）审判组织形式

最高法院的基本审判组织形式为合议庭，至少要有3名大法官组成，人数应当是单数，其中超过一半大法官应当是常任大法官（除12名常任法官之外，院长还可以提名具有相同资历的资深法官担任"代理法官"）。从2009年至2014年最多有9名法官组成合议庭审理案件，最少也有5名大法官的合议庭。

（四）裁判方式

如同美国联邦最高法院一样，英国最高法院审判活动始于"案件选择"。合议庭对当事人的上诉申请一般采取书面审核的方式，审查后作出许可或拒绝进一步审查的决定，还可以作出附条件许可决定，要求当事人在14日内作出进一步书面说明。[①] 合议庭也可以举行听证程序决定是否许可进一步审查，上诉人和被上诉人都应当被通知参加。进入审理阶段的上诉申请都应当经过公开庭审程序，不公开审查时合议庭应当公开理由。听审程序应当符合相关领域的诉讼指引和法庭的指引，同时法院的指引可以限制口头意见发表的时间。大法官判决案件由主张多数意见的大法官起草判决书，不同意多数意见的大法官也可以在判决中表达异议。

五、合议庭

合议庭（Judicial Panel）是指由多名法官或者名誉法官组成的，共同审理案件的审判组织，一般由单数法官组成。合议庭是现代法院最主要的审判组织形式，法院在组织法意义上就是由若干个合议庭组成的。合议庭是世界各国司法实践中最为普遍的一种办案组织形式。合议庭在履行审判职责时，虽然仅有法院部分法官组成，但是其效力与法院履行审判职责并无二致。如

---

① Section 16 of The Supreme Court Rules 2009.

《国际刑事法院罗马规约》第39条规定：本法院的司法职能由各庭的分庭履行。独任法官、全体法官是所有法域中较为普遍的三种审判组织，尽管现在独任法官可能在审判案件数量上占多数，但是合议庭仍然是最为基本的一种形式。合议庭在审判案件时代表的是整个法院。

在美国对合议庭的研究主要集中于投票问题，即哪些因素会影响合议庭的投票格局以及结果。这些研究成果揭示了影响合议庭评议结果的若干因素：一是保持与上一级法院先例的一致性。参与合议庭评议的法官为了避免案件结果与上级法院的先例相违背而互相妥协，[①] 而且合议庭中来自下级法院的成员也会在评议中更容易受到来自上级法院成员意见的影响。二是合议庭成员的意识形态或者党派特征。合议庭成员的意识形态和党派对评议结果有重大影响，特别是在一些意识形态对立明显的诉讼案件中，如平权行动、性别歧视、种族歧视、性骚扰等案件，审判长的意识形态和党派特征甚至会影响到其他合议庭成员的投票意见，而且在合议庭成员都具有相同意识形态倾向时，在一些案件决策中会出现群体决策极端化（group polarization）。但是，在一些意识形态色彩不强的案件中，合议庭成员意识形态的相互作用则不明显。[②] 三是合议庭成员接受的审判前信息影响。合议庭成员在案件开庭审理前接受的证据信息对开庭后的投票结果也会有重大影响。[③]

（一）合议庭的适用范围

多数国家在基层法院才有独任法官作为审判组织的，在基层法院以上均采取合议庭作为基本审判组织。由于案件数量的增加，在两大法系都出现了合议庭适用范围逐渐退缩，而独任法官适用越来越多的趋势，在英国民事案件审判中基本取消合议制，在美国地方法院每年受理的案件中，只有10%会进入庭审阶段，其他案件多以和解方式结案，采取合议庭审判的案件在进入庭审阶段的案件中也只有10%以下。即使在排斥独任法官的法国，在小审法院，独任制已经完全取代合议制，在大审法院，除涉及惩戒和人身关系的案

---

① Kastellec, Jonathan P, *Panel Composition and Judicial Compliance on the Us Courts of Appeals*, Journal of Law Economics & Organization, 23.2（2008）, p. 421–441.

② Sunstein, C. R., Schkade, D., & Ellman, L. M. *Ideological Voting on Federal Courts of Appeals: A Preliminary Investigation,* Social Science Electronic Publishing，2004, 90（1）, p. 301–354.

③ Fujita, M., & Hotta, S., *The Impact of Differential Information between Lay Participants and Professional Judges on Deliberative Decision-making*, International Journal of Law Crime & Justice，2010, 38（4）, p.216–235.

件，其他案件可以由当事人选择独任制或合议制，大审法院院长也有权决定是否独任制审理。①

（二）合议庭的构成

合议庭由3名以上法官组成，在合议庭中会设置一名主审法官或庭长，而其他法官被称为"陪审法官"。主审法官相对于陪审法官增加了主持审判和案件评议程序的职责，如果庭长缺席，则由陪审法官中资历最深的法官承担庭长职责。在大陆法系国家既有专业法官，也有公民陪审员。如德国，1924年以前刑事案件的重罪法庭采取陪审团审理，法官负责主持程序和量刑，1924年废除陪审团制度后，德国采取了专业法官和公民陪审员组成合议庭的审判组织。公民陪审员的设置目的是增强司法活动在公民中的公信力，是人民主权原则的重要体现，象征着司法活动以人民的民意进行，也是对司法活动官僚化的制约，使判决更加接近于人民生活。年龄在25岁到70岁的德国公民可以被选为"名誉法官"（Ehrnamtilicher Richter），陪审员在裁判表决权上与专业法官具有同等地位。合议庭有三类：联邦最高法院和州高等法院的大法官审判庭（Senate）、州法院的合议庭（Kammer）、地区法院的陪审法庭（Schöffengericht）。其中，大法官审判庭由资深专业法官组成，合议庭和陪审法庭中则包括专业法官和陪审员。在州法院以上的法院都采取合议庭审判，可能判处5年以上有期徒刑的案件，均由2名陪审法官、3名职业法官组成合议庭，而州高等法院、联邦最高法院，只能由专业法官组成的合议庭审判案件。又如美国，联邦地区法院除与选区划分有关的案件，均由独任法官审理，联邦上诉案件一般由3名法官以上组成的合议庭审理，如果巡回法院多数法官同意，还可以采取全体法官会议形式审理。

全体法官会议（en banc session）在美国的联邦上诉法院、州最高法院是一种特殊的审判组织，只有在合议庭的判决与本法院的先例有冲突时，全体法院会议才会对合议庭的判决作重新审查，②而在更加个别的情况下全体法官会议才会初次审理案件。有关研究也就相应地集中启动全体法官会议重新审

---

① ［法］洛伊克·卡蒂耶：《法国民事司法法》，杨艺宁译，中国政法大学出版社2010年版，第67页。

② Fed. R. App. P. 35（a）.

查的影响因素上。^① 如合议庭法官的意识形态倾向会影响到全体法官会议重新审查的启动。又如法官数量和管辖区域大小对全体法官会议启动可能性的影响，有的时候法律议题的设定也会影响到全体法官会议程序的启动。还有研究成果在统计以往全体法官会议审理数据的基础上提出，应当统一联邦上诉法院启动全体法官会议审理的条件，将法定条件限定在法官自愿投票，并且要把原来全体法官中简单多数条件变更为在实际履行职责的法官人数中的简单多数。^②

美国联邦最高法院的基本办案组织就是全体法官会议，对于联邦最高法院的研究通常也可以认为是对全体法官会议这一办案组织形式的研究。许多研究投入到最高法院大法官的异议、附议等个人司法意见书，个人意见出现的原因，以及个人意见与最高法院机构意见之间的关系。多数研究关注到大法官个人意见的增多以罗斯福新政时期新任命的大法官进入联邦最高法院为起点，^③ 行政权力对最高法院一致意见的形成存在强大的影响。在理论上表现为法律现实主义与法律形式主义的斗争，而在司法组织内部也反映为行政权力影响和法官独立传统的冲突。

（三）裁判方式

如前所述，现代合议庭的裁判方式是建立在对抗式诉讼模式基础上的证据裁判规则。在庭审程序结束后，合议庭法官、陪审员会召开会议对案件事实进行评议，以对案件事实形成多数意见，最后则是安排一名或多名法官起草判决书。这一具体过程在美国联邦最高法院的裁判过程中已经予以介绍。

合议庭评议案件的过程保密，外界除了通过模拟研究，无法了解在合议

---

① Ahmed E. Taha, *Judicial Collegiality, Court Structure, and the Decision to Sit En Banc: Evidence from U.S. District Courts*, SSRN Electronic Journal , 2004. Tom S. Clark, *A Principal-Agent Theory of En Banc Review, Journal of Law Economics & Organization - J LAW ECON ORGAN* , Vol. 25, No.1, p. 55-79, 2009.Micheal W. Giles, Thomas G. Walker and Christopher Zorn, *Setting a Judicial Agenda: The Decision to Grant En Banc Review in the U.S. Courts of Appeals,* The Journal of Politics, 68, 2006, p.852-866. Wasby S L. Why Sit En Banc . Hastings L.j, 2012, 63（3）: 747-801.

② Alexandra Sadinsky，*Redefining En Banc Review in the Federal Courts of Appeals,* 82 Fordham L. Rev., 2001（2014）.

③ See. Robert Post, *The Supreme Court Opinion as Institutional Practice*: Dissent, Legal Scholarship, And Decisionmaking in the Taft Court, 85 Minnesota Law Review 1267（2001）; Lee Epstein, Jeffrey Segal, and Harold Spaeth, *The Norm of Consensus on the U. S. Supreme Court*, 45 American Journal of Political Science 362（2001）.

庭会议上法官的辩论、说服和投票过程。美国研究者长期以来研究合议庭的人员组成对判决的影响。由于合议庭的判决反映了占多数法官的意见，可以通过操纵合议庭组成人员来操纵最终的判决结果。在美国，法官的党派立场对案件判决有明显的影响。2006 年的研究表明，3 名民主党任命的法官作出倾向于自由主义的判决比例高于 3 名共和党任命法官的 26%，"合议庭构成的多样化会导致判决结果的戏剧化差异，这是对法治的一个巨大挑战"。① 更为明显的一个例子是 2007 年 6 月 12 日，联邦第四巡回法院的合议庭判决布什政府对恐怖活动嫌疑人（抓捕时为军事人员）的羁押不符合法律和宪法，这一合议庭中 2 名法官为克林顿总统任命，1 名法官为布什总统任命。2 个月后，共和党法官占多数的巡回法院撤销了该判决，改为全体法官会议（en banc）审理。还有研究进一步揭示，合议庭构成与判决结果的关联是 20 世纪 80 年代以后出现的情况，也就是合议庭判决的"政治极化"，而这种趋势与国会中的"政治极化"是同时发生的。从概率统计的情况看，全部由民主党法官组成的合议庭与 2 名民主党法官、1 名共和党法官倾向于自由主义判决的概率相比高近 20%。所以，近年来多数巡回法庭的合议庭都有混合政党背景，就是民主党总统任命的法官和共和党总统任命的法官各一名。② 然而，可悲的情况是，随着美国经济社会状况近年来处于不景气阶段，各种社会矛盾趋向激化，"政治极化"的问题在法院和全社会都更加严重。除了法官的党派立场、性别、宗族等因素都会影响合议庭的判决，有研究发现，合议庭中女性的出现会影响到其男性同事的判断，如在性别歧视案件中，如果合议庭中有女性，其他男性同事就会更倾向于得出有利于女性的结论。

（四）合议庭的构成

如前所述，多数情况下合议庭法官的构成会影响判决结果，因此，多数情况下美国联邦上诉法院都采取中立或随机的方式安排组成合议庭，并且设置案件的随机分配机制，以保证不会通过操纵合议庭的构成来操纵案件结果。

在德国，也采取了一些特殊手段提前确定合议庭的构成以及案件的分配

---

① Sunstein, Cass R., et al., *Are Judges Political*？: An Empirical Analysis of The Federal Judiciary, Brookings Institution Press, 2006, p.11.

② Kastellec, Jonathan P., *Panel Composition and Voting on the U.S. Courts of Appeals Over Time*, Social Science Electronic Publishing 64.2, 2008, p.377–391.

规律。根据德国法院组织法第 21e 条，每一个德国法院在每一个开庭年度开始之前，院长都会决定一个案件分配方案（Geschäftsverteilungsplan）。方案中会决定审判组织的设置及其代表。还会进一步规定案件分配单个法官或者审判组织的一般规则。据此，可以在案件受理时就确定哪一位法官或者审判组织会负责这个案件。这对于满足法定法官的宪法原则（德国基本法第 101条第 1 款第 2 项），以及法院组织法第 16 条第 2 项是必要的。案件分配方案在某些特定情况下可以变更。在法院中可以被每个人认识到（德国法院组织法第 21e 条第 9 款）并且应当被公开。与法院的案件分配不同的是在一个或者多个法官组成的审判组织内部的案件分配（德国法院组织法第 21g 条）。这种分配形成于开庭年度的开始，由审判组织的全体成员决定。这种分配只在审判组织内部有效，没有任何外部效力。

法院案件分配方案的基础在于法定法官原则，目的是保护公民和法院独立原则不受任何行政或者司法管理权力的操纵和干预。对法院案件分配方案的法定原则包括：一是非确定性原则，即指向某个特定法官是不允许的；二是抽象原则和事先可确定原则，即案件分配规则必须在事先是明确的并且在其后是可验证的；三是年度原则，一项分配方案必须是一整年的不能是半年或者两年的；四是区别代表规则，谁的什么案件在什么时间并且基于什么理由代表，必须是清楚的；五是禁止规则，禁止规则应当在事先清楚；六是持续性原则，分配方案只能在例外下修改——事先难以预料的死亡、疾病或者退休。

本章小结

西方法治国家的司法机关办案组织与中国相比，发展过程与组织形态似乎更加纷繁复杂。首先，西方国家司法机关办案组织呈现出多元结构。在古罗马时期，传统部落的裁判组织（百人团会议）和市民的新型审判组织（裁判官）并行，在中世纪，则是世俗国王的法院和宗教法庭并存。即使到了现代，在实行联邦制的国家里仍有联邦裁判组织和州裁判组织的区别。而中国一直是单一司法体系，多数历史时期都是单一的裁判组织。多元司法体系给办案组织形式的多元化创造了条件，不同司法机关之间往往存在竞争和差异化的关系，导致办案组织形式向着更加有利于诉讼活动参与者的方向进化。

其次，西方法治国家司法机关办案组织呈现出司法民主化特征。司法权是统治权中分化出来的，这在东西方世界都一样，但是西方世界从古代雅典开始就一直保存着司法民主化的特征，不仅是古代雅典的民众大会，古罗马的民众大会，即使在被认为"黑暗落后"的中世纪，在庄园法院、市镇法院、行会法院等裁判组织中都保留着民众参与的传统，这在中国司法机关中是难以见到的。最后，西方法治国家司法机关办案组织在裁判方式上保留着重视口头辩论的传统。这一传统同样是从古代雅典、罗马流传下来的，其间经历了司法裁判转向书面化的过程，但是在近现代确立了辩论原则基础上的裁判规则。"一切历史都是当代史"。司法机关办案组织在西方法治国家历史中遇到的发展问题及其解决，在当今都以某种特殊的形式反复再现，特别是中国这样一个法治化进程的"后发大国"。中国司法机关在自身改革进程中可以利用这一"后发优势"，而是否能有效利用的关键则取决于对司法机关办案组织发展进化内在矛盾和规律的准确把握。

从司法机关办案组织的历史演化来看，伴随着商品经济的发达和司法裁判事务的专业化，"实质上的裁判者"和"形式上的裁判者"的分离趋势始终存在，政治力量和法律职业团体的权力也在博弈着裁判权力。最早掌握裁判权的宗教祭司、君主或领主，虽然高坐在审判者的席位上，裁判权却逐步让位给具有专业知识的法律学者。即使近代以后，裁判成了法律职业团体垄断的活动后，又由于办案组织的高度分工组织化，司法活动成了组织体分工协作的"产品"，人格化的特征逐步削弱，端坐在审判席上的司法官成了名义上的裁判者。

以分工为基础的办案组织出现较晚，个人为核心的办案组织、以团体为本体的办案组织几乎是同时出现的。但是，这三种类型的办案组织如同个人、合伙、公司等经济组织一样，始终在进化之中，在现代社会仍有各自适应的环境条件，发展出各自的高级形态。以检察官为例，近代检察官与现代检察官都是独立行使办案职权的"独立官署"，但是现代检察官是复杂检察机关系统的枢纽，围绕其工作的助理检察官、检察事务官、司法法警构成了分工协作的复杂组织系统，能够处理更加智能、有组织的复杂犯罪案件。在美国已经有研究者将企业管理的思路引入法院管理，将法院当作提供司法公正服务的企业。历史考察还进一步揭示出，审判机关、检察机关在内的整体的司法机关办案组织的研究是非常必要的，这不仅是由于检察机关也在某种程度上被普遍接受为"司法机关"，而是从产生、源流和裁判方法上，检察机关和审判机关的办案组织并无根本区分。检察机关在起源上脱胎于法院裁判组织的一项特定职能及其专门人员。在发展上，法院也如同检察机关一样经历了以裁判官个人为中心，上命下从的行政化的阶段。如在中世纪的宗教法庭，上下级法庭之间的关系更如同当今的检察机关一样构成"上命下从"的一体系统。

第三章　主导司法机关办案组织的价值观念

司法机关办案组织是一种公共服务组织，它为社会提供一种特别的公共产品——司法公正，其中包含着发现真相、解决纠纷和解释法律三项主要功能。如果只是将办案组织当作单向度的、代替统治者在具体案件中施展统治权威的组织，我们就只能看到办案组织平面的、抽象的形象，由若干个法官组成的团体，被想象成为德沃金所说的全知全能的"赫拉克斯"。他们同时熟悉社会要求的政策、原则和法律的全部规则体系，不存在内在的观念冲突和困扰。然而，从司法机关办案组织的发展历程看完全不是这样，不同的价值观念的冲突和平衡在主导办案组织。

第一节　主导价值观的发现

办案组织的存在要在多个层面上接受不同价值观的挑选和衡量：一是在社会公众中接受公信力的选择，办案组织要在公众中建立行使裁判权的正当性；二是组织结构层次上的相对独立，办案组织要维持各种政治力量的平衡，不会因为力量冲突而分崩离析；三是经济层面接受选择，从功利主义的角度出发，办案组织运行的成本要低于收益，能够增进社会的总和利益，而非单纯地消耗社会成本；四是意识层次上的相对独立，办案组织要有独立的认识案件真相的能力，并有形成独立判断的独特"思维方式"。

一、公信力决定办案组织的法律存在

司法机关办案组织在诉讼法关系上是一种相对独立的主体，它有形成自己判断的能力，多数时候它直接代表司法机关作为司法权的主体。除了人本身外，人的组织成为法律上拟制主体的决定因素一直在争论中。有观点认为是形成独立意思的能力，还有观点认为是独立的"财产"，然而实际上不论是意志因素还是财产因素，都只是组织成为主体的"支撑条件"，这些条件

的作用只是帮助社会公众相信组织可以成为相对独立的主体。法律之所以成为法律，是因为公众相信它是有强制约束力的社会规范，同样，办案组织成为行使司法权的主体，也是因为公众相信它有权行使司法权。一旦办案组织的公信力降低，公众自然去寻找更具有公信力的组织解决自己的争议。正如中世纪的公众求助于更有公信力的宗教法庭，城镇中的商人求助于商人自己组成的法庭，以及中国社会曾经存在的"信访不信法"问题，也就是司法机关办案组织公信力不足，公众不认为它能够解决自己的问题，而权力却成为公众期望更高的权威主体。公信力既是办案组织成为纠纷解决主体的决定因素，也是办案组织与社会公众关系的主要表征因素。

二、治理均衡决定办案组织的权力秩序

司法机关办案组织的出现表明司法机关内部出现了权力的分离配置，也就是前文提到的"实质上的裁判者"和"形式上裁判者"的分离。司法机关掌握的司法权和办案组织的办案权之间的分离，如同企业所有权和经营权的分离，在法律上法院、检察院是审判权、检察权的主体，而实际上在某个具体案件中行使案件办案权的主体却是办案组织。司法权和办案权的分离带来的直接问题是司法机关如何监督制约实际上掌握办案权的办案组织，以实现统治权主体设立司法机关的目标，而不是滥用办案权以实现办案组织的自身目的。同时，办案组织的活动还有许多其他利益相关方，如争议案件的当事人、参与案件审理的司法官以及社会公众等。在办案组织的研究中不能无视一个现实问题，就是参与案件审理的司法官自身的利益，裁判结果会对司法官带来专业评价和社会舆论影响，乃至会影响其专业能力的评价和未来的晋升。因此，办案组织要在自身内部维持各种力量的均衡，实现一种均衡治理结构，这也是办案组织内部关系中的主要问题。

三、司法效率决定办案组织的经济存在

司法机关办案组织的自身运行需要成本，表面上看是每年立法机关批准的司法机关的财政预算，包括人力成本和维持其运行的基本财务条件。可是，除此之外还有更大的"看不见"的社会成本。如办案程序拖延给相关当事人造成的不必要的损失，被害人在承受身体、财产的损失，而办案组织不能及时作出补偿的决定。更为严重的是错误的裁判给社会造成的损失，比如，错误指控给犯罪嫌疑人自身、家庭、企业带来的沉重打击，又如，错误

的民事判决导致的社会财富的浪费等。从功利主义的角度出发，办案组织的运行要有利于相关当事人的利益，有利于社会整体利益的增加。而且，随着社会交往越来越复杂，法律纠纷的爆炸性增长，办案组织的成本问题也更加突出，是不得不正视的约束性因素。

四、正当程序决定办案组织的认识方式

如果将办案组织当作"主体"，那么裁判就是办案组织形成的"自主意思"，根据司法独立原则，办案组织应当具有相对独立的"意思能力"，不仅独立于其他机关、团体、社会组织，还要独立于法院其他法官和上级法院。法学方法论研究的是个体的司法官如何形成自己的判断，而对办案组织整体意志的形成过程却不是其关注的问题，办案组织意思的形成过程不等于个体司法官的法律思维过程。办案组织与其他行政组织、经济组织形成意思的过程有本质差异，这种差异主要体现在诉讼程序中，自从办案组织发展出专门的办案程序以后，它才与其他机关、组织在工作方式上完全区分开，而且让办案组织成为不可替代的专门组织。这一程序并非单纯追求效率或者强调某种形式，而是以正义为根本追求，正当的办案程序是办案组织特有的认识真相、形成自己判断的方式。正当程序原则起源于英国《大宪章》，其第39条规定："凡自由民，如未经其同级贵族之依法裁判，或经国法判决，均不得被逮捕、监禁、没收财产、剥夺法律保护权、流放、或者加以任何损害。"正当程序不仅是办案组织意识的来源，甚至是办案组织被创制出来的原因。

第二节 司法公信力观念

"法律不仅要被遵循，还应该被信仰。"法律被有效实施不仅要靠国家的强制力，更要依靠公众对法律的信赖。法律的强制力只能在少数违法情形下发挥作用，而在绝大多数的守法情形中，主要发挥作用的是法律的信赖因素。如果法律仅靠强制力实施，就算给每个人配备一名警察监督其行为，也难以保证每个人守法。法律和法律的治理秩序是理念上的产物，司法机关是实施法律的主体，也是对公众感受法律和法治秩序的客观载体，是对公民进行法治教育的重要设施。司法机关的办案组织直接面对公众，处理公众之间

的法律纠纷。它面临的公信力问题是双重的，既要树立自身的公信力，还要建立法律的公信力。

一、社会共识基础上的司法公信力

2014年1月7日习近平总书记在中央政法工作会议上指出，深化司法体制改革，一个重要目的是提高司法公信力，让司法真正发挥维护社会公平正义最后一道防线的作用。同年，最高人民法院《关于全面深化人民法院改革的意见——人民法院第四个五年改革纲要（2014—2018）》提出的人民法院的改革目标就包括：始终坚持司法为民、公正司法工作主线，着力解决影响司法公正、制约司法能力的深层次问题，确保人民法院依法独立公正行使审判权，不断提高司法公信力，促进国家治理体系和治理能力现代化。2014年新修订的《关于深化检察改革的意见（2013—2017年工作规划）》也将"检察权运行机制和自身监督制约机制更加健全，法律监督的针对性、规范性和公正性、权威性进一步增强，司法公信力进一步提高"。以此为标志，司法公信力的问题在国内成为理论和实务研究的热点。

现有的对司法公信力的认识都是从社会心理的角度认识出发。如有观点认为，社会公信力既是一种社会系统信任，又是公共权威的真实表达。司法公信力是法治建设的重要内容，是司法权威的重要标志，是人民对司法的信任和尊重的心理态度以及人民对司法的认同和信仰程度。[1] 又如，从受众心理角度分析，司法公信力是社会组织、民众对司法行为的一种主观评价或价值判断，它是司法行为所产生的信誉和形象在社会组织和民众中形成的一种心理反映，包括民众对司法整体形象的认识、情感、态度、情绪、兴趣、期望和信念等，也体现为民众自愿配合司法行为，减少司法的运行成本，以提高司法效率，同时包括判决接受者本人对司法判决的自愿接受与心理认同。[2]

司法公信力不能单从社会心理的角度去认识，其并不完全是一种社会学、心理学的概念。司法公信力应当有自己的法学内涵。在法学的基本逻辑中，信赖扮演着很重要的角色。信赖原则是法治国家的一项基本原则，即法治不能违背公众的信赖，由信赖原则衍生出诸如法不溯及既往、禁止

---

① 参见龚廷泰、何晶：《司法公信力与良性司法》，载《江海学刊》2009年第2期。

② 参见关玫：《司法公信力初论——概念、类型、特征》，载《法制与社会发展》2005年第4期。

反言等具体原则。司法活动是一种维系和达成社会共识的装置，因为它需要得到一个有公共约束力的结论。司法活动的公信力实际上是公众对司法活动的信赖，即司法活动的结果不会违背公众的共识。如果社会公众认为司法活动的结果不会背离他们的共识，则司法活动公信力高；社会公众无法预测司法活动的结果，甚至认为会背离公众的共识，司法公信力就较低。司法机关办案组织建立的一个主要目的也是形成并维系司法活动的社会公信力。

二、办案组织对司法公信力的建构

司法机关办案组织裁决公民之间的诉讼纠纷，实质上是调整公民之间的人身、财产关系，没有足够的公信力无法实现其任务。所以，从办案组织诞生之初就非常强调社会公信力心理、传统、习惯因素的构建。办案组织构建公信力的方法如下：

（一）诉诸信仰

在神权和世俗权力不分的古代社会，裁判组织首先借助信仰的力量构建公信力，正是如此早期裁判组织都是宗教祭司来担任。诉诸信仰的公信力构建手段在人类历史上延续了很长时间，即使在其后世俗政权建立的办案组织仍然需要信仰的力量。在封建领主和国王主导宗教法庭的时代，宗教法庭更加倾向于用神判方式处理特别棘手的案件。神判公开进行，有正式任命的权威人士主持，并且有神职人员的祈祷祝福，在公众的见证下施展"神迹"，神判被作为一种产生群体共识的方式运作起来。但是，当人类理性开始代替迷信占据上风的时候，神判在宗教群体、统治阶层、公众心中的公信力也就下降，并逐渐被抛弃。

（二）诉诸权力

这一点在中国传统社会比较明显。长期以来，办案组织依附于封建皇权，是统治权中的重要内容。同样，在西方社会也是如此。古罗马社会的法治实践带来一项重要跨越，就是将法律从神殿带到世俗社会。大量的罗马外邦人必须屈服于罗马帝国的统治，也就不得不接受外省裁判官为他们主持公正。到了封建时代，农民自然而然地向自己的领主"乞求"公正，封建领主由于自己的权力而具有公信力，领主裁判官、庄园法庭也因为封建领主而具有公信力，类似司法机关的办案组织从依附于神权转向依附世俗权力。

（三）诉诸公众参与

司法民主是寻求社会公信力最直接的方法，将公众吸收进入裁判组织，或者将案件交与公众审判，这也是在公众之中寻求处理案件共识的有效方法。从古代雅典开始，自由民集会投票裁判案件的方法在西方社会一直延续至今，以陪审团的形式存在。在封建时代，公众参与的裁判制度在世俗法庭上发挥重要作用。领主或者领主管家主持庄园法庭，但是作出裁判的是诉讼参与者"suitors"，即封臣和佃户，上至领主和管家，下至地位最低的农民，他们都是"法官"。出席法庭和参与判决是农民的一项义务。在中世纪的城镇、集市的商人中间也有类似的参与审判制。行会法院通常由行会首脑主持，2—3 名行会上任担任陪审员。[①] 在古代中国，各级审判衙门在处理案件时也都采取公开方式进行，允许普通民众参与旁听。即使在清代国家最高审判组织"九卿会审"的"秋审"程序中，也要在天安门南侧公开进行。即使在今天，几乎所有国家的司法机关办案组织都有公众参与的制度和形式，普通法系的陪审团和大陆法系的公民法官的制度在互相借鉴和影响。

三、办案组织面临的公信力难题

司法机关办案组织并非单纯服务于司法公信力的提升，其中还有一些不利于司法公信力的因素也同样值得关注。例如司法官的腐败、专业能力低下等主观因素，但是，本书所关注的是办案组织中的体制机制因素。

（一）社会共识难以达成

现代社会各种利益阶层高度分化，在某些特定时期、特定问题上很难形成具体的社会共识。公众本身缺乏共识，办案组织则无所适从，无论如何都会受到怀疑。不同的社会利益阶层对司法公正的认识和期待有所不同，通常所见的情况就是同一项判决在有的社会阶层看来是公正的，而对另一阶层就是不公正。司法活动在不同阶层心理上的公信力发生断裂。如在美国，刑事司法中的种族问题总是带来巨大的司法公信力危机。许多调查统计都表明，非洲裔美国人在刑事案件的起诉、量刑，被害人待遇，甚至死刑适用等方面都处于不利地位。在监狱中执行监禁刑的非洲裔美国人占到总数的49%，而

---

① ［美］哈罗德·J.伯尔曼：《法律与革命——西方法律传统的形成》，中国大百科全书出版社2008年版，第319页、第339页。

非洲裔美国人在总人口中仅占 13%。[①] 1976—2005 年，仅占总人口 12% 的非洲裔美国人，却占被执行死刑的总数的 34%，死刑案件中 80% 的受害人是白人，而只有 14% 是黑人。[②] 美国司法系统对于黑人的歧视导致了美国社会长期的不满。2014 年弗格森枪击案引发了席卷美国的抗议活动，起因就包括密苏里州大陪审团的不起诉枪杀黑人青年的白人警察的裁定。2020 年美国明尼苏达州又发生警察对黑人暴力执法致死的"弗洛伊德案"，引发席卷整个西方世界的"Black Lives Matter"运动。虽然涉事 4 名警察最终被判处重刑，但是少数族裔对美国司法系统的不信任没有得到任何补救。

（二）司法官的政治观念分歧

司法权是国家权力的组成部分，国家政策因素也常常延伸至司法领域，司法裁判也经常成为国家政策调控的手段之一。由于政策因素始终处在变化之中，政策的调整也会带来司法公信力的问题。值得注意的美国司法体制中的另一个公信力问题就是"联邦最高法院的 5—4 判决"。联邦最高法院存在所谓"五票法则"（the Law of Five），也就是只要有 5 个联邦最高法院大法官的投票就可以缔造法律。联邦最高法院的一些"5—4 判决"经常引起极大争议。近年来引爆舆论热点的"5—4 判决"有 2015 年 6 月 26 日，联邦最高法院在奥博法尔诉霍奇斯案中判决同性恋婚姻的权利应当受到宪法保护。2022 年 6 月 24 日，美国联邦最高法院以"5—4"推翻罗伊诉韦德案的判决，引发了美国社会巨大反响。这项持续 50 年的判决被推翻，很多评论都归结为特朗普总统在任期内任命了 3 名保守派大法官，将联邦最高法院中保守派和自由派法官的比例变为了 6—3。

在机制层面，美国还维持了法官的个人意见公开表达机制，表面上看法官的个人意见、异议似乎暴露了法院内部的分歧意见，对司法公信力的影响是负面的。但是，从长期的时间运行看，这种机制对于司法公信力的提升是有利还是不利需要进一步研究。在美国，许多研究投入到最高法院大法官的异议、附议等个人司法意见书，个人意见出现的原因，以及个人意见与最高法院机构意见之间的关系。在美国历史的早期，马歇尔大法官领导联邦最高

[①] Stewart, Ron, *African American males' reported involvement in the criminal justice system: A descriptive analysis,* Journal of African American Studies 5.2（2000）：55-70.

[②] Brigham, John. *Unusual Punishment: The Federal Death Penalty in the United States.* Wash.u.j.l. & Poly（2004）.

法院时，作出了一系列奠定美国宪法基础的重大判决，在这些判决中马歇尔大法官都尽量推动形成一致判决，虽然历经200多年，这些界定州权和联邦权力的判决仍然受到普遍尊重。多数研究关注到大法官个人意见的增多以罗斯福新政时期新任命的大法官进入联邦最高法院为起点。[1] 支持罗斯福新政的大法官会相应地作出有利于罗斯福新政的判决，从而与坚持自由主义保守政策的大法官产生意见分歧。行政权力对美国联邦最高法院一致意见的形成存在强大的影响。在理论上，表现为法律现实主义与法律形式主义的斗争，而在司法组织内部也反映为行政权力影响和法官独立传统的冲突。法院不是"象牙塔"，法官也不可能完全只遵从法律和良知来裁判。

（三）办案组织独立与监督难以平衡

西方法治国家的基本原则是司法独立，司法独立落实到具体层面就是办案组织的独立。但是，过分强调办案组织的独立常常会演变成专断，在确保办案组织独立的同时保证其受到适当的监督，也是法治发达国家面临的难题。比如，在美国司法制度中，检察机关和检察官不受制约的巨大权力，正在受到越来越多的公信力质疑。检察官在刑事诉讼程序中有难以想象的权力，尤其是在起诉和诉辩交易中拥有广泛的裁量权，能制约他们的只有不具有强制约束力的律师行业模范职业规则。而且检察官作出不起诉和诉辩交易的决定通常是不公开的，缺乏有效的监督或责任机制，他们有不端行为时极少受到处罚。[2] 在德国，检察权的行使也面临公信力的质疑，主要原因来自司法经费保障的不足。批评者指出，一些检察机关目前负担过重而且经费支持不足，至少一些"小罪"经常根本不开展侦查或者将经费限制在寻找中止侦查的理由上。因此，起诉裁量原则从例外情形变为常态，起诉法定原则反而成了笑话，完全成了起诉裁量原则的受害者——而且法的安定性和统一性也受到致命伤害。而在韩国，检察机关长期以来掌握不受制约的侦查权和起诉权，一方面让多位韩国总统卸任后遭到检察机关侦查并被判入狱，韩国检察机关的政治影响力达到顶峰，另一方面检察机关也越来越多受到滥用侦查权、起诉权的质疑。这也导致2022年韩国修改刑事诉讼法，分离检察机关的

[1] Post, Robert, *Supreme Court Opinion as Institutional Practice: Dissent, Legal Scholarship, and Decisionmaking in the Taft Court*, The. Minn.l.Rev.（2000）.

[2] 参见［美］安吉娜·J.戴维斯:《专横的正义：美国检察官的权力》，李昌林译，中国法制出版社2012年版，第149页。

侦查权和起诉权，并大幅度压缩检察机关的侦查权。

（四）专业化与大众化的共识分歧

法律职业共同体的出现和司法活动的专业化，曾经对法治发展有着重大作用。只有专业化才让司法活动有了独立性，司法机关办案组织与其他的权力组织、生产组织相比具有了其特性，让办案组织有了自己的语言体系、行动规范，并且与社会公众的语言、行为规范发生了显著差异，说服公众的难度增大，社会公信力受到威胁。特别是对于一些后发国家，司法机关办案组织本身还承担着现代化转型的任务，公信力的确立更加困难。如在德国建立之初，德国的法律体系完成了罗马法化的过程，而这一进程是在萨维尼为代表的历史法学派的引导下完成的，历史法学派高举"民族精神"的旗帜在司法改革中，凝聚了德国社会的最大公信力。但是，实际上将"民族法"变为"学者法"，而且通过了"承认无所不在的，完全一致的人类道德尊严和自由"的续写和补充。①

社会发展导致结构复杂化，法律生成过程发生分化以克服社会结构分化带来的复杂性差异。从西方国家法治发展历程看，就是立法和司法功能的分化，法院内部法庭职能分化以及出现最高法院、最高宪法法院等"造法"功能的司法主体带来的进一步分化。检察机关的出现最初是为了承担本来由侦查法院掌握的侦查、指控的职权。一方面迎合了行政权对司法权的制约需求，另一方面也继承了法院保障人权和自由的功能，检察机关的相对独立是法院"造法"功能的再次分化。法律生成功能分化、复杂化以后，作出决定所需要的相关可能性数量以及所选择的可能性数量也会分化，存在着不同层次的问题意识和社会环境敏感性。在复杂的决定生成领域，信息的需求也更大，对不充分信息进行决定的要求也相应增大，在信息处理上呈现出更强的个人化倾向，也就是法律裁判的主体从司法机关变成司法机关内部的办案组织，在办案组织内部则更加依赖于主办法官、检察官个人。因此，法律生成程序和司法体制、机制也需要更高的信任，包括来自司法体系内部的信任、其他公权力机关的信任以及整个社会的公信力。

---

① 参见［德］克尼佩尔：《法律与历史：论德国民法典的形成与变迁》，朱岩译，法律出版社 2003 年版，第 24 页。

第三节　治理均衡观念

在诉讼程序的各个环节，都存在多种力量之间的矛盾和协调关系。首先被注意的是控辩审三方的均衡关系，或者在中国司法制度下的公检法三机关相互配合、相互制约的均衡关系。在政治意义上，还可以看到任何一件有相当社会影响力的案件的办理过程中，都会有四方力量的"角力关系"，这就是来自民众、媒体、司法官和为政者的不同审判意见的冲突和干扰。[1] 但是，具体到办案组织层面，我们的研究对象是控辩审三方关系中，审判一方或者指控一方内部的结构关系，或者在公检法三机关中，检察机关、审判机关内部办案单位的组织结构。至于控辩审三方或者公检法三机关的均衡关系相对于本书的研究对象过于"宏观"。笔者认为，主导司法机关参与并主导司法机关办案组织发展变化进程的力量主要包括以下三种：统治权、法律职业共同体和公众。统治权是国家的实际统治权，在古代是国王、皇帝、贵族，而在现代则是代表人民行使国家权力的行政机关、政党等。法律职业群体是司法活动成为专门活动，法律成为专门知识以后，实际行使司法权或者具有法律知识的群体。以企业组织作比喻，国家权力和社会公众是办案组织名义上的"所有权"主体，而法律职业共同体是办案组织的"经营权"主体。当政者、法律职业群体和公众三者成为决定办案组织结构的主导力量原因无它，主要是它们曾经都扮演过办案组织的角色，而且现在也在办案组织的运行中发挥着支配作用。

一、统治权的支配力

司法权从本质上来说来源于统治权，是统治权的组成部分。为了保护公民的自由和权利，司法权才从统治权中分离出来，但是，统治权对办案组织的塑造力量始终强大而直接。

首先，它可以决定办案组织的存在及其形式。公元前 594 年的梭伦改制中，梭伦就是运用自己作为雅典执政者的权力，推行一系列改革，建立公民大会这一最高裁判组织，让最贫穷的平民也能参与民众大会和法院。在古罗马帝国，裁判官作为执政官的下属和"手足"行使裁判权，而外省裁判官则

---

[1]　参见孙笑侠：《司法的政治力学——民众、媒体、为政者、当事人与司法官的关系分析》，载《中国法学》2011 年第 2 期。

是集行政权与司法权于一身。在大革命之前的法国，延续着中世纪留下来的传统，司法机关实际上是国王、领主的下属，法官（conseiller）一词的本意是"王室、领主的法律顾问"。其次，司法权可以决定办案组织的组成和人员来源。进入近代以后，权力分立成为法治国家的基本原则，行政权仍然直接决定着裁判组织构造。在美国，全部1500多名联邦法官都是由总统提名，而总统的提名职责实际上是由司法部长和副部长在直接行使。在决定提名人选过程中，与总统来自同一党派是具有决定性的因素。因为党派政治对法官职位的影响，还诞生了美国宪法上最重要的一项判决——马伯利诉麦迪逊案。最后，司法权可以决定办案组织的地位和职能。检察机关办案组织的出现更象征着统治权或行政权对办案组织的塑造作用。在17世纪的法国，"高等法院"中出现了一个特殊的审判庭——"大法庭"（Grand chambre），大法庭内部又设"顾问庭"，代表国王处理与王室权力有关的法律事务，针对侵犯王室权利的行为提起诉讼，① 这就是检察机关的前身。普鲁士借鉴法国的检察官制度同样也不是为了保障人权和自由，而是国王希望通过检察官垄断起诉权、上诉权来制约和监督日益独立的法院，为了保证检察官受到统治权的绝对控制，因此才让检察办案组织高度行政化，实行"上命下从"的一体化组织形式。虽然司法机关在今天的法治国家都具有一定的独立地位，但是统治权始终隐身在幕后，在谨慎关注着办案组织的演化发展，一旦可能完全脱离其控制，统治权就要走到前台推动办案组织的改革重组。

二、法律职业共同体的控制力

爱德华·柯克大法官与詹姆士一世在法治史上的经典对话代表了法律职业共同体在司法活动中的垄断地位："不错，上帝的确赋予陛下极其丰富的知识和无与伦比的天赋；但是，陛下对于英格兰王国的法律并不精通。法官要处理的案件动辄涉及臣民的生命、继承、动产或不动产，只有自然理性是不可能处理好的，更需要人工理性。法律是一门艺术，在一个人能够获得对它的认识之前，需要长期的学习和实践。"波斯纳也指出，职业是这样一种工作，人们认为它不仅要求诀窍、经验以及一般的"聪明能干"，而且还要一套专门化的相对抽象的科学知识或者其他认为该领域内某种智识结构和体系

---

① 参见杜苏：《司法独立的黎明——法国古典司法体制诸问题研究》，载《中外法学》2013年第1期。

的知识。[①] 法律职业共同体形成后成了为社会提供服务的"行会团体"，他们有自身的利益以及发展延续的需要，因此，法律职业共同体的利益必然要在司法机关办案组织的演化中扮演重要角色。

在法律职业共同体的演化过程中，他们的专门化抽象知识就是罗马法知识。在罗马帝国存在及以后千年时间中，罗马法知识成为法律职业共同体的独特基因，一直流传至今，欧洲的大学成为复制基因，传承法律职业共同体的"摇篮"。在中世纪，神判方式盛行的时代，法律职业共同体经历了一段时间的沉寂。到13世纪，由神职人员、领主、贵族垄断的法庭逐渐发生动摇。"自从受训练的法律家于其裁判理由提供逻辑上的明确性、合理的可检验性之后，法律社会的成员们已经不打算继续接受这种神谕了。"接受罗马法教育的世俗和神职人员开始填充各级宗教法庭以及国王的世俗法庭。到15世纪，神圣罗马帝国的枢密法院建立后，未受过正规法律教育的骑士、贵族群体在法院中的作用不断下降，直至最后只有受过正规法律教育的学者才能在法院担任法官职务。

法律职业共同体完全垄断了办案组织成员的准入条件。首先，通过法学教育和国家司法考试，法律职业共同体保证未来办案组织的组成人员都接受同一知识教育、思维训练。其次，在任命过程中，法官、检察官职位也并非完全是不同政治力量比较的结果，法律职业共同体的意见在其中占了很大比例。各法治国家都有专门的法官、检察官遴选委员会负责提名人选。虽然各国遴选委员会构成上都会为行政机关、立法机关保留一定的代表席位，但是委员会构成的主体仍然是以法官、检察官和律师为基础的法律职业共同体代表。以美国为例，今天美国法官人选的提名程序中，美国律师协会一直是一个强有力的因素。1946年美国律师协会的15名成员组成联邦司法委员会。该委员会对候选人作出评价，对任命资格向司法部提交报告，报告将候选人分为三等：非常合格、合格或不合格。法律职业共同体不仅控制着办案组织成员的准入门槛，还发展出特殊的程序机制、裁判方法，让统治阶层、社会公众与司法活动保持一定距离。

三、社会公众的参与力

从公元前5、6世纪，雅典开始采取公民参与审判的制度后，社会公众一

---

① 波斯纳:《超越法律》，苏力译，中国政法大学出版2001年版，第44页。

直是左右司法机关办案组织发展中的重要力量。公众希望接受的是"自己"的审判，而不是将自己的生命、人身和财产交于统治者或者其他人来处分。这一观念早在1215年的大宪章中就得到明确表述："若不经同等人的合法裁决和本国法律之审判，不得将任何自由人逮捕囚禁、不得剥夺其财产、不得宣布其不受法律保护、不得处死、不得施加任何折磨、也不得令我等群起攻之、肆行讨伐。"这一理念在普通法系国家一直通过陪审团制度得以延续，而在大陆法系国家则通过名誉法官（ehrenamtlicher Richter）或者陪审员得以延续。以德国为例，单纯由非法律专业的公民组成的审判组织虽然已经不存在，但是，仍然保留了普通公民与专业法官组成的混合审判组织。这种审判组织的构成象征着19世纪开始的政治启蒙和公民权利的解放。它在司法实践中的作用是加强公众对司法机关的信任，使司法裁判更加贴近普通人的生活，同时也是人民主权原则在司法活动领域的体现。但是，值得注意的是，在州高等法院、联邦最高法院的审判组织中是没有名誉法官参与的，实际上也流露出法律对名誉法官的不信任。

不仅在审判组织，在检察机关的办案组织中，社会公众也在发挥着越来越大的作用。在普通法系，大陪审团作为审查起诉的办案机关在法律和实践中得以保留。大陪审团的历史甚至被认为先于大宪章，最早在1166年亨利二世的《克拉伦敦法令》中出现，当时被称为起诉陪审团。美国当今的联邦大陪审团由23名选民组成，各州大陪审团组成人数各不相同，5—23人均有，是否起诉的决定也不需要一致同意。一些大陆法系国家也借鉴了这一制度，以制约检察官的起诉裁量权。检察审查会制度是日本检察制度体系中的一项特色制度，早在日本建立现代检察制度之初，其刑事法律并未规定检察官的起诉裁量权，虽然在司法实践中已经出现检察官对一些不严重犯罪作出不起诉的决定，但直到1922年《刑事诉讼法》修订，才明确规定了检察官的起诉裁量权。"二战"以后，检察官在诉讼中的权力逐渐扩大，对于案件的处分权也失去制约。其间，甚至还形成了绝对的国家追诉主义和检察官独占起诉主义制度。在此情况下，检察官实际是在高度集中的检察组织体系下开展追诉活动，官僚作风也愈演愈烈。于是，为了防止这种危险，有效制约检察官的起诉裁量权，日本于1948年7月通过了第147号法律《检察审查会法》，建立了以美国大陪审团为原型，由普通民众参与审查检察官不起诉决定是否得当的检察审查会制度。由此可见，对于法律职业共同体垄断司法机关的倾向，社会公众并不是听之任之，无所作为。法律职业共同体为了赢得社会公众的信任，也要为他们保留一定的参与空间。社会公众的参与增加了司法机关办案组织的公信力；克服司法机关办案组织自身的专业专断和官僚主义倾向。

第四节 司法效率观念

处理案件、裁判诉讼争议本身是需要成本的，"迟到的正义非正义"，就此观之，如果司法机关办案组织不能有效率地处理案件，甚至会影响到自身的正当性。加快办案效率、应对不断增加的案件负担，一直也在塑造着司法机关办案组织本身。如上一章提到的，从圣经时代开始，摩西由于无法处理太多的案件，开始任命十夫长、百夫长代替其审理案件，最早的办案组织才得以出现。从管理学和经济学的角度出发，司法机关的办案组织可以被看作一种"服务企业"，为"消费者"（当事人）提供标准化的"服务产品"。办案组织的结构必须符合成本最小化的目标。

一、个人和简单合作的效率

直观来看，团体运行的裁判组织相对于个人裁判组织效率更低。原因在于，在团体中形成一致意见的谈判成本相对于个人决策成本大得多。由多人一起来"生产"司法公正这一产品，效率往往十分低下。陪审团的制度历程正好说明这一现象。在陪审团制度早期，法律一般规定陪审团必须达成一致意见才能作出判决，简单多数不足以形成判决。一致同意的陪审团判决在公信力上具有明显优势。人们从直觉中就能发现："由于对陪审团这一团体的尊重是公众接受陪审团裁决的一项前提条件，在非一致同意原则下，陪审团在商议后对其决定的质量作出的评价更低，同时在该原则下拒绝陪审团裁决的坚持异见者人数更多，上述情况大大削弱了多数决陪审团制度作为法律争议机制的作用。"[1] 可见人们并不是不知道团体一致意见可能带来的效率低下，而是看中了一致意见的公信力效应。从更加全面的视角出发，陪审团的工作效率并非是低下的，只是其决策效率低下。如果以接受案件信息的全面、详细程

---

[1] Hastie, *Reid/Penrod, Steven/Pennington, Nancy, Inside the Jury, Cambridge, Mass*：Harvard University Press, 1983，228.

度来说，陪审团远远超过个人的接受效率，而且陪审团规模越大，越有可能记忆下更多的案件细节。换言之，陪审团在调查案件事实方面的效率具有优势，而且在决策的稳定性上比个人更加有优势。打个比方，可以说陪审团这一团体办案组织就像一个多人一起动手提供"精雕细刻"产品的企业。就作出决定这一环节来说，个人更加有效率，但是在调查案件事实方面，个人既势单力薄，也"孤陋寡闻"。而且个人决策的波动更加明显，难以为当事人提供"标准一致"的裁判结果，而且个人办案组织在"质量控制"方面也不如团体办案组织。

二、复杂分工对效率的提升

在裁判活动中分工的出现是第一次办案效率的大提升。分工不等于简单的人力相加，而是通过标准化流程，专门化的技能，保证"司法公正的生产过程"效率和标准化程度同步提升。在罗马裁判官时代就存在这种分工。作为裁判权力的实际主体——裁判官，负责设定诉讼程式，而原告和被告选择的审判员负责其后的事实审。但是，裁判官仍然可以通过各种方式决定案件最后的审判结果。裁判官承担的是案件审判质量和流程控制者的角色。类似的分工在中世纪继续发生着。中世纪的封建法庭中出现了案件处理决定权和审理权的分工，原因在于掌握决定权的贵族往往没有读写能力，而实际审理案件的却是有读写能力的书记员、承审官等。中世纪末期，在罗马法重新复兴的时代，罗马法知识成为新的"读写"能力。受过罗马法训练的书记员、顾问、法学家开始进入裁判机构，到15世纪末所有的德意志城市都有了专业的罗马法书记官，由于"非职业法官"无法应对专业的诉讼代理人，也不熟悉罗马法，裁判权实际上转移到精通罗马法的书记官手中。这种审判组织形式最后在德意志全境都得到承认。建立于1495年的神圣罗马帝国最高法院也采取了同样的审判组织形式，即由亲王担任主审官，16名法官中半数为贵族，半数为罗马法学家。普通人向封建领主、主教、城市议会起诉时，领地官员们也不再直接作出判决，而是委托书记官、法学家作出判决。

当代司法机关的案件负担越来越大，不论在种类上还是在数量上都大大超过了现有办案组织形式的承受能力。司法机关办案组织内部的分工向着更加精细和深入的方向发展。以美国联邦法院体系为例，由于案件数量急剧膨胀，从地区法院到上诉法院甚至最高法院的法官只能在案件审理中严重依赖法律助手撰写法律意见，法律助手在一些情况下变成了"看不见的法官"，而法官的主要工作变成了监督和协调众多法律助手。^① 即使在联邦最高法院，法律助手不仅承担司法意见的撰写，甚至有可能影响大法官的投票。^② 联邦最高法院实际上不是由 9 位大法官组成，而是由 9 个大法官办公室构成的。1958 年彼得·斯图尔特大法官进入联邦最高法院时，他期望看到的是一个"拥有 9 位搭档的法律事务所，如果你愿意，法律助手也可以看作是合伙人"。法官助手群体在法院内部的兴起，以及在判决过程中作用不断增加，是近年来研究的热点之一。耶鲁大学法学院 Owen Fiss 教授指出：如卡多佐一样，仅关注孤立、孤独的法官的痛苦已经过时了，今天法官本身即是大规模的、复杂的组织。同样的问题在德国也出现了。法律助理本来是一种法律职业的教育培训制度，根据法院组织法可以在法官、检察官监督指导下承担特定任务，包括检察官助理与检察官一同出席刑事审判程序、法官助理主持民事案件证据听证、律师助理受律师指定在地区法院行使一般代理。法官助理在法官审判工作中的作用也越来越大，但是，法律对其职责范围没有规定。有研究者提出，法官助理已经威胁到了基本法上的"法官垄断裁判"、法官独立以及法定法官等基本法治原则。

三、组织成本上升的影响

分工越来越复杂并不会一定导致效率的提高，相反分工越复杂，办案组织的内部结构也会更加复杂，相应地组织成本会上升。每一件案件的处理都会引发整个组织系统的联动。神圣罗马帝国枢密法院最早采取这样一种复杂分工、全体法官共同参与办案的办案组织形式，其办案周期之长、办案效率低下经常成为当时市井言语调侃的对象。美国联邦最高法院也是如此，它采用一种全体法官会议的办案组织形式。如果一件案件进入听审程序，则就是 9 位大法官及其下属办公室人员的"集体行动"，大法官要召开会议讨论案件，还要

---

① 参见［美］理查德·A. 波斯纳：《联邦法院：挑战与改革》，邓海平译，中国政法大学出版社 2002 年版，第 147—167 页。

② Peppers, T. C., & Zorn, C., *Law Clerk Influence on Supreme Court Decision Making*: An *Empirical Assessment*, Depaul L.Rev,2008. Stras, D. R., *The Supreme Court's Gatekeepers*: *The Role of Law Clerks in the Certiorari Process*, Social Science Electronic Publishing,2006（4）：947-997.Collins, P. M., Courtiers of the Marble Palace：*The Rise and Influence of the Supreme Court Law Clerk/sorcerers'Apprentices*：100 Years of Law Clerks at the United States Supreme Court, Justice System Journal, 2008（1）：117-121.

相互传阅法律助手起草的法律意见。其办案效率难以提高。如果不是有复杂的案件选择程序和高度简化的听证程序，联邦最高法院也将不堪重负。相反在其他一些重要的法院，如英国最高法院、联合国刑事法院等都采取了合议庭审理案件的方式，将法院的办案力量分割为多个简化的审判组织。

在中国司法实践中组织机构和议事程序最为复杂的办案组织是审判委员会和检察委员会，主持评议和表决程序的是法院院长和检察院检察长，院长和检察长各自对审判委员会、检察委员会的决策结果有着重大影响。因而在审判委员会和检察委员会的议事规则中都要求院长、检察长最后发言表达对案件的处理意见。但是，除此之外还有很多组织和控制环节会左右审判委员会、检察委员会的裁决结果。如审判委员会委员中来自民事审判领域的法官比较多，而刑事审判领域的法官较少，但是根据议事规则，进入审判委员会讨论的案件多是重大、疑难、复杂的刑事案件。根据目前网络公开的各级法院的审判委员会议事规则，熟悉刑事审判的委员或分管刑事审判工作的副院长的意见就会在议事中占主导地位，而且他们在一般情况下还被要求先发表意见。审判委员会的决策过程中，案件所存在业务庭的委员和分管院领导实际上对审判委员会的裁决结果有很大的影响力。又如案件进入审判委员会、检察委员会议事程序的控制环节。实际上案件并不是能由承办案件的法官、检察官、合议庭直接提请审判委员会、检察委员会讨论，而是法院的案件要经过审判长、庭长层报提请院长决定，检察院的案件要经过科长、处长层报提请检察长决定。这对案件的讨论结果也会有重大影响，因为进入审判委员会、检察委员会讨论的案件一般是承办法官、检察官与上级庭长、科（处）长意见不一致的案件，而真正进入议事程序的案件，往往是分管院长、检察长的意见与庭长、科（处）长仍有分歧的案件。

办案机关组织越来越复杂，组织和控制环节本身会需要大量资源支持，组织和控制环节自身也会产生左右案件裁判结果的力量。假如有三个人构成决策单位并有三种可选择的方法涉及一个决策程序。以表2中ABC三人的偏好排列。根据这一排列，如果在X和Y两个偏好结论中选择，则BC都会偏向Y，Y以2:1胜出；如果在Y和Z两个偏好结论中选择，则AB都偏向Z，Z以2:1胜出。以此观之，议程的选择控制是一种重要的权利。谁负责主持评议和表决程序，谁就有相当大的权利影响判决结果。当组织复杂到一定程度以后，组织的"一致意见"实际上成为难以企及的"镜花水月"，组织真正的"一致意见"实际掌握在控制组织的主持人手中。

表 2　决策偏好的模拟排列

个人	第一偏好	第二偏好	第三偏好
A	X	Z	Y
B	Z	Y	X
C	Y	X	Z

第五节　正当程序观念

司法机关的办案组织从审判组织到检察办案组织，有的具有司法属性，有的带有行政属性，不论何种形态的办案组织都是以建立正当程序为目的，办案组织本身也要符合正当程序原则的要求。在法治高度发达的今天，正当程序原则并不只限于两造具备、控辩审三方组成的听证程序，在行政活动中也有正当程序。从历史上看，即使在法治原则形成之前，各民族在纠纷解决活动中都有对正当程序的追求，从雅典城邦中心的公民大会，到汉代司法官吏的"讯鞫论报"，不过体现着各民族传统对正当程序的不同理解。即使在专制时代，上至统治者下至普通民众，对于什么是正当的裁判者和裁判程序都有清晰的观念。传统中国老百姓执着于"要个说法"，不仅是实体意义上的"说法"，还有程序意义上的"说法"，即老百姓的冤屈需要在一个权威"做主"主持的正式场合、过程中得到倾诉和展示。办案程序基本经历了古代弹劾式诉讼模式、纠问式诉讼模式和对抗式诉讼模式三种形式，在每种模式盛行的时代都有对正当程序的持续追求，正当程序原则也影响着程序本身和办案组织，诉讼模式的每一次变迁都带来了司法机关办案组织的变化。

一、纠问式办案程序

古代的纠问式诉讼模式在古罗马、古代日耳曼人的诉讼方式中广泛存在，职权主义诉讼模式可以追溯到 13 世纪，是国家地位更加制度化和中央集权的产物。最纯粹的职权主义诉讼模式是纠问式诉讼，案件事实调查是由国家的代理人实施，其侦查、起诉、适用强制措施并决定案件是否交付审判。在法庭上以办案人员对当事人的讯问为主要查明案件方式，中国传统办案组织的办案方式正是以讯问为主，通过反复诘问加必要的刑讯，直至诉讼当事人"词屈理穷、认罪服判"为止。在 13 世纪法国的封建法庭上出现纠问式诉讼，就是因为教会及国王权利增长发生的。而中国传统社会的诉讼模式长期保留着纠问式的特征。进入近代以后，传统的纠问式诉讼模式吸收了当事人主义诉讼模式的特征，形成了新的职权主义诉讼模式，增加了辩护律师的参与，法官专司裁判，指控职能交由检察官行使。它与普通法系的当事人主义诉讼模式下的对抗式诉讼程序的主要差异在于，裁判组织在诉讼程序中的角色更加主动和突出，裁判组织有时候也会直接担任案件事实调查者的职责。不论是强职权主义模式下的纠问式诉讼，还是普通法系的对抗式诉讼，两种程序模式均被归结为关注真相和证明，虽然依赖于不同的法律证明方法，但是二者均奉行认识论的传统，试图使用经典的科学证明方法寻找"真相"，结论是通过使用可能被称为广泛的经验主义的方法进行观察和体验而获得的。[①] 诉讼模式的变化不仅带来了裁判组织裁判方式的变化，也带来了裁判组织本身职能的变化。在纠问式诉讼模式下集指控和裁判双重职能为一身，而在对抗式诉讼模式下指控和裁判职能分离，指控职能由检察官专门负责，而裁判组织只负责审判。

二、书面化办案程序

职权主义诉讼模式的一个重要传统遗产就是对书面案卷笔录的强调。当代中国刑事诉讼程序依然保留着书面案卷笔录的特别地位，被称为"案卷笔录中心主义"的审判方式。[②] 所有官方活动必须以标准形式记录并保存，以备日后可能进行的复查。在侦查中收集的证据被置于卷宗之中，成为审判活动的中心，以及法官对被追诉人进行讯问的主要参考材料。在大多数情况下，证人证言以书面刑事被接受，而无须现场作证。只有在审理重罪案件时，证人才必须现场作证。书面化办案程序的特点在于办案过程可以书面形式保存并反复"再现"，西方国家的控辩对抗、直接言词的审判方式下，办案过程或者说案件事实的发现过程是一次性的，只在庭审当时一次呈现，其后无法再现，也不能重复检查。

在诉讼程序的发展过程中，中世纪后期出现的书面办案方式相对于原有

---

① ［英］杰奎琳·霍奇森：《法国刑事司法——侦查与起诉的比较研究》，张小玲、汪海燕译，中国政法大学出版社 2012 年版，第 37 页。

② 参见陈瑞华：《案卷笔录中心主义——对中国刑事审判方式的重新考察》，载《法学研究》2006 年第 4 期。

愚昧的神判程序，曾经是一个巨大的进步。神判程序从今天看来并非全无益处，反而可能是直接言词原则的起源，因为神判中的宣誓，以及神判过程的不可再现性，都奠定了直接言词原则的传统基础。书面审查程序作为办案的主要方式时，法庭调查的不可再现性不再是个问题。因此，办案组织的独立、权威并不重要，更高一级办案组织，或者更权威、更具有理性、智慧的上级审查反而更加能增加书面审查结论的正当性。

即使在今天司法活动中普遍接受直接言词原则基础上的听证程序，书面审查程序也在某些特定情况下继续发挥作用。一是作为某些复审程序的前置审查程序。比如，美国联邦最高法院在选择案件时主要还是靠书面审查方式，只有少数案件可以通过审查进入三审程序。又如，德国刑事诉讼中的第三审上诉，上诉是否有理由的预先审查也是由书面审查方式完成。二是作为听审程序的补充。在大陆法系国家的诉讼程序中都或多或少保留了书面审查方式的"遗迹"。如大陆法系国家在检察机关提起诉讼的方式上一般采用"案卷移送主义"模式。法官在开庭前可以全面审阅检察机关移送的案卷材料，了解指控方的证据，从而为法庭全面审理作程序准备。书面审查程序给司法机关办案组织一种可能性，即主持审判程序、审查证据材料和做最后决定的职责可以相互分立，由不同的主体来承担。因此，与书面审查方式相适应的办案组织形式仍有继续存在的空间。

三、对抗式诉讼程序

了解对抗式诉讼程序应当从普通法上的正当程序原则开始。在每个特定案件中，正当程序都意味着按照法律允许或者要求的既定箴言并按照这些箴言为特定案件规定的对个人权力的保障来行使政府权力……除此之外，正当程序还意味着基本公正。[①] 正当程序原则起源于英国，英国大法官科克认为，正当程序即为根据普通法的正当程序，也就是"通过由良好、守法的人组成的陪审团起诉或审判……或者通过起源于普通法的令状"。正当程序被世界广泛接受主要靠美国宪法的发扬光大。美国宪法第五修正案对正当程序原则规定为"未经正当程序，不得剥夺任何人的生命、自由和财产"。如今联合国的一系列重要人权文件，如《联合国宪章》《世界人权宣言》《公民权利和

---

① *Henry Campbell Black's Law Dictionary*, Sth. ed. St. Paul Minn：Wst. Publishing Co., 1979.

政治权利国际公约》等确认了正当程序原则，而且对公正审判的最低限度程序保障做出了相关规定。如对质权、辩护权、不自证有罪权等。对程序性正当程序原则如何具体化的讨论从未停止。根据《布莱克法律词典》的进一步解释，程序性正当程序是指，任何权益受到判决结果影响的当事人，都享有被告知和陈述自己意见并获得庭审的权利。

普通法带有深刻的英国经验主义的传统，不会清楚界定出对具体哪种程序才是符合正当程序。这也是给正当程序原则的发展留下空间。但是，可以确定正当程序的最复杂形态应当是控辩对抗的诉讼程序。正当程序原则对司法机关办案组织形式的作用体现在以下三个方面：一是确立了"法定法官"原则，即唯有法定法官方能审判案件，更全面的含义是只有法定审判组织才能审判案件。这一原则决定了法官的选任必须符合一系列法定条件，进而导致案件的分配，即决定哪个具体案件由哪个具体审判组织办理的程序也需要法定，而不是任意选择，这也是司法机关办案组织与民间仲裁组织的区别。二是确立控审分离的职能划分。正当程序原则包含任何人不得做自己事务的法官，以及"无原告、无法官"的要求。从司法机关办案组织的发展史看，这一原则决定了检察办案组织和审判组织的分立。三是主持案件程序、听审和决定职能的统一。正当程序原则的要求之一，是法官必须在公平听证的基础上做出裁判，双方当事人的陈述、辩护都应该被公平地考虑。因此，主持案件审理程序、听取意见以及最后决定案件裁判结果的主体必须合一。如果三者之间任何一种职能被分离出去，则直接言词和公平听证等规则就落空了。因此，可以说正当程序原则也为审判组织在履行办案职务中的独立地位提供了帮助。相反，在正当程序原则尚未建立的时代，司法机关办案组织并未认为三者统一是必要的，在历史上存在的办案组织中，我们经常可以见到三种职能分离的情况。

本章小结

司法办案组织作为一种工具，必须由需求和制约条件来塑造其形态。本章分析的主导价值观，就是可能影响办案组织形式的"需求"：公信力的追求、统治者、法律职业共同体和社会公众的权力博弈、提高办案效率的需要以及服务诉讼程序的需求。上述这些需求之间的关系既有相互协调，也有相互矛盾。

司法公信力的追求与办案效率之间就存在矛盾。如前所述，更高的司法公信力要求办案组织的代表性更加广泛、共识更加牢固，而实际上这一目标会严重影响办案组织的决策效率。司法公信力与法律职业共同体的利益之间也存在矛盾。法律职业共同体权力最大化会导致职业团体对裁判的"垄断"，而单一团体对司法活动的"垄断"只会增加社会公众的不信任。效率原则也会"反对"权力制衡原则。因为在办案组织内实现某种权力制衡，也会导致组织成本和博弈过程的复杂化，严重影响裁判效率。

因此，单一的办案组织形式无法适应上述价值目标，今天我们在同一国家的司法体系中还会发现形态各异的办案组织。司法程序并非越完备越好，正当程序并不能适应所有的案件和纠纷，同样不同类型的办案组织仍然在各自的领域内发挥着作用。法律的一般性和特殊性是主导法哲学上的一对本质矛盾。法律从一般规则到具体特殊的案件事实，是法律方法上的根本问题。司法机关办案组织形式的统一性和专业性之间，则是司法机关办案组织的根本问题。法律的权威性和统一性要求，所有的诉讼纠纷都应该尽量提交由单一的办案组织来处理，而诉讼纠纷的复杂性、具体性和专业性，又导致诉讼纠纷的处理中必须引入人合组织的分工协作。如何让众多办案组织的基本单元协调运行如同单一法官，又让众多办案组织协调运行如同单一法院审判庭一样，是困扰司法机关办案组织发展完善的根本难题。

第四章　主导司法机关办案组织的现实因素

任何一种司法机关办案组织的出现都不是偶然的，而是必然与当时的政治结构、社会结构、生产方式、认识方式相结合的。如同历史法学派的核心教义："法律不是被创制出来的，而是演变而成，它们如同语言和习惯一样产生于民族生活和思维的最为深层之处，并无计划和意识中介。"同理，司法机关的办案组织同样也很难被创制，而是演变而来，它们的产生和发展也根植于国家、社会运行方式的深层之处，难以计划和主动改造。有时候人们以为自己能够通过改革手段塑造办案组织，实际上只是改变了它们的名称和形式，办案组织还是会沿着自己的轨迹发展。健全完善司法机关办案组织不能脱离政治、法律、社会、哲学等关联因素，而是要将司法机关办案组织放在现实和理念的复杂联系中作整体协调的考虑。

第一节　政治结构

司法权是国家统治权的重要组成部分之一。洛克刚提出分权学说时并未将司法权当作一种独立的权力，国家统治权力应该分为：立法权、执行权和联邦权，司法权包含在"执行权"之中。从孟德斯鸠开始才有司法机关独立的观点。从古到今统治权都对司法权有着直接影响，政治结构直接塑造司法机关办案组织中的组织结构要素。

一、司法依附原则下的办案组织

在司法独立原则被世界各国广泛接受之前，多数国家采取的是与司法独立完全相反的司法依附原则。在该原则下，司法是统治的工具之一，司法机关和司法活动高度依附统治权，由统治权决定并服务统治的需要。在东西方的古代社会，亚里士多德对国家的认识具有一定的普遍性。他认为国家是由村落联合而成，是由各个家庭或家长制的大家族联合而成。这样的古典国家相对于近代国家的最大不同在于，用类似亲属的联系和家长的权威将国家联合起来，而近代国家采取的则是契约。家长制的国家统治秩序在中国延续时间最长，即使离开了氏族部落社会，建立绝对主义君主制以后，在统治中运用的仍然是"天下为家""修身齐家治国平天下"的政治哲学，君主是国家的大家长，国家实行的法律主要是"宗法"和"家法"而非西方社会的"民法"，国家的办案组织也是家长制的组织。

（一）宗族统治权下的办案组织

周朝建立起"天下为家"的宗法制度，每个人都属于某个家族、宗族，信奉的是"各亲其亲、各子其子"的伦理，整个社会按照亲属血缘调整关系。从西周到春秋，整个国家分别属于大小贵族，各贵族家庭中大小宗族，都设有宗子或宗主为族长，掌管全族的一切权力，宗子管理本族的共同财产，包括土地和人民。天子是大宗，而诸侯是小宗，在诸侯国中诸侯是大宗，大夫是小宗，在大夫之家大夫是大宗，而庶人是小宗。大宗的宗子有保护和帮助宗族成员的责任，而宗族成员有支持和听命于宗子的义务。任何人或者宗族之间一旦发生纠纷，共同大宗的宗子实际上是最具有权威的裁判组织。因此，才会出现琱生三器中记载的宗亲长辈裁判土地人口纠纷的案件。宗子裁判纠纷不用像现代的法官一样因为亲属关系回避，也不用公开自己裁判所依据的法律，只是按照宗族关系本来的亲属远近、继承规则来裁判即可。国家的权力不能进入宗族团体内部，不能禁止其行使司法职能。宗族成员之间的纠纷由族长解决，因为族长对宗族成员有处置权，甚至父有专杀子的权力。《左传》记载，成公三年，知罃被楚国释放时说："首（其父）。其请于寡君，而以戮于宗，亦死且不朽。（父亲，你应当禀报国君，将我在宗庙执行死刑，我虽死但是不朽）"昭公二十一年，宋国的华费遂说："吾有谗子而弗能杀。"① 前文提到的西周时期"琱生三器"，理论界多数观点认为，三件青铜器记载的都是"召公家族内处理仆庸土田狱讼之事"，② 召伯虎是召氏的族长宗君的儿子，而案件当事人琱生是召氏小宗的后代。法官与当事人之间有亲属关系这在现代是不可想象的，而在古代中国的宗法社会中，只有家长担任法官，裁判才有充分的执行力和公信力。希腊罗马的家族社会与中国

① 吕思勉：《中国通史》，上海古籍出版社2009年版，第159页。
② 参见李学勤：《琱生诸器铭文联读研究》，载《文物》2007年第8期。理论界还有部分观点认为，琱生三器记载的是召伯家族内部财产分割的纠纷，还没有上升到法律纠纷层面。

不同，中国是宗族家长制，而他们却是氏族民主制。古罗马早期，各种部落和军事民主机制既承担统治机构的角色，同时也是审判组织，如各种库里亚民众会议、百人团会议、部落民众会议。民众会议讨论处理纠纷案件与决策部落、城邦的重大事务并无明显区分。

（二）绝对君主制下的办案组织

进入秦汉时代以后，中国传统宗族瓦解，国家实际上进入了绝对主义君主制时期，皇帝的统治权得到空前强化，从中央至地方郡县建立起了统一的司法系统，司法机关办案组织与地方行政组织基本上合二为一。汉代太守既是主要行政长官，同时也是郡最高审判组织。由于司法活动的专门性以及对地方行政长官分权监督的需要，出现了如宋代的提点刑狱司、明清时期的按察司等专门的办案机关和办案组织，但是，治民之官同时是司法办案之官，这始终是中国古代社会的常态。在中央政府一级，审理重大案件的"三司会审""九卿会审"等特别办案组织，也反映出最高统治权中行政与司法本为一体的实质。古代欧洲持续了很长时间的封建社会，绝对主义君主制几乎与资本主义同时出现。因此，欧洲古代的审判组织并不是受单一统治力量的影响，而是在多元统治力量共同支配下发展，其中主要是三股政治势力：封建领主、国王和教会。三股政治势力建立起了各自的司法机关办案组织，有封建领主领导的庄园法庭、国王领导的王室法庭以及教会领导的宗教法庭。政治势力的较量反映出不同办案组织的管辖权斗争。绝对封建君主的法庭是在经过与宗教法庭、封建领主的庄园法庭、市镇法庭的长期争夺后才取得普遍的管辖权，成为近代国家唯一的司法机关办案组织。

（三）统治权依附下科层化的办案组织

依附于统治权的办案组织带有行政组织的明显特征，内部组织以长官为中心，实行下级服从上级的科层式组织模式。这种模式的办案组织的典型是近代出现的检察机关。从实际情况看，检察官的出现并非出于保障人权和自由的目的，而是行政权力对"司法独立"的一种应对。在法国，检察官是作为国王和政府的代表在法院行使起诉职权，而在德国，也是因为普鲁士引入了司法独立后，为了制约法院的独立审判权，而用政府控制下的检察官行使起诉权和抗诉权。好在从一开始，整个普鲁士的检察体系与行政机关保持了一定距离。行政化的办案组织并非只有检察官，历史上一些审判组织也带有行政体系的特征。如教会法庭体系是以教会统治体系为基础，主持地方教会法庭的大主教、主教都要向教皇宣誓效忠，本质上都是教皇在各教区的官员。主教下属的法务官代替主教行使法官职权，包括司法掌印人、公证人、辩护人、陪审法官等办案组织的组成人员，如同主教下属的神职人员协助主教履行宗教职能一样。有时候教皇还直接派遣教皇使节处理地方事务，直接行使教皇的司法权，以强化上下一体的控制。但是，金字塔式的官僚体系并非能运转自如，使整个教会法庭都像教皇的手足一样听从号令，复杂的官僚体系在运转中难免会出现内部的"摩擦力"，也可以将这种内部摩擦力或者组织成本，视为一种内部的监督制约机制。

（四）统治权依附下分权化的办案组织

统治集团内部的政治斗争格局也在主导司法机关办案组织的构成，不同的政治势力都在尽最大可能控制办案组织，而通过长期斗争在办案组织的构成上形成均势，也就是在办案组织内部出现了分权制衡现象。远在古罗马时代，公共讲坛前的审判，就是政党斗争的一种形式。在民众法庭中，决定因素是法官的党派倾向、担保人的人数以及支持者的多少——证人的数目实际上只是炫耀，为的是使原告在财力上和政治上的势力得到注意。元老院的巨大权力也主要来源于元老院的议员同时也占据着陪审法官的职位。[①] 即使在今天的美国，法官任命也是两党政治势力争夺的主战场之一。政治斗争直接影响到了审判组织的实际运行。多数关于联邦最高法院的研究关注到大法官个人意见的增多以罗斯福新政时期新任命的大法官进入联邦最高法院为起点。[②] 支持罗斯福新政的大法官会相应地作出有利于罗斯福新政的判决，从而与坚持自由主义保守政策的大法官产生意见分歧。行政权力对美国联邦最高法院一致意见的形成存在强大的影响。在理论上表现为法律现实主义与法律形式主义的斗争，而在司法组织内部也反映为行政权力影响和法官独立传统的冲突。

二、司法独立原则下的办案组织

在西方语境下，司法机关办案组织构造最重要的一条原则即为司法独立原则。司法独立是近代西方资产阶级革命的产物，是司法制度发展到一定阶

---

① ［德］奥斯瓦尔德·斯宾格勒:《西方的没落（第二卷·世界历史的透视）》，吴琼译，上海三联书店 2006 年版，第 431 页。

② Post, Robert, *Supreme Court Opinion as Institutional Practice: Dissent, Legal Scholarship, and Decisionmaking in the Taft Court,* The. Minn.l.Rev.（2000）.

段的进步成果，也是现代国家的一项重要法治原则。1985 年意大利米兰举行的第 7 届联合预防犯罪和罪犯待遇大会通过了《关于司法机关独立的基本原则》，该原则第 22 条对司法独立的内涵规定为："司法机关应不偏不倚、以事实为根据并依法律规定来裁决其所受理的案件，而不应有任何约束，也不应为任何直接间接不当影响、怂恿、压力、威胁或干涉所左右，不论其来自何方或出于何种理由。"司法独立原则最重要的目的是排除行政权力对司法权，行政官员对司法机关办案组织的干预。

（一）司法机关办案组织的独立

司法独立原则的内涵实际上包括法院独立、审判组织独立和法官独立三个层面。然而，实际上在各国法律和国际法文件上强调最多的是法院独立和法官独立，审判组织独立在字面上常常"被涵盖"了。世界上主要法治国家的宪法既有通过"法官独立"表述司法独立的，如《德国基本法》第 97 条规定，法官独立行使职权，只服从法律；也有通过"法院独立"来表述的，如日本《明治宪法》第 76 条规定，一切司法权属于最高法院及按照法律规定设置的下级法院；还有部分国家在强调法院、法官独立的同时，也涉及检察机关等其他司法主体，如《南非共和国宪法》第 179 条第 2 款规定，国家立法应当确保检察系统在行使权力时无私无惧、不偏不倚或没有歧视。虽然多数情况下实际履行审判职能的是审判组织，即法院的办案组织，审判组织的独立问题更加独立和常见。但是，在法院组织法上明确规定审判组织独立的情况很少，一般都是包含在法官独立和法院独立之中。如《国际刑事法院罗马规约》第 39 条第 1 项规定：本法院的司法职能由各庭的分庭履行。其中，上诉分庭由上诉法院全体法官组成，审判分庭的职能由审判庭 3 名法官履行，预审分庭由预审法庭三名法官或独任法官履行职能。据此，各分庭作为办案组织履行国际刑事法院审判职能时，应当是独立的。

有观点认为，法院独立是政治层面的，强调相对于其他国家机关、执政党、社会组织的独立，而法官独立是微观层面的技术安排，强调相对于诉讼参与各方、当事人的独立。需要补充的是司法机关办案组织独立的内涵。办案组织的独立至少应当包含以下含义：首先是作为办案组织组成成员的独立，即法官、名誉法官的独立；其次，是办案组织自身的独立，即办案组织一旦开始履行办案职能，就不再接受任何人的指示、命令和干预，有关法院独立的内容大多数适用于办案组织。如不偏不倚、以事实为根据并依法律规定来裁决其所受理的案件，一旦被确定对某一具体案件享有审判权后，应拥有绝对权威就某一提交其裁决的问题按照法律是否属于其权力范围作出决定。

（二）司法独立下的办案组织结构

司法独立原则下的司法机关办案组织的特点与行政依附原则下办案机关的特点基本相反：一是办案组织内去层级化。在办案组织内部，组成办案组织的各成员之间并没有上下级关系。在专业法官组成的合议庭中每一名法官都是各自独立依据自己的理性、良知和专业知识作出判决，虽然有一位审判长，但是，审判长不能对其他法官发号施令，他的职权仅限于审判程序的指挥者，法官评议、投票的召集者。在英国最高法院中，在12名正式大法官之外，首席大法官还可以召集有相当经验的，英格兰和威尔士、北爱尔兰上诉法院的法官或已退休的法官，担任代理审判员（Acting Judges），虽然名为代理审判员，但是在履行审判职务时如同正式法官一样。在德国法院中，非专业的名誉法官在合议庭中享有与职业法官同等的程序权力和投票权，包括询问案件当事人和证人等（德国法院组织法第30条）。而在陪审团中每一名陪审员的投票权也是一样的，尽管其中有一位召集陪审团评议的陪审员，但是他在投票权上并无优势，影响陪审团裁判结果的作用也很有限。二是上下级办案组织去层级化。办案组织之间相互独立，没有上下级之分，上级办案组织不能对下级办案组织发号施令。下级办案组织虽然有可能被上级办案组织推翻，但是在作出裁判过程中是独立的。

（三）司法机关办案组织独立的相对性

上下级办案组织的去层级化是相对的，在许多情况下，上级办案组织对下级办案组织发号施令的情况是制度性安排，更加具有权威的审判组织可以撤销或否决相对欠缺权威的审判组织的裁判。比如，普通法系中，法官可以撤销陪审团作出的裁判。又如，美国联邦法院系统中，联邦上诉法院全体法官会议可以撤销本院合议庭作出的裁判。

在检察机关内部，检察机关办案组织的层级化特点非常明显，削弱检察机关办案组织独立性的主要因素就是检察一体化原则。依据检察一体原则，上级检察首长就下级检察官处理之检察事务，不但有指挥监督权，也有职务承继权及职务移转权，下级检察官则有相应的服从义务及报告义务。我国台湾地区"法务部"制定的"地方法院及其分院检察署处务规程"规定了检察机关内部办案组织的层级化。一是检察官或主任检察官执行职务，应就重要事项随时以言词或书面向主任检察官或检察长提出报告，并听取指示。检察长或其授权之主任检察官得命令检察官报告处理事务之经过或调阅卷宗，检察官不得拒绝。二是检察官或主任检察官对检察长之指示有意见时，得陈述之；但检察长不采纳者，仍应服从其命令。主任检察官与检察官有不同意见时，应报请检察长核定之。三是检察官执行职务撰拟之文件，应送请主任检察官核转检察长核定。主任检察官撰拟之文件，径送检察长核定。第三项内容即为法律文书核阅、签发制度，即检察官撰拟的法律文书，应当报送主任检察官核转检察长核定后，方能对外公示及公布。在我国台湾地区司法实务中，检察官因执行职务而撰拟的重要法律文书，如是否起诉、是否上诉或控告，都需要经过主任检察官核转检察长核定后，方能对外公示及公布。检察长、主任检察官对检察官法律文书的审阅，并不仅仅是就文字或形式作审查，而是要就实体问题，如是否有应调查的事实证据漏未调查、事实认定是否适当、法律见解有无违误等事项作全面审查。从程序上看，主任检察官直接作为案件承办人时，其撰拟的法律文书，应报送检察长核定：一般检察官作为案件承办人时，其撰拟的法律文书则应先报送主任检察官核阅，对于检察官送核的法律文书，主任检察官可以作出修正或填具意见，主任检察官不同意承办检察官的意见时，则要进一步报送检察长核定，送检察长核定的文书，检察长可以径为修正，或指示原则命重行撰拟后再送核。唯有经过检察长核定的法律文书，才能用印（盖上检察机关的公章），方能对外公示及公布。[①]

即使在法院系统，真正完全独立的办案组织难以存在，各种社会组织、社会阶层都希望通过行政权力在司法体系中扩张其权力，现实中的司法独立都是相对的。从法院独立的历史源流来看，司法独立只是近代普通司法权体系在争夺审理权过程中提出的一个口号。在亨利二世之前，与王室法院并存的还有封建法院、郡法院和教会法院。国王控制的王室法院必须与地方封建主控制的郡法院以及教会法院竞争案件的管辖权，王室法院通过诉讼令状制度，连同陪审团制度一起取得了胜利，普通法成为英格兰标准的模范法。而普通法院取得相对于王权的独立地位时，国王又通过衡平法院继续凌驾其上。[②]法国司法体系在大革命之前几乎经历了类似的变迁过程。国王的"行政权"相对于司法权是"后来者"，于是，国王通过参事会和国王的检察官

---

① 万毅：《台湾地区检察机关的法律文书签发制度》，载《检察日报》2015 年 12 月 1 日。

② 徐爱国：《司法性质的历史透视》，载《人民法院报》2012 年 8 月 17 日。

行使"保留司法权"，无论任何案件只要被认为与国王的权利相关，都会被调至参事会审理。于是出现了孟德斯鸠所批评的"法官之权被合并到执行权中"的情况，因此，提出司法必须相对于行政独立的思想。[①]

审判组织从历史上也受到各种"看不见的"牵制。这种牵制首先来自于组成办案组织的法官本身。对法官独立最重要的保证是法官任职终身制，不能由行政部门予以免职，而且基本没有职务升迁的安排，所有高级司法官员基本处在相同地位。这是形成于17世纪英国支持法官独立判决最有力的武器。[②] 根据此标准，美国各州的地方法官显然不享有完全的司法独立，因为他们的任期是有限的，并非终身制。而且，美国州法官的任命与连任方式包括竞选、州长任命、州议会任命，以及考绩制度。因此，为了谋求连任，地方法官的审判行为或多或少将受到选民、州长或州议会的影响。[③] 以联邦巡回法院法官的任命为例，任命巡回法官的权力由总统所在政党、获得法官名额州的参议员和总统共同分享。而且长期以来在联邦法院体系内所有级别法官的任命都可以分为三类：考虑政治因素较少的"能力式任命"，以及主要考虑政治因素的"恩惠式任命"和"意识形态式任命"。[④] 总体来说，即使在司法独立原则确立以后，司法机关办案组织的独立远不如司法机关整体的独立彻底。除了司法官任命、任职中行政力量的监督制约之外，办案组织履行办案职能的独立性也有许多制度制约。这也从一个方面揭示了完全意义上的司法独立仍然是法治实践的一个理想而非现实。现实中法治后发国家应当选择何种程度的司法独立需要根据政治现实和追求作出必要的取舍。

第二节　社会结构

在诸种社会结构中，法律是其中定义社会系统边界以及选择类型的结

---

① 杜苏：《司法独立的黎明——法国古典司法体制诸问题研究》，载《中外法学》2013年第1期。

② ［英］丹尼斯·罗伊德：《法律的理念》，张茂柏译，新星出版社2005年版，第208页。

③ 康娜：《论我国国情下的最优司法独立度：一个制度经济学的视角》，载《清华法学》2012年第3期。

④ ［美］理查德·A.波斯纳：《联邦法院：挑战与改革》，邓海平译，中国政法大学出版社2002年版，第15页。

构。如果没有行为期望的一致性一般化，人们就不能把自己指向他人，或者期望他人的期望。法律结构必须在社会自身的层次上被制度化。因为只有在社会自身层次上法律才能超越前提条件而被创建，并能够建立起驯化作为其他社会系统环境的机制。因此，法律结构随着社会复杂性的进化而变迁。[1] 办案组织是法律结构的重要组成部分，实际上法律不可能自动地指向他人，也不可能自动驯化其他社会系统，而是要通过司法机关及其办案组织。因此，办案组织随着社会复杂性进化，就成了法律结构在社会自身层次上再次制度化的一种主要形式。

一、古代社会中的办案组织

（一）简单社会组织中的"邻人审判"

古代社会的结构比较简单，人们生活在家族之中，多数情况下在家长、族长的支配之下，产品交换关系只是在偶然的情况下发生。即使在商业发达的古希腊，对商业的推崇也只是在雅典等少数地方，甚至在柏拉图看来，商业和贸易都是罪恶的，他的理想国应该被放在远离海岸的地方，在那里不可能发生贸易。因此，在社会结构简单的古代社会，办案组织也只能是与案件当事人相关的有一定财产且正直善良的"邻人"组成，而且这种正直善良邻人组成的办案组织以各种形式保留下来。中世纪商业发展起来以后，"邻人审判"的办案组织以商事法庭、行会法庭和集市法庭等形式存在。在意大利的许多城市允许外国商人从本国公民中选择法官，在英国的贸易中心城镇也有商人共同体选举产生的法庭，这类审判组织的审理速度很快，一般都是依照良心和公平原则作出裁判，不依据现有的法律正式程序。这种审判组织形式被称为商人参审制，被认为是商人阶层争取相对自主权并形成相对独立商人阶级的重要步骤。

类似的情况也发生在中国。中国古代社会虽然有高度发达的层级化的司法机关办案组织，而且审判组织高度依附统治机器，而统治机器长期保持高度统一的单一体制。为了维护中央权威，多采取地方官异地任职的制度。州县官虽然是地方最主要的审判组织，却多非本地人，无法熟悉民情。最为重要的是选拔官员、法官的方法是科举考试，考察内容为儒家经典，官员具备

---

① 参见［德］尼可拉斯·卢曼：《法社会学》，上海世纪出版集团 2013 年版，第185 页。

的知识脱离现实生活，有法律知识的地方官更是少数。实际上，传统中国的司法机关办案组织被胥吏操控，其名义上的审判权和实质上的审判权是分立的。名义上审判组织为州县长官，而实际审判职权在官员的幕僚和胥吏，州县长官只能依靠幕僚和胥吏，民众中间也形成了厌讼惧讼的风气。所以不论州县长官，还是老百姓自身，都尽量息讼远诉，遇到法律纠纷都尽量先通过宗族权威或者乡间的道德权威解决。因此，对于民事案件和轻微的刑事案件，照例都是由族长、村长或者乡村耆老调解仲裁，如汉代的啬夫、明代的申明亭等调解裁判组织。尽管古代中国社会有复杂的审判组织，但是，除少数刑事案件外，多数纠纷都是由乡间的传统道德权威来处理，也就是类似西方古代社会中有财产、教养和身份权威的"乡间邻人"来承担主要裁判组织的角色。

（二）简单合作形式下的办案组织

古代社会中办案组织是简单、原始和临时性的，不仅体现在组织人员来源于民间，而且体现在组织结构上。古代办案组织的工作方式只有两种形式：一种是具有审判权的个体自主决定；另一种则是多个成员共同作出决定。除此之外并没有其他的复杂组织形式。这主要是因为古代社会人的合作方式、组织方式相对简单。在法律职业团体内部保持着类似手工业行会的合作模式，法律专业技能的传授如同手工业者一样以"师傅带徒弟"的方式传播延续。在办案组织内部，最初的分工是以权力人的授权方式进行的。如圣经记载中摩西授权十夫长、百夫长行使自己的审判权；古罗马的裁判官授权审判员进行事实审等。法律诉讼案件相对较少，也给古代办案组织的简单合作方式以适当的生存空间，城镇的商人法庭一般都是在市场、集市开始的一天内将案件审理完毕。办案组织中复杂合作方式的出现，在西方社会始于教会法院，在教会法院内部首次开展了复杂的分工。

二、工业社会中的办案组织

工业社会到来以后，人类社会结构发生了巨大的变化。如同《共产党宣言》中概括的："资产阶级在它已经取得了统治的地方把一切封建的、宗法的和田园般的关系都破坏了。它无情地斩断了把人们束缚于天然尊长的形形色色的封建羁绊，它使人和人之间除了赤裸裸的利害关系，除了冷酷无情的现金交易，就再也没有任何别的联系了。"工业社会继承了罗马法中形式主义的一面，不允许强者对弱者的特别保护、不照顾弱小，也不允许强硬的公平裁量，所有权概念和合同自由夸大而成为一个孤立的机械化社会。传统社会关系的解体带来的是社会关系的高度复杂化，农民、商人、领主的身份界限、身份依附不复存在，人与人之间的联系也更加复杂，个体的人成为一切社会关系、法律关系的中心。此时，办案组织所要解决的是真正的人与人之间的纠纷。

（一）司法裁判成为"陌生人的产品"

在工业化社会之前，人们只接受"身边人"的裁判，如普通法系的陪审团制度，以及中国传统社会中的乡间耆老的调解。进入工业社会后，多数人离开乡村田园来到了城市，陌生人集中生存的城市生活成为一个国家中多数人的主要生存方式。陪审团的组成成员从原来了解案情的邻居变成了陌生人。普通人之间的法律纠纷不再能得到自己熟悉的人的裁判。如同人们使用产品，在传统社会，人们对产品的生产过程和生产人非常熟悉，而在工业社会，人们只能消费陌生人生产的产品，也无从了解生产过程。即使在美国，美国宪法第六修正案要求审判必须由"来自犯罪本来发生的州或地区，即法律先前已经查明的发生点的公正的陪审团"来进行，而"邻近地区"的解释标准被一再地宽泛化。来自邻近地区的要求也早已经没有了陪审团制度早期的意义，从原来有利于案件事实查明，变成了确定案件地域管辖的一项标准。

人群之中的法律纠纷相对于传统社会大大增加，办案活动再也不是古代社会的神圣宗教仪式，也不是精巧的手工制品，而是要变成高度统一的"工业制成品"。因此，传统的办案组织开始难以发挥作用，或者要以新的形式存在了。司法机关趋向复杂，类似企业的办案组织出现，司法权越来越多转向专业的办案组织手中，在西方社会的主要表现就是，法官取代陪审团、检察官取代大陪审团。助推这一过程的是类似"工业化标准"的"司法标准"出现。这一司法标准就是"法典化"。19世纪是欧洲工业化的时代，也正好是全面法典化的时代。法国、德国、奥地利、瑞士民法典相继诞生。法典化从本质上是共同的市场经济规律在扩展其适用领域，同时也顺应了民族国家强化集中统一的需要。欧洲的全面法典化还有一个不为后世重视的作用，就是挑战司法垄断。法典化是针对卖弄学识的法律博士们，他们只懂得把那些被奉为名言警句的东西相互引来引去，这些引言或者来自有千年历史之久的书籍，或者来自同样将法律知识埋葬于沉沉坟墓的博士们，他们的理论充满矛盾，并只会把普通人引入歧途。^①在法典化时代之前，法官自己创制裁判规则的权力很大，一般人难以预测判决结果，判决也成了法官或者法律职业群体操弄的"个性化作品"。法典化给办案组织的裁判提供了标准，最大程度压缩了法官原有的自由裁量权，甚至在19世纪的法国，立法者希望法官成为类似机器一样的装置，完全按照既有的法律条文输出裁判结果。

（二）办案组织分工专业化

进入工业社会后，司法机关面临的最大挑战就是案件数量的爆炸式增加，相对于传统社会而言，大城市的司法机关只能在尽量短的时间内疲于应付不断增长的案件数量，即使在国家的最高法院，也要面对同样的挑战。司法机关从两个方面得到启示：一是工厂化生产方式的效率启示。大规模生产带来的变化：从经过高度训练的专门人员生产少量个性化的高质量物品转向通常在监工并最终执行官的指导下由非技术工人从事简单的操作并用机器生产大量质量平均的物品。生产单位内的劳动分工就使那些缺乏行会制度老师傅具有的广泛技术和深度训练的劳动者也能够生产更大量的产品。^②二是企业组织形式的制度启示。工业化生产方式带来了新的企业模式，不但有新的股份有限公司、有限责任公司，即使最传统的合伙企业，其结构相对于中世纪也有了巨大进步。现代企业给传统办案组织带来的制度启示就是委托问题。传统上法院整体既是司法机关也是整体的办案组织，法院的审判权不可能委托给某个办案组织行使，更不可能委托给独任法官行使。到了近代，法院内部的审判分庭开始代表法院行使审判权，继而是独任法官，德国的民事诉讼法才允许独任法官审理民事案件。但是，这一趋势逐渐明显，独任法官在效率上的优势明显，独任法官自己则是法官和法官助理组成的办案组织，而不仅仅是一个人。其他的一些重要社会结构的出现帮助了办案组织这一法律结构相对于社会的再调整。

标准化法律专业技术团体的出现。法律职业团体占据办案组织的主导地位。工业社会粉碎了原有的封建特权，法官职位从贵族阶层转向法律职业精英阶层。审判组织更加依赖专业化的知识和技能，而非一般人的良知和理

---

① ［比］范·卡内冈：《法官、立法者与法学教授——欧洲法律史篇》，薛张敏敏译，北京大学出版社2006年版，第148页。
② ［美］理查德·A.波斯纳：《超越法律》，苏力译，中国政法大学出版社2001年版，第53页。

性。这种转变最早在中世纪的教会法庭中就出现了，12世纪末，不专业的司法方式就开始让位于主教授权的专业司法人员及其审判组织，他们都是接受早期的大学教育，学习的都是罗马法、教会法的共同知识。这一转变在注重传统的英国则完成较晚，一直到19世纪中期，在上议院未受过法律教育的贵族对上诉案件的裁判仍然有投票权，但是，在1844年之后法律废除了非专业贵族议员的投票权。今天，大学中发达的法学院教育和国家统一考试制度，可以给社会提供大量的经过标准化训练的法律专业人才，他们如其他专业领域的熟练技术人员一样，可以随时大量补充到各级司法机关的办案组织中。

三、现代社会中的办案组织

工业化时代的社会结构特点是阶层对立和利益对立，市民阶层仅仅是步入资产阶级的起点，在实际社会中并不占多数，法律也只是在想象中属于市民阶层。后工业化社会的主要特点是，市民阶层又称中产阶级成为社会的主要部分。中产阶级既是劳动阶层，又可以是商人阶层，人的自由得到进一步拓展。社会关系和社会分工更加复杂，社会价值更加多元。这一时期法律结构的特征正如马克斯·韦伯所说，西方社会运用自然法理论，完全废除属人法和特别法优于普通法的古代戒规；传统的职业性法律逻辑不再能适应社会发展需要，当事人的期望往往落空，以法律的抽象命题来裁剪生活现实，一味强调遵循法律科学阐述的"原理"和只有法学家想象的天地里才有的"公理"。[①] 这一时代不论法律关系还是社会关系中，传统的类型化和形式主义的调整方法都不再适用。一方面，经济发展带来的繁荣使更多的人能获得更加富裕的生活和更多的发展自由。另一方面，法律结构也在赋予人更多的可能性，形式主义带来的二元对立被多元选择所代替。

（一）办案组织形式的多元化

虽然现代社会国家权力空前强大，但是国家并不能取消纠纷解决机制的多元化。多数国家司法机关的办案组织都有多种形式，既有传统古老的"邻人审判"，也有法律职业团体构成的办案组织，还有现代的法律外行专业技术人员的接入，以及混合办案组织。如在普通法系国家有非专业的治安法

---

① ［德］马克斯·韦伯：《论经济与社会中的法律》，张乃根译，中国大百科全书出版社1998年版，第308页。

官、专业的独任法官、合议庭、全体法官会议和陪审团。在德国，审判组织既包括独任法官、专业法官组成的合议庭（Senate）、还有普通公民作为名誉法官参与的混合合议庭（Kammer）。除此之外，商事法院的商事审判员又是一个特例，他们依据法院组织法第109条规定，必须是商人、企业董事、执行官或者其他高管。多元化的办案组织形式适应了复杂社会，不同利益阶层、职业群体、文化、民族群体对司法公正的需求。

马克斯·韦伯认为，普通法系的陪审团制度保留了裁判活动和法律本身技术上的原始非合理性。国家强制力建立起来的专业化司法机关办案组织是这种"原始非合理性"的反面，他们象征着"法律合理性"。但是，现代社会"法律合理性"又进一步让位给"非法律合理性"。解决纠纷的方法既有"合理性"方法，还有"非合理性方法"，相对于书面审判，神判是非理性方法，相对于专业法官，陪审团审判是"非合理性方法"，其他专业人员的鉴定意见是"非法律理性方法"。

（二）法律职业团体对办案组织的垄断解体

法律职业团体对司法机关办案组织的垄断面临法律"外行人"的专业人士的挑战。过去，职业法律人作为解释和适用法律的专门阶层，他们的知识和思维方式都是专门的，法律思维和判断方法与常人对公平正义的判断相去甚远。但是，现代社会知识增长迅速，社会分工高度发达，司法机关所要处理的新型案件、专业问题不断增加，法官、检察官不可能具备所有专业领域的知识。传统的办案组织形式无法处理包罗万象、种类复杂的所有案件。对于受过专门法律知识训练的法官，"盗窃"电力、"欺骗"机器都会成为难以判断的法律疑难问题。

司法机关内部还建立了各种专业化办案组织应对这种情况，知识产权、金融、税务，甚至交通事故等各类专业化司法机关办案组织层出不穷。尽管如此，在这些专业化办案组织处理案件时仍然不得不依赖于各行业的专家意见。如在道路交通事故赔偿案件中，法院判决多数情况下是按照交警部门的事故责任认定书确定赔偿责任；在医疗损害赔偿案件中，法院判决也倾向于按照医疗事故鉴定意见和医疗过错鉴定意见，审理中一般仅对鉴定意见作形式审查，而且医疗纠纷案件中一案多次鉴定的情况较多，也证明鉴定意见对于判决的影响力。医疗部门一直要求在鉴定意见和判决结果之间建立清晰的可预见性规则，也就是要强化鉴定意见对法院判决的约束力。另外，现代法官在处理各种新技术案件、新交易形式案件时，传统法律知识面对的挑战如同 15 世纪"非职业法官"遇到的挑战是一样的。表面上看问题来自于新知识、新交易方式，实际上是社会利益关系的调整，新的利益主体要求超越传统规则，在社会交往中占据规则制定者的主导地位。

马克斯·韦伯就注意到了类似的"法律外行人法官"取代职业法官决定判决的现象：职业法官在处理案件时受到法律外行专家过分权力的威胁，并认为这是法律向反形式主义方向发展的一种现象，原因在于掌权者要求法律成为协调利益冲突的工具。某些社会层级的利益和意志代替实体正义，法律的"门外汉"对司法制度的要求，以及法律职业团体本身对继续保有办案权力的追求，都加速了法律职业团体垄断办案组织局面的解体。

第三节　认识活动

司法机关办案组织进行裁判活动既是解决纠纷的裁判活动，也是一种特别的认识活动，包括发现认识案件事实，以及发现认识法律本身。马克思以前的"大体系"哲学家基本都会关注法哲学问题，思考"什么是法律""什么是正义"的问题。从人类社会的整体尺度看，办案组织发现案件真实，发现法律规则的认识活动如同人们认识客观世界的活动同样重要，人类认识客观世界的活动也直接影响着办案组织的认识活动。不同历史时期，人类的认识活动的"武器库"中有不同的主要方法，而主要的认识方法影响着司法机关办案组织的裁判方法。

一、道德理性主导的办案组织

（一）古代哲学和裁判方法

古代社会人们缺少自然科学知识，生产力水平低下。虽然东西方思想上的先行者都发现了"理性"的宝贵，但是只能在想象上接近理性，而实际上无法到达理性的"彼岸"。人类社会的办案组织发现案件事实只有两种办法：一种是经验主义地求助证人和当事人的经验，千方百计地通过人的经验和记忆再现案件事实；另一种方法则是神秘主义的方法，推定某些宗教、道德权威全知全能，有超越于普通人的先验知识，能够"发明创造"案件事实出来。因此，在案件事实存在争议，难以查明时，办案组织只有两种选择，即刑讯逼供和神明裁判。

（二）理性直觉下的办案活动

从古希腊开始，早期的哲学家们就尝试以理性代替幻想，用智慧代替想象，摒弃超自然的原因作为解释的原则，而以经验的事实作为探究和解说的基础，努力在一定程度上不偏不倚地、没有成见地说明事物，不受通俗神话的影响，不为直接的需要所牵制。这种精神反映于希腊精神生活的方方面面。① 起源于塞米特思想家芝诺的斯多葛学派在古罗马法学家以及一些伟大的皇帝当中都有较大的影响。以西塞罗为例，他倾向于将自然和理性等而视之，并把理性设想为宇宙中的主宰力量。他认为："真正的法律乃是一种与自然相符的正当理性，它具有普遍的适用性并且是永恒不变的……罗马的法律和雅典的法律并不会不同，今天的法律和明天的法律也不会不同，这是因为有的只有一种永恒不变的法律，任何时候任何民族都必须遵守它；再者，人类也只有一个共同的主人和统治者，这就是上帝，因为它是这一法律的制定者、颁布者和执行法官。"② 从西塞罗的观点看，不是人来裁判，而是永恒的理性作出裁判。但是，斯多葛学派的法学家和罗马皇帝关注的是什么才是"永恒的法律"，而不关注如何寻找"人间的真实"，理性是如何出来裁判人类的纠纷的他们并未论述。值得注意的是，斯多葛学派认为，遵从自然而生活，人们的行动就是符合理性、符合逻各斯，符合至善德性的生活。但是，宇宙的逻各斯不仅表现于人的理性，同样表现于低级本能中。斯多葛学派的理想既要摆脱激情也要摆脱无动于衷。办案组织的裁判活动应当合于理性、执行理性，但是无论是冷静的思考，还是狂热的公众情感，都是理性发挥作用的手段。

经院哲学在鼎盛时期重新发现了古希腊哲学，亚里士多德和基督教思想结合而成新的认识方法。经院哲学相对于古希腊哲学实际上是有进步，进步之处就在于经院哲学开始认真讨论理性、真理的探求路径。托马斯·阿奎那认为，人在认识上帝中实现其真正的自我，即他的完善性和最大幸福。但是，不是所有人都能通过推理或者知识认识上帝。多数人只能通过信仰，关于上帝的高级知识是得之于直觉的。神职人员因为信仰具备超出常人的理性，更加接近真理，因此，只有神职人员才有资格裁判人间的纠纷，也有能

---

① ［美］梯利：《西方哲学史》，葛力译，商务印书馆2001年版，第7页。

② ［美］博登海默：《法理学：法律哲学与法律方法》，邓正来译，中国政法大学出版社2004年版，第14页。

力发现常人所不知道的真相。从现代的眼光看,中世纪的神判是野蛮蒙昧的,但是在当时看来,神判才是接近理性和真相的方法。

(三)道德理性下的办案活动

中国进入哲学的青春期之前,商朝的统治阶层普遍敬奉鬼神,占卜是商王国中最具有权威性和正式性的裁判方法。中国古人解释宇宙时,以"气"为万物的原质。万物从无到有源于一种动力,"质"出于"形",形出于"气",气出于"易","易"是"变易",就是"动而不息"的意思。① 因此,中国古代哲学具有幼稚的"物质思想"和朴素的辩证法思想。与认识自然的阴阳五行朴素的辩证法思想相适应,在司法活动领域,产生了据说是起源于西周时代的"五听""三刺"。"五听"是指"辞听""色听""气听""耳听""目听","三刺"即"一曰讯群臣""二曰讯群吏""三曰讯万民"。

中国古代的哲学家很少关注认识论的问题,他们更愿意思考和直接回答伦理、政治问题。在研究古代办案组织的裁判方法时,不用借助他们对其他哲学问题的思考,而是可以直接发现他们对裁判方法的基本观点。儒家主张贤人治国与柏拉图的理想国有相似之处,他们认为贤人治理国家比实行法律更加重要:"故有良法而乱者,有之矣;有君子而乱者,自古及今,未尝闻也。"儒家在处理诉讼纠纷的方法层面并没有什么特殊内容,而是在于处理诉讼纠纷的价值取向不同。这就是孔子说的:"听讼吾犹人也,必也使无讼乎。"这也造成了在中国传统法律儒家化的同时,法庭审判一直被法家的方式主宰的情况。

在法家思想盛行的年代,法家在办案活动中不设律师和主张有罪推定原则,法律明文规定一定限度的刑讯措施。② 办案组织的裁判活动主要依靠获取当事人的口供,而可供选择的办法很少,多数时候也只能刑讯逼供。较为公正的法官则会运用一些比较理性的方法,而更加有经验的法官,则是通过反复讯问以及讯问技巧获得自己想要了解的案件事实,如前文提到的"张汤审鼠"的故事中反映的裁判方法。

汉朝建立以后,统治者总结了秦朝败亡的历史经验,汉武帝时确立了儒家化的司法原则。儒家哲学不仅是官方统治意识形态,而且明确成为办案组

---

① 参见吕思勉:《白话本国史》,商务印书馆2005年版,第146页。
② 参见[美]D.布迪:《中华帝国的法律》,朱勇译,江苏人民出版社1995年版,第20页。

织裁判活动的基本依据。儒家倡导的礼法精神和规范被直接纳入国家的法典之中，与法律融合唯一，以"德主刑辅"的原则将法律变为推行礼法精神和规范的工具。这也正好说明，中国社会与西方社会最大的不同就在于道德理性的发达。儒家的礼法精神不仅限于在法律规则层面实现，而且要在裁判方法上得到体现，儒家的司法观念会将案件的事实问题转化为儒家伦理的价值判断。如明朝法官海瑞的经典裁判规则："凡讼之可疑者，与其屈其兄，宁屈其弟；与其屈叔伯，宁屈其侄；与其屈贫民，宁屈富民；事在争产业，与其屈小民，宁屈乡宦。"后世有人以此攻击海瑞的审判不讲事实，以道德规则代替法律判断，实际上是一种误读。这项裁判规则的适用前提非常明确"讼之可疑者"，就是运用现有手段无法查明案件事实的情况。类似的裁判规则在现代的"对应物"就是"证据裁判规则"，即有证明责任的当事人不能履行证明责任时要承担事实认定上的不利后果，而法律在配置证明责任时，明显带倾向性。如"因缺陷产品致人损害时，产品的生产商有证明法律上免责事由的证明责任"——这明显就是商品经济时代的特有"道德规则"。

二、科学理性主导的办案组织

近代以后，办案组织放弃了刑讯逼供，不再单独依靠当事人的口供，更不迷信所谓"上帝的启示"。办案组织所承担的任务也进一步清晰，既要查明纠纷事实的真相，还要解释和适用法律。简言之，就是要在具体个案的处理中实现正义。人们只信任在客观证据材料、逻辑判断、科学原理和生活经验的基础上发现案件事实，这被认为是科学理性的裁判方法。司法活动在经验主义、实证主义认识方法主导下，形成与之相适应的，以"接近真实"为目的的司法机关办案组织，特征为建立在理性分析基础上的多数决裁判。

（一）近代哲学的兴起

近代文艺复兴时期的哲学是科学时代来临的思想先导。这一时期教会的权威逐渐削弱，在哲学上的理性逐步代替宗教权威，重新发现人性的人文主义潮流兴起。启蒙时期的思想家和学者开始表现出研究自然的兴趣，自然哲学家开始出现，他们反对经院哲学体系，以直接研究自然科学代替研究亚里士多德，以独立探索自然和实验代替形而上学的思辨。从15世纪开始，达·芬奇、哥白尼、伽利略、开普勒和牛顿等人相继努力，人们可以从因果关系和机械方面解释世界了。近代哲学按照着以理性或经验为知识的源泉或准则可以划分为唯理主义和经验主义。唯理主义的基本特征是：肯定知识的标准是理性而不是启示或权威；真正的知识体系由全称判断和必然判断组成，思维的目的是制定真理体系；真正的知识不能来自感官知觉或经验，而必然在思想或理性中有其基础。^① 经验主义的基本特征是：认为知识的界限在人的经验中，知识应该建立在观察的基础上；质疑人类理性，认为人类理性不能解决所有的问题。^② 欧洲大陆崇尚唯理主义，崇尚法典和法学理论体系。因此，受过专门训练并具备专门法学方法的司法官员在司法机关办案组织中具有主导地位。而英国更坚信经验主义，崇尚判例和分散的经验。因此，并不完全相信专业的司法官员，而是将部分司法办案活动交由普通民众的集合——大小陪审团来裁决。

（二）近代哲学对裁判方法的改变

近代哲学出现以后，对人类社会的理性认识代替了宗教信仰。人类社会被看作是类似齿轮、发条和重锤组成的机械装置。18 世纪重农主义经济学家就开始用简单的机械循环来看待社会经济现象。而古典经济学家开始用理性经济人等特定假设描述经济个体的行为，并用简单的叠加原理来解释整个社会的运行规律。相应地，人类的司法活动也有明显的变化，对办案组织裁判方法带来的改变集中体现在三个方面：

一是强调案件事实的调查。如同近代哲学起源于中世纪的经院哲学，近代的司法机关办案组织的雏形也是在中世纪的教会法庭中演化出来的。古代审判组织试图探求案件真相，但是并不在意调查案件事实的手段。东西方古代社会都相似地采取"简单粗暴"或者"神秘含糊"的方法发现案件真相，办案组织主持调查程序的目的多数时候并非为了发现案件真实，实际上是为了在人群中树立裁判活动的正当性和权威性。在雅典和罗马的民众审判中，证人的出现与其说是调查案件的需要，不如说是争议双方当事人为了证明自己的财富权势。强调案件事实的调查直到中世纪教会法庭发达的时候才出现。教会法庭在审判时要求法官依据理性和良心原则对当事人和证人进行询问。法官必须发自内心确信作出判决，而审判程序则是为了"告诉法官的良心"而涉及。法官还要将自己置于接受法庭审判者的地位，通过敏锐的询

---

① ［美］梯利：《西方哲学史》，葛力译，商务印书馆 2001 年版，第 284 页。
② ［美］撒穆尔·伊诺克·斯通普夫、詹姆斯·菲泽：《西方哲学史》，丁三东等译，中华书局 2005 年版，第 376 页。

问，引导当事人说出"本人或许不知道，或由于羞耻而试图隐瞒的情况"。①

中国也有类似的情况，虽然在古代社会有一些法官坚持理性主义的自觉，像孔子一样坚信"吾有知乎哉，无知也，有鄙夫问于我，空空如也，我叩其两端而竭焉"，通过耐心细致地盘问当事人、现场调查等相对科学的方法探求案件的事实真相。但是，多数时候古代中国的法官都将案件的裁判当作儒家道德观念的实现，即道德权威将道德规则适用于具体案件的活动。案件事实的调查是以人类可以发现有关正义的真相的能力为前提的，人们可以不借助上帝或者其他道德力量，直接在纠纷案件中发现和揭示正义，发展到现代就成为中国法律中的"以事实为依据、以法律为准绳"的裁判规则。如果回溯这种观念的起源，就要与近代哲学的发展联系起来考察。

二是自由心证原则的确立。自由心证制度是当今实行法治的国家普遍采用的关于判断证据，认定案件当事人的一项基本的诉讼证据制度。自由心证制度也称为内心确信制度，是一种将主张与证据之间相联系的认定，证据本身证据力的判断，证据和事实之间关联性的认识，证据充足程度的分析等都完全委任于法官的理性和良知的证据制度。最早提出在立法中废除法定证据制度并建立自由心证制度的是法国资产阶级代表人物杜波尔。他认为，由法律预先规定何种证据可用来确认事实真相，不管法官内心是否确信，强迫其根据法律预先作出判决，这对被告人以及社会都是危险的，是一种荒诞的方法。他建议用自由心证制度取代法定证据制度，由双方当事人周密地提供认识真实情况的一切材料，并在法庭上加以阐明，由法官进行分析判断，作出决定。1791年法国宪法会议经过辩论最后采纳了杜波尔的建议，并向全国发布训令正式宣布：法官必须以自己的自由心证作为裁判的唯一依据。

自由心证原则的哲学基础可以在洛克的经验主义观点中得到精密的阐释。他反对人类具有任何先验天赋的真理，认为观念和原则都不是天赋的，人类所有的知识都建立在经验之上。感觉和反省为心灵提供认识材料，心灵在材料基础上加工，从而构成复杂观念。而像法律关系这种"样态观念和关系"只在人类心灵中有实在性。从经验主义的观点看，心灵本身与客观世界独立存在，知识的发现和确实性以心灵为基础，而心灵本身不能再成为观念和关系。因此，证据和事实的论证要交给"心灵"，而"心灵"不再需要或

---

① ［美］哈罗德·J.伯尔曼：《法律与革命——西方法律传统的形成》，中国大百科全书出版社2008年版，第246页。

者可以再被论证。

三是书面办案方式的盛行。书面审判也是从教会法庭审判案件开始的，并且采用的是只有神职人员阶层掌握，普通民众和贵族不擅长的拉丁文。在欧洲大陆，古代日耳曼人由于文化程度所限，只能采取口头审判方式。但是，随着教会司法体系建立起来以后，逐步被案卷式审判方式取代。案卷笔录中心主义办案方式背后的意涵是，探索案件真实要借助于人类的感官经验，但是不能完全交由感官，而是要有理性因素作为基础。办案组织发现案件事实和适用法律的过程，不仅要符合办案组织成员自身的理性和良知，还要能够以一定条理陈述出来，并且这些条理可以公之于众，并且经由他人反复研讨论证。卷宗主义的办案方式也代表了弗朗西斯·培根曾经批判的"异想天开的学术"弊病：过于强调文本、语言和风格，而且对文字的探求超过对问题的探究，对用词造句的探究，超过对问题重要性的探究。

书面办案方式在中国流行的时间远远早于在西方，这是由于中国社会的统治方式相对于西方更早地进入理性阶段，统治者并不过分显示权力的强制性一面，而是更加重视统治秩序中伦理道德的"温情"一面。审判案件的过程和结果都应该能够用符合儒家哲学的方式进行再现，即保证了儒家化的司法理念在裁判文书中得以贯彻，同时也保证了办案权掌握在知识阶层手中。

（三）裁判方式的形式化

进入科学时代后，人类认识活动的一个重要特征就是形式化，也就是开始用概念和"公理——原理"组成的形式化系统作为思考自身和认识自然的工具。形式化的方法在19世纪末在自然科学和社会科学的各个领域达到最高峰。如同黑格尔所说："一切存在的都是合乎理性的。"他已经将理性的东西与现实同一，逻辑和逻辑的关联就在现实中。19世纪50年代普鲁士开始统一德意志的时候，德国的学者们也在各自的领域用他们的"概念和体系"在进行着他们的统一事业，以至于从此以后近一百年时间里，人类智慧活动的所有领域——哲学、自然科学、社会科学乃至艺术都刻下了深深的形式主义痕迹。德国学者在1900年所取得的成就改变了世界。这一年，马克斯·普朗克提出了一个大胆的假说，在科学界一鸣惊人。这一假说认为辐射能不是一种连续不断的流的形式，而是由小微粒组成的。他把这种小微粒叫作量子。弗洛伊德出版了他的著作《梦的解析》。希尔伯特在巴黎国际数学大会上发表了题为《数学问题》的著名讲演，他提出了23个数学问题。这23个数学问题正是形式主义的数学家构建完备数学公理体系的"计划书"。

　　而在法学领域最重要的形式主义成果就是以德国刑法、民法为代表的法典体系的诞生，以及法律条文背后犯罪构成、法律行为等抽象理论体系的构建。无独有偶，普通法系也由于约翰·奥斯丁等人的分析实证主义法学走上了形式主义道路，法学开始自觉地与政治、宗教、伦理的教义和信条保持距离，甚至带有宗教色彩的"自然法"观念。在侵权法、合同法领域，"过失""约因"这些抽象概括的"一般概念"被创造出来取代普通法上原有的"case by case"的裁判方法。形式主义的裁判方法给办案组织带来有利之处：首先，在法官试图逆政治风向、道德舆论而动的时候，形式主义可能成为最有效的修辞，因为它可以使法官把不受欢迎之行为的责任从自己身上转嫁到（或者说假装转嫁到）一个受人推崇的抽象实体上面，即"法律"。① 其次，法律的一般理性化和系统化以及在法律程序中具体的可预见性是经济活动存在，尤其是资本主义活动的重要条件……特殊的交易形式和程序，如同票据以及迅速的特殊程序，满足了在法律实施保障下的纯形式的确定性。② 最后，形式主义办案组织维持了裁判方法的自立性，办案组织的裁判不用借助于其他理论或价值体系，也不用借助其他权威力量，有利于职业司法官对办案组织的主宰。如伊斯布鲁克所说："为什么要服从联邦最高法院大法官，那只是因为宪法只有一个含义，即文本上的含义。"③

　　裁判方法的形式主义带来的问题也是明显的。首先，根据哥德尔不完全定理，任何形式系统都是不完备的，它既不能完全论证自己，也不能论证世界。在法学上一个形式系统一被创造出来，就附随着许多公理系统无法推导出的"例外"：德国法上的法律行为理论被法典确认，紧跟着就出现了典型行为、事实上的合同关系、格式合同等例外情形；普通法上的约因理论一被创造出来，同时也出现了"允诺禁反言"。同时，社会生活的现实又对现有形式系统提出了许多新问题。马克斯·韦伯指出：一味强调遵循法律科学阐述的"原理"和只有法学家想象的天地里才有的"公理"，失望是不可避免

---

　　① ［美］理查德·A.波斯纳：《法律、实用主义与民主》，凌斌、李国庆译，中国政法大学出版社2005年版，第61页。

　　② ［德］马克斯·韦伯：《论经济与社会中的法律》，张乃根译，中国政法大学出版社1998年版，第307页。

　　③ 转引自［美］理查德·A.波斯纳：《法律、实用主义与民主》，凌斌、李国庆译，中国政法大学出版社2005年版，第317页。

的。其次，形式主义的裁判方法使司法机关办案组织与社会、公众距离越来越远。面对经济社会的重大调整，形式主义裁判方法无所作为，或者作出落后于时代的裁判结果，最终伤害的是办案组织的公信力。

三、后科学时代的办案组织

自然科学在结束 20 世纪初的大发现以后，传统的西方物理学仍然还在开疆拓土，如由于脱氧核糖核酸双螺旋结构的发现，生物学进入了传统西方自然科学的道路，总体来说又进入了一个相对沉寂和缓慢的时代。在此之前自然科学一直沿着这样的道路发展——最终目标就是去发现作为一切变化之基础的运动以及这些运动的动力，就是要在一个具有某些恒定要素的体系中来寻找现象的本质。现在，西方物理学正在接近其可能性的极限。[①]

（一）科学时代认识方法的局限

在西方物理学的两个传统方向上：微观领域，只有发明越来越多的"基本粒子"来解释各种不同的微观领域的相互作用；宏观领域，相对论无法完全解释宇宙的起源和未来。生命科学、脑科学、计算机科学、混沌科学都在给传统自然科学提出新问题。自然科学会将人类的认识结构引向何方，现在还未可知。但是，可以确定的是形式主义的传统正在被颠覆。自然界在人类眼中从体系化的理性构造又解体成为简单分门别类的"亚里士多德眼中的自然界"。人类认识结构的新变化同样影响到司法机关的办案组织。从人类进入理性时代以来，办案组织都用类似于自然科学的研究方法去发现法律真实。随着人们对法律现象认识的深入，逐渐认识到对待法律纠纷不可能像对待自然现象中的"不平衡"或者"偏离平衡"一样，通过抽象简化来分析关联因素，运用模型找出原因，然后让利益不平衡回到平衡状态。这种方法不适用本质上是因为办案活动不像人类的其他发现活动一样是单一价值的，其他发现活动以发现真实为唯一追求，办案活动既要考虑发现真实，还要考虑当事人的共识、解决争议的成本等，办案活动追究的不是唯一真实，而是帕累托最优化的结果。

（二）裁判方法的进一步形式化

进一步形式化的结果是裁判活动中客观真实的重要性进一步减弱。通常

---

① ［德］奥斯瓦尔德·斯宾格勒：《西方的没落（第一卷·形式与现实）》，吴琼译，上海三联书店 2006 年版，第 359 页。

来说，裁判活动追求的是法律真实而非客观真实，我们对办案活动的认识要转换视角。过去办案活动的主体是法官，当事人、案件事实、利益关系都是办案活动的客体。而现在我们不能将当事人看作客体，而是和法官一样参与办案活动的主体，是双方当事人和办案组织三方参与的博弈（办案组织对案件处理结果实际上也有利益，如诉讼进程的拖延、公众舆论、上级改判的风险等）。诉讼争议就像三方主体对争议标的出价的一个博弈。双方当事人按照办案组织的出价强制交易争议权利，争议标的并不需要有一个"客观合理"的价格（客观真实），而只是需要一个三方都能接受的价格（法律真实）。如果三方出价相同，也就是市场对权利 S 的一个均衡价格，在此价格下对争议标的形成了一个诉讼调解结果，这个博弈（诉讼）的一个累次严优解——没有任何一方有理由偏离这个出价，争议双方定价一致，办案组织解决争议且无上诉改判风险。同时，它也是这个有限次数静态博弈的纳什均衡解，所谓纳什均衡解就是每个参与博弈的人采取的策略必定是他对于其他局中人策略的预测的最佳反映。[①] 根据纳什均衡存在性原理，所有的有限次数静态博弈都至少有一个纳什均衡解，其中包括混合策略解（当事人不仅可以确定出价，而且还可以按照概率出价）。

附：诉讼过程的博弈论分析

假设 1、2 双方当事人就权利 S 发生争议，提交办案组织 3 进行裁判。局中人 1、2、3 对权利 S 分别出价，出价时既可以采用确定单一价格，即纯策略 S，也可以对某一单一价格采取概率出价策略，即混合策略。这一策略性博弈可以表示为 $G(S_1, S_2, S_3, u_1, u_2, u_3,)$，其中 S 表示局中人 1、2、3 可选择策略的集合，而 u 表示各局中人的盈利集合。局中人 1、2、3 的策略组合剔除严劣策略以后幸存的唯一策略就是严优策略。该纯策略设为 $S^* = (S_1^*, S_2^*, S_3^*,)$，根据剔除严劣策略的法则，对于任意纯策略 $S_i (\neq S^*)$，在给定的 S_{-i}^*（其他局中人采取的纯策略集合）前提下，它的收益 u_i 必定严格劣于 S_i^* 的收益：

$$u_i(S_i^*, S_{-i}^*) \geq u_i(S_i, S_{-i}^*) \forall S_i \in S_i s_i \neq s_{-i}^*$$

根据纳什均衡的定义，S_i^* 实际上是这个博弈的纯策略纳什均衡

---

① 参见施锡铨：《博弈论》，上海财经大学出版社 2000 年版，第 31 页。

解。在理想状况下，三方对争议权利的出价一致，则达成法官主持下调解结案的结果，三方当事人都无偏离该出价的动机，属于帕累托最优结果。如果将 S_i^* 替换为混合策略 σ_i^*，上述不等式就变成了纳什均衡的一般表示形式。

　　将静态博弈推广至动态博弈的情况，即局中人1、2、3，会根据其他人的出价而改变自己的出价策略。如同现实中当事人会根据对方或者办案组织对争议权利的定价改变自己的预期定价，办案组织也会根据当事人的争议情况调整自己的定价。在完美回忆博弈中，混合策略与行为策略是等价的。即任何一个局中人根据他人出价所选择的行为策略，可以等价为混合策略。因此，完美回忆的动态博弈也同样可以有至少一个纳什均衡解，而且这一均衡解可以通过后退归纳选择得出。

对诉讼过程更加准确地描述是，诉讼争议并不是一个有限次数静态博弈，而是一个动态博弈，即局中人会根据其他人的策略，有条件地选择自己的策略，这也更加接近诉讼争议裁判的实际过程。但是，根据博弈论现有的定理，具有完美信息的有限次数动态博弈中，使用后退归纳选择的策略集合总是纳什均衡的——虽然博弈是动态的，但是对于局中人来说可以从最终出价环节进行"后退归纳"得出纳什均衡解——举例而言，一方当事人坚持不接受另一方当事人的出价，且不接受办案组织提出的出价，他要计算案件拖延到终审并且强制执行完毕后自己的程序成本，对方以及办案组织的成本，判断这种局面是否对其有利，然后逐步"后退归纳"排除严格劣势的策略，这样每一步博弈都是一个有限次数的静态博弈，实际上也能得出纳什均衡解。总之，在双方当事人和办案组织参与的这场博弈中，在理想状态下总是存在一个对三方都有利的裁判结果，而这一裁判结果应当是法律对这类诉讼争议应当采取的最优立场。纳什均衡实际上只有数学上的意义，它并没有考虑任何动力学方面的因素。实际上社会是由复杂动力学确定的，必须考虑微小行为失误有时会引起总体的危机或者混沌。[1] 特别是由于信息技术在办案组织的裁判工作中发挥越来越大的辅助作用，个案的微小偏差引起司法系统

---

　　[1]　[德]克劳斯·迈因策尔：《复杂性中的思维——物质、精神和人类的复杂动力学》，曾国屏译，中央编译出版社1999年版，第327页。

总体危机或者混沌的可能性大大增加。

（三）信息技术和人工智能对办案组织的新挑战

进入 20 世纪，对人类社会带来最深刻变化的就是信息技术革命。由于计算机网络在经济、社会各个领域的大规模运用，深刻改变了人类的生产、交往方式，也对法律调整社会的方式之一———办案组织的活动带来了巨大的变化。计算机信息技术和人工智能技术在司法活动中的运用激发了理论和实务界共同的热情。2021 年《中共中央关于加强新时代检察机关法律监督工作的意见》提出："加强检察机关信息化、智能化建设。"2022 年最高人民法院院长周强在第十七次上海合作组织成员国最高法院院长会议上发言专门介绍了人工智能和自动化在中国司法程序中的应用情况，并提出"全面深化智慧法院建设，着力建设以知识为中心、智慧法院大脑为内核、司法数据中台为驱动的人民法院信息化 4.0 版，推动人工智能和自动化深度应用，实现诉讼制度体系在信息时代的跨越发展，构建中国特色互联网司法新模式，努力创造更高水平的数字正义"。

计算机网络本来是单纯作为传播信息，减少交易成本的工具，随着经济、社会关系互联程度的加深。计算机网络和信息存储、分析技术逐步累积，直到人类开始可以利用"大数据"的时代，计算机信息网络不再停留在简单工具层面，而是开始可以用于预测人类的行为。长久以来，不论是司法机关办案组织还是普通人的观念中，公正就意味着每个人有自己选择行为的自由意志，并且为自己的自由承担责任。这种公正观念是办案组织进行裁判活动的基本出发点。但是，大数据技术的出现使预测人类的行为成为可能，司法机关可能不再通过人确定的行为去追究法律责任，而是基于对未来行为的预测。[1] 尽管基于行为预测追究法律责任还显得很荒唐，但是，是否可以采取预防性措施就值得讨论了，而基于大数据分析作为办案组织形成自由心证的新手段已经出现端倪。如在证券市场中，监管部门就是通过对相关交易数据的分析确定涉嫌犯罪的交易者。而在诉讼过程中，数据分析早就成为证据形式之一被办案组织所采用。

对办案组织的办案活动影响更大的是计算机案件处理系统的广泛运用。计算机信息系统在办案活动中的初级运用是法律文书的电子数据化，主要法

---

① ［英］维克托·迈尔－舍恩伯格、肯尼斯·库克耶：《大数据时代：生活、工作与思维的大变革》，周涛等译，浙江人民出版社 2013 年版，第 223—224 页。

治国家都采取法律文书电子化的方法推进司法公开，便利公众参与诉讼。以美国法院系统为例，20世纪90年代，联邦法院系统开始设计电子案件系统。2001年正式启用。电子案件系统目前总共包括超过10亿份可供检索的诉讼文档，涵盖了13个联邦上诉法院，94个联邦地区法院，90个联邦破产法院以及其他几个联邦专门法院。超过60万名律师通过电子案件系统提交诉讼文档，目前他们每个月提交的电子诉讼文档超过250万份。[①] 这一巨大数据库的基本用途是对当事人、律师和社会公众进行司法文书的公开，为研究者提供研究资源，更为重要的用途是给办案组织的办案活动提供参考，法官和书记员可以通过计算机辅助系统检索法律、判例和理论文献作为裁判的参考。以往法官要通过大量的检索，或者只依据个人的知识积累寻找判决依据，现在只要在计算机办案系统上输入几个检索词就可以得到自己想要的参考资料。再进一步则是"判决自动化"系统的可能性，即办案活动是否可以自动化并自动实现。法官办公自动化或者法律适用自动系统的观念由来已久，只是现在在技术上已经成为可能，经典的"涵摄"过程转化成对行为概念的计算机分类和定义。这一系统的一个显著优势就是更加有利于保证办案活动中的法律确定性和一致性。但是，也会带来"凝固化"问题，[②] 即论证过程被缩短，办案组织很容易能从以往的判例中寻找现成的论证过程。更为严重的问题是，计算机辅助办案系统的运用甚至会改变办案组织的判断。办案组织在运用计算机辅助系统时偏向于搜索一些关键词，但是一系列相关联的概念却没有被证明，一些同义词之间的"联想关联"导致法律适用过程的偏离。在德国就发生了自1990年以来，裁判中的隐私权问题逐步被数据保护权问题代替的现象。[③]

人工智能是否能取代法官、检察官办案，或者取代法官助理、检察官助理成为办案组织的"重要成员"成为法学理论和实务界共同关注的问题，相关研究文献已经达到"汗牛充栋"的程度。然而，实际上现有人工智能技术及其发展方向与司法活动的本质特征难以有相交之处，讨论"人工智能法

---

① The Supreme Court of United States, 2014 Year-End Report on the Federal Judiciary, http://www.supremecourt.gov/publicinfo/year-end/2014year-endreport.pdf. Retrieved January 28, 2016.

② ［德］阿图尔·考夫曼、温弗里德·哈斯默尔：《当代法哲学和法律理论导论》，郑永流译，法律出版社2002年版，第594页。

③ 同上注。

官"为时尚早。比如,裁判活动的最底层——案件事实的发现过程中,需要解决自然语言处理技术问题。目前,自然语言处理比较成功的两条进路:一是在大量语料库基础上用统计分析的方法;二是运用神经网络技术的机器翻译。然而两种技术进路的实质都是机器翻译,程序并不理解语言,它解决的只是数据问题,而不是语义问题。即使开发出成功的自然语言处理程序,该程序能够将证人证言、犯罪嫌疑人供述记录下来,但是完全不理解其意义,更遑论与其他证据材料的比对分析。神经网络技术为基础的"深度学习"技术还被比较成功地运用在图片识别中,但是"深度学习"识别图片就像 AlphaGo 下围棋一样,尽管它打败了排名第一的人类选手柯洁,它也不理解什么是围棋以及什么是"赢"。"深度学习"的图片识别和人类分析书证、视听资料完全是两回事。

　　司法工作的第二个层面是"法律推理",有研究在讨论用人工智能中的专家系统和知识图谱技术进行法律推理和论证。[①] 专家系统已经在征信、反欺诈、风险控制方面发挥作用,甚至在医学诊断方面的专家系统已经投入运用。专家系统就是在将"知识"转化为大量数据的基础上,建立一些规则,能够比较精确的发现、预警一些设计者想要关注的数据。但是,这一切分析判断活动也只是在分析数据,程序永远无法提供作出判断的理由。比如银行的风险防控系统能够精准识别洗钱嫌疑的交易,但是没法提供判断的理由。医疗诊断系统能够提供准确性比较高的诊断和处方,但是也不能在病理上提出理由。这样的判断对于司法判断来说是完全无法接受的。虽然人工智能高速发展,但是在底层的技术原理层面,专家还在讨论"计算机能思考吗?"的问题。本质上来说,人工智能实际上是人类思维的"模仿游戏",它只是看上去像人类思考的结果而已。理论上人工智能经过大量"学习"庭审视频录像,可以表现得像一个法官,甚至能够成功主持庭审程序,但是实际上它根本不知道自己在干什么。目前这种程度上的"人工智能"是绝不可能代理法官、检察官及其助理的工作的。人工智能目前最大的作用只是辅助司法官,它能够提供司法判断的参考意见,防止法官、检察官在判断时遗漏重要证据材料、规范依据或者在先案例。

　　美国联邦最高法院首席大法官罗伯茨在 2014 年年终报告中专门对法院应

---

　　① 参见刘东亮:《新一代法律智能系统的逻辑推理和论证说理》,载《中国法学》2022 年第 3 期。

用电子案件系统、法律检索程序等计算机科技成果的问题发表意见，提出两项基本原则："法院运用科学技术应坚持两个基本原则：一是顺应时代要求，运用科技创新成果，促进法院公正、高效地审理案件；二是法院工作的特殊性，决定了法院在运用科技创新成果时应保持谨慎态度。"他还举了龟兔赛跑的寓言故事来说明："执着的乌龟象征着司法事业正积极稳妥地向着正义的方向不断前行。随着高科技的迅猛发展，在应用新技术方面，法院必须为当事人提供高效、便捷、优质的司法服务。但在司法改革的时代，法官与法院的执行官理应保持审慎的态度……尽管当今世界科学技术的发展突飞猛进，但我们相信联邦最高法院通过稳健的步伐终将像执着的乌龟一样赢得最后的胜利！"

第四节　法律形式

在人类司法活动的历史上，法律的形式经历了习惯法、判例法、制定法等多种形式，法律的形式对办案组织的影响深刻，从思维方式、论证形式到办案程序，甚至直接决定了办案组织的发展方向。

一、习惯法时代的办案组织

在习惯法时代，有关法的知识只掌握在神职人员、部落长老和贵族阶层。氏族部落的普通成员无法了解，也无权参与到法的创制和传播过程中。因此，办案组织也相应地被特权阶层所垄断。因此，我们可以看到在中国商代、古代犹太人和古罗马部落中，占卜师和祭司成为纠纷的裁判者。①

如前所述，在中国，习惯法经历了一个特殊的"宗法"或者"礼法"时代，宗族内部的纠纷由共同的族长处理。不同宗族之间的纠纷中，战争成了主要的解决争议的方式。如《汉书·刑法志》中的记载，战争讨伐是执行上古法律的主要方式。宗法相对于其他古代社会的习惯法有更高的正式性，代表国家意志，更加接近于成文的制定法，但是与其后的制定法有明显不同，宗法本质上是单向度的驯服，而非行为规范，并不具有行为规范的明确性和

---

① 参见［意］朱塞佩·格罗索：《罗马法史》，黄风译，中国政法大学出版社2009年版，第31页。

公开性。这一特征在春秋时期郑国子产与晋国叔向之间关于"铸刑书"的争论中得以表述。叔向认为:"先王议事以制,不为刑辟,惧民之有争心。"晋国"铸刑鼎"时,孔子也批评说:"晋其亡乎!失其度矣。夫晋国将守唐叔之所受法度,以经纬其民,卿大夫以序守之,民是以能尊其贵,贵是以能守其业。贵贱不愆,所谓度也。文公是以作执秩之官,为被庐之法,以为盟主。"孔子的评论中也可见,在宗法制度下卿大夫以亲贵的身份具有裁判主体的地位。

二、法典时代的办案组织

人类社会进入法典时代不仅是习惯法领域的退缩,也是立法、司法权从贵族、特权阶层向一般平民阶层转移的标志。人类历史上有两次重要的"法典化运动":第一次是在春秋时期和古罗马时期的法典化。春秋时期子产"铸刑书"在公元前536年,85年后的公元前451年罗马元老院设置十人法律起草委员会起草《十二铜表法》并予以公布,成为罗马人"一切公法和私法的渊源"的立法里程碑。东西方古代社会的第一次"法典化运动"都是平民阶层对贵族阶层在法律主导权争夺中的胜利。在古罗马人部落的扩张发展时期,来自新征服地区的平民阶层逐渐成为国家经济生活的基础,由于他们不断主张政治权利,必然与传统的古罗马氏族贵族发生立法、司法权的争夺,最终是代表贵族阶层利益的元老院向代表平民利益的护民官屈服,接受他们建立由贵族和平民共同组成的立法委员会的建议。① 春秋末期,古代中国的"宗法社会"也随着人口增加,王权强化,大宗族削弱解体,"宗法社会"在道德精神领域得到继承,但是在社会结构的现实层面破产,家庭和庶人群体成为春秋末期到战国时期国家经济、政治生活的主体,国家进化成统一强大的帝国,必须越过宗族结构,直接对平民阶层行使权力,国家权力直接控制平民生活的成文法典随之出现。

法典化带给办案组织的主要变化是裁判权从宗族转向王权,卿大夫失去了对"家"中事务的裁判者地位,如孔子所说:"民在鼎矣,何以尊贵?贵何业之守也?"意思是说,刑律只能由贵族掌握,一旦老百姓都掌握法律,则

---

① 参见[意]朱塞佩·格罗索:《罗马法史》,黄风译,中国政法大学出版社2009年版,第31页。

贵族就失去了裁判者的地位了。[①] 国君任命的官员成为主要办案组织，在秦国以及其后的秦汉中央政府都设置专门的办案组织，在中央为廷尉，在地方为郡守、县令。这些办案组织都是由皇帝任命，直接对皇帝负责，从史书上记载的秦汉之际的办案人员，如张汤、赵禹、杜周等的经历看，他们首先要学习掌握帝国法律，并进入办案机关担任僚属，经过长期办案实践，从僚属逐步晋升直至办案组织的主官。他们的裁判风格比较严酷，对法律都是从严解释，以给人定罪为主要目的。因为只有执法严酷才能显示对帝国法律和皇帝的忠诚，而对帝国法律和皇帝的忠诚才是他们获得职位的根本原因。汉朝时路温舒《尚德缓刑书》对当时的办案活动的描述是："今治狱吏则不然，上下相驱，以刻为明，深者获公名，平者多后患。故治狱之吏，皆欲人死，非憎人也，自安之道在人之死。"

第二次重要的法典化运动是法国大革命以后欧洲各国制定各自统一法典的运动。这一轮法典化运动在政治上是为了结束封建割据带来的法律割据。法国大革命时期第一个全国性会议，即"制宪会议"，就计划对法国所有法律开展编纂工作。这一工作最后在拿破仑执政时期完成，《拿破仑法典》继承了罗马法的精神，成为欧洲大陆一场普遍法典化运动的先声。在德国实现政治统一之前，德国法学界的历史法学派和哲学学派已经开始讨论制定统一民法典对德国的必要性，最终也随着德国政治统一而完成。法律统一后司法体系随之统一，不但有统一的实体法、程序法，国家还制定了统一的司法机关编制法、组织法，规范办案组织形式、人员来源、权力来源等重要问题。制定法成为办案组织裁判诉讼纠纷的最权威指针，它对办案组织的影响主要体现在一些矛盾的方面：一方面办案组织的独立成为可能。"法官的权力将由独立的、仅服从于法律的法院来行使"，在支撑着法官受法典约束的法律表述中，同时有现代司法的另一个因素：法官的独立性。[②] 另一方面办案组织自身创制法律的可能性被限制到最小范围。当政者甚至期望办案组织成为"某种机器"——输入案件事实，输出裁判结果。办案组织在办案活动中最重要的任务是站在立法者的立场上，探求立法者对争议纠纷的态度，而要将自己的观点消除或者尽量深地掩盖起来。对法律的发展必须通过解释制定法中

---

① 参见胡适：《中国哲学史大纲》，北京大学出版社 2013 年版，第 311 页。

② ［德］阿图尔·考夫曼、温弗里德·哈斯默尔：《当代法哲学和法律理论导论》，郑永流译，法律出版社 2002 年版，第 280 页。

的"只言片语"来进行。

三、后法典时代的办案组织

开始于法国大革命后的法典化运动至今已经两个世纪了。传统的法典化路径遇到的最大挑战是第二次世界大战以后对战犯的审判，以及战后的国际法、国际法律统一运动的新发展。我们可以称之为后法典时代，该时代的主要特征是以国际法文件的大量增加，有约束力的国际法文件也在随之增加，在私法领域两大法系的融合，理性主义传统的法典体系遇到的挑战越来越多。完备的理性主义法典遇到的问题会随着时间推移越来越多，德国民法典施行后 10 年内仅修改了关于动物责任的条款，而在 20 世纪最后 30 年却经历了《一般交易条件法》和《债法现代化》两次重大的修改。其中原因就是法律规则只能有选择地吸纳当时复杂生活的部分图景，由于采取抽象规则可以获得一定弹性，但是随着社会生活的演变和新现象的累计，抽象规则的弹性最终会消耗殆尽。

后法典时代司法机关办案组织面临的问题与法典本身的问题有类似之处。办案组织的办案活动的合理性在于，"一个偶然地产生的法律运用，如何才能既具有内部自洽性又具有合理的外在论证，从而保持法律的确定性和法律的正确性"。在各种不同信念和利益状况彼此竞争的多元主义社会中，求助于通过诠释形成的主流精神气质，并不能为法律判决之规范有效性提供令人信服的基础。对于一个人来说是作为被历史所确证的传统主题而有效的东西，对另一个人来说却是一种意识形态，或者一种纯粹的偏见。[①] 这种变化对办案组织的影响是，每一个法官不再能够单独通过实证主义的方法得到裁判结果，实证主义法学将法律理解为单向度的没有原则的规则体系，所有冲突都是规则之间的冲突，只能通过抉择主义的方式加以消除，把办案过程单纯能理解为封闭的体系，在发生矛盾时做出一些全有或者全无的判断。对此问题，德沃金、哈贝马斯等人对法官的建议是：我们要把对法律理论的理想要求扎根于一个"宪法诠释者所组成的开放社会"的政治理想中，而不是扎根在一个因为其德性和专业知识而与众不同的法官的理想人格中。单个法官原则上必须把自己的建构性诠释看作一项以公民间公共交往为支撑的共同

① ［德］哈贝马斯：《在事实与规范之间——关于法律和民主法治国的商谈理论》，童世骏译，生活·读书·新知三联书店 2011 年版，第 247 页。

事业。从交往正当性的视角出发，办案组织内部的不同意见及其公开有积极意义，相对于一致意见来说，不同意见削弱了判决的公信力，但是，多数意见和不同意见的并立至少建立起了一种交往商谈的裁判文书"语境"，等于告诉公众办案组织在裁判时考虑到各种不同的诠释。

本章小结

司法机关办案组织是一个"生命体"，它是与政治、经济、社会、认识结构相结合的。它既有保持自身特征的遗传因素，也有与外部环境的"能量交换"及适应过程。现在的司法机关办案组织与历史上那些办案组织相比已经有了巨大差异，但是，也保留了许多历史的遗迹，研究其关联因素就是要揭示这些进化差异产生的原因。

一个社会的政治结构决定了办案组织的权力来源，与统治权的关系是办案组织发展变化的主导因素。古代社会办案组织是统治权得以实现的重要组成部分，办案组织依托统治权建立，必须在统治权面前保持驯服的姿态。即使在现代法治国家中，办案组织也要与政治权力保持一种良性的互动协作关系，或者是被政治权力所"驯服"，所谓"司法独立"只有进行式而没有完成式。然而，最困难的问题在于后发的现代化国家，这些国家都是依靠统治权力主动推动现代化法治改革，依附于统治权驱动的现代法治化进程如何在保持自身前进的同时实现司法相对独立。

社会结构决定了办案组织的运行方式，社会结构本身是人类之间的组织方式、生产方式和经济交往方式的总和。办案组织本身是一种组织，必然也要模仿其他经济、政治、文化和生产组织的要素。古代的办案组织类似于古代的宗教组织，他们可以像对待祭司事务一样组织一场诉讼裁判，而现代的司法机关办案组织则更类似于服务企业。企业是现代社会中最为重要和成功的社会结构，它从根本上改变了人类社会的面貌和每个人的生活。现代社会中最具有史诗感的变化是互联网对社会的深刻变化，通过互联网，人类的联系和分工又呈几何级数发展。互联网时代人们缔结契约比工业化时代更加便利迅速，已经达到惊人的程度。举例而言，中国最大的网络购物平台"淘宝商城"自2009年开始举办"双11购物狂欢节"促销活动，2014年购物狂欢节全天交易数量2.78亿笔，2015年的购物狂欢节全天交易额912亿元，交易数量最高达到每秒钟 8 万笔，到 2020 年的购物狂欢节全天交易额为 3723 亿元，交易频率最高达到每秒钟 58.3 万笔，是 2009 年的 1457 倍。这些交易中如果有万分之一的失败率引发的诉讼，也是任何传统法院难以应付的。好在网络购物平台衍生出行业内纠纷解决机制，"淘宝"网络购物平台每年平均处理购物纠纷 900 万件。购物纠纷演化成诉讼案件的数量每年增长 3 倍，阿里巴巴公司所在的浙江省法院系统 2015 年受理网络购物纠纷案件 3000 多件。互联网时代对司法机关办案组织形成的挑战已经非常严峻，办案组织无法以 19 世纪形成的组织和工作方式面对 21 世纪互联网时代的新问题。

人类的认识方法主导了办案组织的裁判方法。对真理的追求贯穿了人类认识方法进化的全过程，人类的裁判活动也是探求并彰显真理的一种形式。在文明的最初阶段，人们普遍认为某种神秘的宗教直觉才能接近真理，其后相信科学方法——理性的观察、分析和概括才能接近真理，这种对科学方法的信仰与对宗教直觉的信仰本质上并无区别。再后来人们认识到我们对于"真理"本身的认识需要调整。经验主义告诉我们形式主义的"真理形式"并非真理本身，所谓"道可道，非常道"。现在的办案组织不再会执着于某一种特定的形式系统，将之作为揭示真理的唯一路径。

法律形式则实际上是对办案组织裁判活动的约束形式。司法独立的起点是法典化，办案组织获得了相对于统治权的独立地位，作为交换它自觉接受法典的约束。法典化增加了办案组织裁判活动的可预测性，而且使评价办案组织裁判活动成为可能。法典在现代面临自洽性和正当性的矛盾，这一矛盾同样被办案组织的裁判活动所继承。

第五章 中国司法机关办案组织的改革发展和问题

中国人探索法治贯穿了整个 20 世纪，经历了超过 100 年的艰辛探索。2012 年国务院新闻办发布的《中国的司法改革》白皮书在概括中国司法改革的根本目标时，第一位的就是"保障人民法院、人民检察院依法独立行使审判权和检察权"。办案组织是依法行使审判权和检察权的微观主体，办案组织的改革完善对于落实人民法院、人民检察院依法独立行使审判权和检察权有决定性意义。中国司法机关办案组织的改革之路既要不断加强党对政法工作的领导，吸收法治先进国家的经验，又要适应新时代中国经济社会发展需要，能够持续为社会输出"司法公正"，有效参与社会治理，又要保持中国特色并适应中国实际。

第一节 改革开放以来司法机关办案组织的改革发展

中国当下的司法体制和工作机制改革不同于清末到民国以及中华人民共和国成立后到《五四宪法》两次司法制度的改革，不涉及司法制度的根本性变革，它是在坚持现有的中国特色社会主义司法制度的基础上对司法权力运行和权力配置机制进行改革。司法体制和工作机制的改革必须与中国人民民主专政的国体和人民代表大会制度的政体相适应。司法体制与司法制度之间的关系是一种种属的关系，司法体制包括在司法制度之内，是司法制度的一个重要组成部分。另一方面，除司法体制以外，司法制度还包括司法机关和司法组织的活动原则、工作制度和程序等内容，因而司法制度的范围比司法体制要宽泛得多。党的十七大报告提出，深化司法体制改革，优化司法职权配置，规范司法行为，建设公正高效权威的社会主义司法制度。由此可见，司法体制改革只是司法改革的一个方面，要实现"建设公正高效权威的社会主义司法制度"的目的，除了深化司法体制改革外，还必须进行其他方面的改革（如司法工作制度的改革、司法工作机制的改革、证据制度的改革、诉讼程序的改革等）。①

从我国法治现代化 115 年的历史进程看，直到改革开放以来，法治现代化才进入"高速公路"：1979 年 7 月五届全国人大二次会议通过新中国历史上第一部刑法和刑事诉讼法，人民法院和人民检察院恢复重建；1997 年中国共产党第十五次代表大会首次提出依法治国战略："依法治国，就是广大人民群众在党的领导下，依照宪法和法律规定，通过各种形式和途径管理国家事务、管理经济文化事业、管理社会事务，保证国家各项工作都依法进行，逐步实现社会主义民主的制度化、法律化，使这种制度和法律不因领导人的改变而改变，不因领导人看法和注意力的改变而改变。"1999 年依法治国被写入宪法，同年最高人民法院发布第一个《人民法院五年改革纲要》。2008 年 11 月，中共中央政治局通过了《关于深化司法体制和工作机制改革若干问题的意见》，新一轮司法改革由此展开。改革举措具体包括推进司法公开、促进裁判统一等 60 余项。2013 年中国共产党第十八届三中全会通过的《中共中央关于全面深化改革若干重大问题的决定》的"推进法治中国建设"一节中对司法体制和工作机制改革作出部署。2014 年中国共产党第十八届四中全会通过了《中共中央关于全面推进依法治国若干重大问题的决定》更是将司法体制改革提高到党的治国战略高度，进行了系统、专门和深入的部署。从 1979 年司法机关重建到 2014 年，我国的司法体制改革经历了 35 年历史，不少改革举措涉及司法机关的办案组织。

一、司法机关恢复重建时期（1979—1988 年）

1979 年我国制定了新的法院组织法和检察院组织法，在十年"文化大革命"期间被"砸烂"的各级公检法机关得到恢复重建，司法机关办案组织的法律地位、人员构成、运行方式等得到法律重新规范，并在实践中得到恢复和改进。1979 年法院组织法相对于 1954 年法院组织法在裁判组织方面的主要变化包括：第一，重新表述了"司法独立"原则。1954 年法院组织法第 4 条规定："人民法院独立进行审判，只服从法律。"1979 年法院组织法修改为"人民法院依照法律规定独立行使审判权，不受行政机关、社会团体和个人的干涉。"第二，明确了独任法官这一审判组织形式，而在 1954 年法院

---

① 谭世贵:《中国司法体制若干问题研究》，载《法学研究》2011 年第 3 期。

组织法中没有明确，只是规定"但是简单的民事案件、轻微的刑事案件和法律另有规定的案件除外"。第三，取消了人民陪审员由司法行政部门规定名额、任期和产生办法的规定。1979 年人民检察院组织法相对于 1954 年检察院组织法在办案组织方面的主要变化包括：第一，改变了检察委员会的运行机制。检察委员会是检察院层级最高的办案组织，在 1954 年检察院组织法中实行检察长"领导"检察委员会的运行机制，而在 1979 年组织法中检察委员会实行民主集中制，检察长由"领导"变成"主持"检察委员会。第二，改变了检察长列席审判委员会制度的规定。检察长列席审判委员会制度涉及审判组织和检察办案组织，是非常具有中国特色的办案组织的运行机制，1954 年检察院组织法中予以专门规定，1979 年检察院组织法中删去，保留在法院组织法中，而且从"有权"列席变成"可以列席"。第三，增设了有关助理检察员的规定。1954 年检察院组织法中并未规定助理检察员这一职位，助理检察员由本院检察长任命，属于检察官序列，而在 1979 年检察院组织法实施后，助理检察员在实践中成为重要的办案力量。

在司法机关恢复重建时期，对司法机关办案组织影响巨大的除新制定的法律之外，还有一部重要的党的文件，即 1979 年 9 月 9 日《中共中央关于坚决保证刑法、刑事诉讼法切实实施的指示》，这一文件对于司法机关办案组织来说意义重大。第一，该文件取消了"各级党委审批案件的制度"，重申了司法机关依法独立行使司法权的原则。这一要求虽然还没有涉及办案组织层面，但是已经包含了将办案职能"归还"办案组织的意义。第二，初步确立了办案组织组成人员的专业化发展方向。文件要求"抽调一大批思想好、作风正、身体健康，有一定的政策和文化水平，经过必要训练后，分配到司法部门工作。对学过司法专业和做过司法工作，包括教学、研究工作的人员，进行一次普查、摸底，凡现在仍然适合做司法工作的，应尽量动员归队"。

二、审判方式和司法职业化改革（1989—1998 年）

早在 20 世纪 80 年代至 90 年代，中国就开始了以强化庭审功能、扩大审判公开、加强律师辩护、建设职业化法官和检察官队伍等为重点内容的审判方式改革和司法职业化改革。[①] 这一时期法学教育和司法机关同步恢复，缺乏足够的受过法学专门训练的司法官队伍是司法机关办案组织改革的起步难

---

① 中华人民共和国国务院新闻办公室：《中国的司法改革》，2012 年 10 月 9 日。

题。从 1985 年最高人民法院在各地创设全国法院干部业余法律大学对在职法官进行培训，全国法官还通过业余大学、电大、函授大学、党校、政法管理干部学院等多种途径学习，1988 年最高人民法院设立中国高级法官培训中心对高级法官进行岗前培训。1995 年法官法将我国法官学历资格的底线设定为专科而不是本科，而且还包括非法学专科。直到 10 年后的 1998 年，相关调查报告显示：当时全国法院 25 万名干部中，本科学历只占 5.6%，研究生学历只占 0.25%。[①] 这一时期检察系统也在努力提高检察官队伍的学历水平，以满足专业化的需要，全国地方检察院建立起了 26 所电视大学分校、检察学校和培训中心，最高人民检察院也设立了高级检察官培训中心，对高级检察官进行任前培训。1988 年召开了第八次全国检察工作会议提出了检察体制改革的目标，检察体制改革定位为政治体制改革的组成部分，还没有涉及检察机关内部的办案组织，主要针对的是上下级检察机关的关系，检察机关与其他司法机关、行政机关的内外关系。[②]

　　20 世纪 80 年代中国的司法机关还没有建立起符合司法规律的办案方式，实践中采取的是类似行政机关的"办公"方式来代替"办案"方式，办案活动主要是"办公室作业"加办案组织直接调查的方式。在审理方式方面，司法机关主要着力于推进公开审判，努力实现凡是法律规定应当公开审理的案件都一律公开审理，当时全国许多法院都没有审判庭，缺少公开审判的基本条件。在审理民事、经济案件中，审判组织审理案件采取类似"纠问式 + 强职权主义"模式，多数情况下是审判组织直接调查案件。这一阶段司法机关着力加强当事人举证责任，在一些地方探索试点当事人举证和法院调查相结合，加强庭审调查，将调查案件事实的主要活动集中于法庭审理阶段，而不是法庭之外。

　　在 1992—1997 年，全国法院围绕坚持严肃执法、确保司法公正进行了一系列改革，其中就包含健全审判组织的改革任务。一方面，公开审判原则的改革深入推进。从单纯要求公开审判，到强化庭审功能，要求庭审发挥实质化的功能。实行公开调查、公开辩论、公开质证，将审判活动置于群众的

---

　　① 《最高人民法院工作报告》(1998)，载 http://www.npc.gov.cn/wxzl/gongbao/ 2000-12/26/content_5002092.htm，2016 年 2 月 9 日访问。

　　② 《最高人民检察院工作报告》(1988)，载 http://review.jcrb.com/zyw/n3/ca403803.htm，2016 年 2 月 9 日访问。

监督之下，不但一审程序一律公开，二审程序也逐步提高开庭率。特别是鼓励审判组织当庭宣判。有的案件探索了通过电视转播公开庭审。另一方面，要求健全审判组织的监督机制，强化合议庭的职责，进一步完善合议制和审判委员会制度。① 最高人民法院规定除重大、疑难案件由审判委员会讨论决定外，其他案件的裁判均由合议庭决定。最高人民法院副院长、庭长，地方各级人民法院院长、庭长亲自担任审判长审理案件，对强化合议庭职责发挥了重要作用，既保证了审判质量，又提高了审判效率。最高人民法院还鼓励一些地方改进人民陪审员制度，提高了人民陪审员的任职标准，特邀一些专家、学者担任人民陪审员，参与专业性强的案件的审理。②

三、确立依法治国战略（1999—2003 年）

以 1999 年"依法治国"基本方略写入宪法，同年最高人民法院发布《人民法院五年改革纲要》，2000 年最高人民检察院发布《检察改革三年实施意见》为标志，司法改革进入全面、系统化的发展轨道。司法机关办案组织的健全和完善也是在这一时期正式进入了司法改革的议题范围。

对于审判组织的改革《人民法院五年改革纲要》提出，"建立符合审判工作规律的审判组织形式"，包括 6 项改革内容：一是强化合议庭和法官职责。实际上是试图强化合议庭和独任审判员作为审判组织的相对独立地位，使审判组织从法律条文中抽象的"法院""人民法院"的概念中具体起来，成为审判权的实际实施者。用"强化职责"的表述方法是为了与西方的"司法独立""法官独立"相区分，强调职责独立而不是权力独立。实现方式是在审判长和独任审判员的选任条件、程序和考核制度中突破，赋予审判长和独任审判员相对独立的职务地位，并且赋予审判长和独任审判员依据自身审判职责签发裁判文书的权力。二是扩大简易程序的适用范围。简易程序有利于提高审判组织办案效率的选择。三是排除上级对合议庭审判的干扰，要求院长、庭长个人不能改变合议庭的决定。四是推行院长、副院长和庭长、副庭长直接担任合议庭审判长办理案件的制度，减少院长、庭长职务的行政化

---

① 《最高人民法院工作报告》（1998），载 http://www.gov.cn/test/2015-06/11/content_2877997.htm，2016 年 2 月 9 日访问。

② 《最高人民法院工作报告》（1999），载 http://www.gov.cn/test/2015-06/11/content_2878001.htm，2016 年 2 月 9 日访问。

色彩，使院长、庭长恢复法官的职务本色。五是规范审判委员会的审判职责。将审判委员会的审判职责限定在少数重大、疑难、复杂案件上，集中精力在总结审判经验，发挥对审判工作中带有根本性、全局性问题进行研究和作出权威性指导。六是完善人民陪审员制度，推进人民陪审员选任条件、产生程序、参加案件审理范围、权利义务和经费保证等问题的立法化。

对于检察办案组织的改革，《检察改革三年实施意见》提出"改革检察官办案机制，全面建立主诉、主办检察官办案责任制"。首次提出了检察机关办案组织的重要形式之一：主诉检察官和主办检察官。主诉检察官是指在检察机关的公诉业务中，在检察长和检察委员会的领导下，以一名检察官为主，按照规定依法相对独立承担起诉和出庭公诉的内部办案制度，将一般案件提起公诉和出庭公诉的办案职权赋予主诉检察官个人，而不用提交部门负责人、分管检察长审批，以改变当前的办案制度中承办人审案不定案，科长、处长、检察长定案不审案，即"审者不定，定者不审"的不足。检察委员会制度的改革方向是加强专业化和规范化建设，要求各级检察院设置专职检委会委员，选拔政治强、业务精、议事水平高的资深检察官和优秀检察官担任专职检委会委员，确定专门的检察委员会办事机构。最高检和省级院的检察委员会要集中精力研究检察工作中带有根本性和全局性问题，着重议大事，发挥宏观决策指导作用。检察委员会的改革方向与审判委员会基本相同，都是从讨论决定个案向以宏观决策指导为主转换功能。

四、司法体制改革启动（2004—2008 年）

2002 年，中国共产党的第十六次全国代表大会提出了积极、稳妥地推进司法体制改革的要求，特别是 2003 年党中央对今后一段时期的司法体制和工作机制改革作了全面部署，决定在中央直接领导下，成立由中央政法委员会、全国人大内务司法委员会、政法各部门、国务院法制办及中央编制办的负责人组成的中央司法体制改革领导小组，全面领导司法体制改革工作。中央司法体制改革领导小组于 2004 年底形成了《中央司法体制改革领导小组关于司法体制和工作机制改革的初步意见》，提出了改革和完善诉讼制度，改革和完善诉讼收费制度，改革和完善检察监督体制，改革劳动教养制度，改革和完善司法干部管理体制，改革有关部门、企业管理"公、检、法"体制等 10 个方面 35 项改革任务，但是，其中还没有涉及司法机关办案组织的内容。

2004 年最高人民法院《人民法院第二个五年改革纲要（2004—2008）》继续"改革和完善审判组织和审判机构"的改革内容。一是淡化庭长、院长的行政职务色彩，进一步强化院长、副院长、庭长和副庭长的审判职能，区分审判职能和审判管理职能，强调院长、副院长、庭长和副庭长参加合议庭审理案件。二是继续改革审判委员会制度，削弱审判委员会的"官本位"特点，提出让高水平的资深法官进入审判委员会，将审判委员会活动由会议制改为审理制，并且改革审判委员会表决机制。三是推进人民陪审员制度的制度化，准备制定人民陪审员制度的司法解释。

2006 年最高人民检察院印发《关于进一步深化检察改革的三年实施意见》，涉及检察机关办案组织的改革内容相对于上一次三年实施意见并无太大变化，包括：继续深化主诉检察官办案责任制，进一步深化检察委员会制度和工作机制，规范议事程序，加大决策事项的督办力度。特别重要的一项变化增加了"进一步完善人民监督员制度"的改革内容，提出完善和规范人民监督员的产生方式、职责权限、组织形式和监督程序，推动制度的规范化、法律化。

五、深化司法体制改革时期（2009—2013 年）

本轮司法改革的重点是诉讼程序，涉及办案组织的内容较少。在法院系统的第三轮五年改革中，审判组织改革的内容并无太大变化，仍然主要集中在规范和完善审判委员会职责、加强合议庭和主审法官职责、扩大人民陪审员选任范围和参与审判活动的范围。但是，也增加了一项改革内容，即"落实人民检察院检察长、受检察长委托的副检察长列席同级人民法院审判委员会的规定"。长期以来，该项制度虽然保留在法院组织法上，但是在实践中使用较少。

2009 年 2 月，最高人民检察院制定下发《关于深化检察改革 2009—2012 年工作规划》，提出五个方面共 40 项任务，但是涉及检察机关办案组织的较少，仅强调修改完善检察委员会议事和工作规则，制定检察委员会专职委员选任及职责暂行规定，加强检察委员会办事机构建设。

第二节　新时代司法机关办案组织的改革发展

党的十九届六中全会通过的《中共中央关于党的百年奋斗重大成就和历史经验的决议》提出："党的十八大以来，中国特色社会主义进入新时代。"进入新时代以来，以习近平同志为核心的党中央，出台一系列重大方针政策，推出一系列重大举措，推进一系列重大工作，战胜一系列重大风险挑战，解决了许多长期想解决而没有解决的难题，办成了许多过去想办而没有办成的大事，推动党和国家事业取得历史性成就、发生历史性变革，而司法责任制改革正是一系列历史性变革的重要一节。司法责任制改革也根本上重新划定了办案组织改革发展的新路径。

认识和领会新时代以来司法机关办案组织改革面临的新形势，要从以下几个方面的重大变化入手：一是习近平新时代中国特色社会主义思想的创立，明确中国特色社会主义最本质的特征是中国共产党领导，中国特色社会主义制度的最大优势是中国共产党领导，中国共产党是最高政治领导力量。自此，司法改革要理直气壮地高举政治引领的旗帜，党对司法工作、司法机关和司法队伍的绝对领导必须在改革中不断得到巩固和强化，党对司法工作的领导方式要更加符合司法规律，更能满足人民群众对司法公正的期待。二是明确新时代我国社会主要矛盾是人民日益增长的美好生活需要和不平衡不充分的发展之间的矛盾，司法工作必须坚持以人民为中心的理念，把司法为民作为司法工作、司法改革不变的主题，司法机关办案组织的改革不是为了迎合某种固定的模式和标准，而是理顺司法运行机制，努力让人民群众在每一起司法案件中感受到公平正义。三是全面依法治国纳入"四个全面"战略布局，党的十八届四中全会通过《中共中央关于全面推进依法治国若干重大问题的决定》，对全面依法治国作出总体战略部署，全面推进依法治国总目标是建设中国特色社会主义法治体系、建设社会主义法治国家，全面依法治国被提高到前所未有的地位和高度。深化以司法责任制为重点的司法体制改革，优化司法职权配置，明确司法机关内部各层级权限，也成为推进全面依法治国的重要任务。司法机关办案组织的改革发展也要围绕司法责任制为重点，既要实现司法职权的优化配置，让法官、检察官有审案断案的权力，也要在办案组织内部和外部健全监督制约机制，确保有权必有责、用权受监督。

一、司法责任制改革时期（2014—2018 年）

党的十八大报告提出，要"进一步深化司法体制改革，坚持和完善中国特色社会主义司法制度，确保审判机关、检察机关依法独立公正行使审判权、检察权"。这是中国共产党从发展社会主义民主政治、加快建设社会主义法治国家的高度，作出的重要战略部署。以党的十八届三中、四中全会为标志，司法体制改革进入全面深化阶段。本轮司法体制改革的主要任务可以概括为六个方面：推动省级以下法院、检察院人财物统一管理、探索与行政区划适当分离的司法管辖制度、司法人员分类管理、司法办案责任制和法官、检察官的职业保障制度。在上述改革任务中，提高司法公信力是根本尺度，司法责任制居于"牛鼻子"的地位。[①] 司法责任制改革的主要对象是司法机关办案组织，要从根本上解决"审者不判、判者不审"的问题，落实"让审理者裁判、让裁判者负责"。为此，党的十八届四中全会通过的《中共中央关于全面推进依法治国若干重大问题的决定》中将完善主审法官、合议庭办案责任制作为关键环节，进一步推动建立权责明晰、权责一致、监督有序、配套齐全的审判权力运行机制，紧紧围绕依法独立公正行使审判权来谋划和设定人民法院的权力运行结构。

最高人民法院于 2014 年制定《人民法院第四个五年改革纲要（2014—2018）》提出，"完善主审法官、合议庭办案责任制作为关键环节，推动建立权责明晰、权责一致、监督有序、配套齐全的审判权力运行机制"，并针对司法办案责任制改革专门出台了《关于完善人民法院司法责任制若干意见》，其中涉及裁判组织的内容包括：一是健全裁判组织形式。明确规范独任制和合议庭两种审判组织，以及两种审判组织中主审法官的地位和关系。在独任制审判组织中以主审法官为中心，配备必要数量的审判辅助人员。合议制审判由主审法官担任审判长。合议庭成员都是主审法官的，原则上由承办案件的主审法官担任审判长。二是继续弱化院、庭长、审判委员会委员的行政化色彩，区分院、庭长承担的审判职责和审判管理职责，规范案件审理程序变更、审限变更的审查报批制度。建立院、庭长、审判委员会委员担任审判长参加合议庭审理案件的工作机制。三是改革完善合议庭工作机制。明确合议庭作为审判组织的职能范围，完善合议庭成员在交叉阅卷、庭审、合议等环

---

① 《习近平：以提高司法公信力为根本尺度　坚定不移深化司法体制改革》，载 http://www.gov.cn/xinwen/2015-03/25/content_2838324.htm，2016 年 2 月 9 日访问。

节中的共同参与和制约监督机制。四是改革裁判文书签发机制。独任法官审理的案件形成的裁判文书，由独任法官直接签发。合议庭审理案件形成的裁判文书，由承办法官、合议庭其他成员、审判长依次签署；审判长作为承办法官的，由审判长最后签署。审判组织的法官依次签署完毕后，裁判文书即可印发。除审判委员会讨论决定的案件以外，院长、副院长、庭长对其未直接参加审理案件的裁判文书不再进行审核签发。五是完善主审法官、合议庭办案责任制。按照权责利相统一的原则，明确主审法官、合议庭及其成员的办案责任与免责条件，实现评价机制、问责机制、惩戒机制、退出机制与保障机制的有效衔接。科学界定合议庭成员的责任，既要确保其独立发表意见，也要明确其个人意见、履职行为在案件处理结果中的责任。六是改革审判委员会工作机制。合理定位审判委员会职能，强化审判委员会总结审判经验、讨论决定审判工作重大事项的宏观指导职能。建立审判委员会讨论事项的先行过滤机制，规范审判委员会讨论案件的范围。除法律规定的情形和涉及国家外交、安全和社会稳定的重大复杂案件外，审判委员会主要讨论案件的法律适用问题。完善审判委员会议事规则，建立审判委员会会议材料、会议记录的签名确认制度。建立审判委员会决议事项的督办、回复和公示制度。建立审判委员会委员履职考评和内部公示机制。七是推动人民陪审员制度改革。落实人民陪审员"倍增计划"，拓宽人民陪审员选任渠道和范围，保障人民群众参与司法，确保基层群众所占比例不低于新增人民陪审员2/3。进一步规范人民陪审员的选任条件，改革选任方式，完善退出机制。明确人民陪审员参审案件职权，完善随机抽取机制。改革陪审方式，逐步实行人民陪审员不再审理法律适用问题，只参与审理事实认定问题。加强人民陪审员依法履职的经费保障。建立人民陪审员动态管理机制。

最高人民检察院2015年修订了《关于深化检察改革的意见（2013—2017年工作规划）》，提出"健全检察权运行机制，以落实和强化检察官执法责任为重点，完善主任检察官办案责任制，科学界定主任检察官、副检察长、检察长和检察委员会在执法办案中的职责权限。建立健全检察机关执法办案组织，完善检察机关执法办案责任体系。改革和完善执法办案指导决策机制，规范案件请示汇报制度，明确各层级的办案责任"。为落实司法责任制改革制定了《关于完善人民检察院司法责任制的若干意见》，其中涉及检察办案组织的内容包括：一是健全检察办案组织形式。根据履行职能需要、案件类型及复杂难易程度，实行独任检察官或检察官办案组的办案组织形式。二是规范不同办案组织形式承办的案件。审查逮捕、审查起诉案件，一般由独任检察官承办，重大、疑难、复杂案件也可以由检察官办案组承办。独任检察官、主任检察官对检察长（分管副检察长）负责，在职权范围内对办案事项作出决定。人民检察院直接受理立案侦查的案件，一般由检察官办案组承办，简单案件也可以由独任检察官承办。决定初查、立案、侦查终结等事项，由主任检察官或独任检察官提出意见，经职务犯罪侦查部门负责人审核后报检察长（分管副检察长）决定。三是规范检察长的监督管理职责。检察长（分管副检察长）可以参加检察官办案组或者单独承办案件，在职权范围内作出决定。检察长（分管副检察长）有权对独任检察官、检察官办案组承办的案件进行审核。检察长（分管副检察长）不同意检察官处理意见，可以要求检察官复核或提请检察委员会讨论决定，也可以直接作出决定。要求复核的意见、决定应当以书面形式作出，归入案件卷宗。四是区分办案责任和监督管理责任。独任检察官承办并作出决定的案件，由独任检察官承担责任。检察官办案组承办的案件，由其负责人和其他检察官共同承担责任。办案组负责人对职权范围内决定的事项承担责任，其他检察官对自己的行为承担责任。属于检察长（副检察长）或检察委员会决定的事项，检察官对事实和证据负责，检察长（副检察长）或检察委员会对决定事项负责。五是继续深化人民监督员制度改革。将人民监督员的选任机关由检察机关变更为司法行政部门，并由司法行政部门负责人民监督员的初任培训。

二、司法体制综合配套改革（2018—2020 年）

2014 年启动的司法责任制改革是我国司法体制重塑性的重大改革。到 2017 年时司法责任制改革的"四梁八柱"已经建成，即法官检察官员额制管理、省级以下法院检察院人财物统管、法官检察官职业保障三大改革任务基本完成。2017 年 8 月 29 日，习近平总书记主持召开中央全面深化改革领导小组第三十八次会议，审议通过《关于上海市开展司法体制综合配套改革试点的框架意见》，在上海市率先启动司法体制综合配套改革。改革目标是在司法责任制改革建成的主体框架上进行"精装修"，或者对制度之间的衔接空隙进行填充。[1] 在综合配套、整体推进上下功夫，"进一步优化司法权力运行，优化司法职权配置，完善司法体制和工作机制"是司法体制综合配套改

---

① 参见陈卫东：《司法体制综合配套改革若干问题研究》，载《法学》2020 年第 5 期。

革的关键词。

上海市高级人民法院研究制定了《关于贯彻落实〈关于上海市开展司法体制综合配套改革试点的框架意见〉的实施方案》，将改革任务细化分解为8大类72条136项，重点从规范审判权力运行、优化司法职权配置、推进以审判为中心的诉讼制度改革、深化繁简分流、提升诉讼服务水平、完善人员分类管理、坚持科技强院、优化司法环境8个方面推进司法体制综合配套改革。在上海改革试点的基础上，司法体制综合配套改革推向全国。

2019年年初，最高人民法院制定发布了《关于深化人民法院司法体制综合配套改革的意见——人民法院第五个五年改革纲要（2019—2023）》，其中涉及办案组织的改革举措主要有5项：一是全面贯彻"让审理者裁判，由裁判者负责"，强化独任庭、合议庭的法定审判组织地位，依法确定职责权限，确保权责一致。二是全面加强基层人民法院审判团队建设。理顺审判机构、审判组织、审判团队的关系，完善内部组织架构，优化审判资源配置。三是进一步健全"随机分案为主，指定分案为辅"的案件分配机制。根据审判领域类别和繁简分流安排，完善承办法官与合议庭审判长确定机制。四是强化审判委员会总结审判经验、统一法律适用、研究讨论审判工作重大事项的宏观指导职能，健全审判委员会讨论决定重大、疑难、复杂案件法律适用问题机制。五是完善审判监督管理机制。明确院长、庭长的权力清单和监督管理职责，健全履职指引和案件监管的全程留痕制度。

相比以往办案组织的改革举措，审判团队建设这一新概念成为司法改革的新亮点。审判团队目前还不是法律规定的办案组织，一般是一名法官与多名法官助理、书记员组成。审判团队改革的目的是实现去行政化，改变原来"院长、副院长—庭长、副庭长—法官"三级审判管理模式，借助审判团队分解审判庭的行政管理职能，实现"法院—审判团队"双层扁平化的管理模式。合议庭仍然是法定的审判组织，合议庭与审判团队的关系有三种模式：一是审判团队本身就是一个合议庭；二是审判团队包含两个以上的合议庭；三是审判团队本身只有一名法官，可以与其他审判团队法官组成合议庭。审判团队可以称为"微审判庭"，很多情况下获得了等同于审判庭的组织待遇。①

上海市人民检察院研究制定了《上海市检察机关落实司法体制综合配

---

① 参见徐文文：《论审判团队的"微审判庭"作用及发展方向》，载《人民法院报》2021年9月9日，第8版。

套改革试点任务的实施方案》，逐项落实市委确定由检察机关承担的 94 项改革任务，并结合上海检察工作和检察改革实际，自主确定了 32 项改革任务，共计 126 项具体任务。统筹内设机构改革和新型办案组织建设是其中的重点任务，相关内容包括：一是按照专业化、集约化的要求推进内设机构改革，特别是大比例压缩基层人民检察院的内设机构数量。以上海市检察机关为例，区级人民检察院内设机构数额普遍压缩至 10 个。2018 年全国检察机关内设机构改革推开，至 2019 年底省级以下人民检察院改革完成，本轮内设机构改革被称为检察院恢复重建以来规模最大、调整最多、影响最深刻的一次重塑性改革。在刑事检察部门实行"捕诉一体化"办案机制，审查逮捕和审查起诉职能整合，新设公益诉讼检察部门，形成了刑事、民事、行政和公益诉讼"四大检察"和"十大业务"全面协调充分发展的法律监督职权新格局。二是建立以入额检察官为核心的办案组织，落实检察机关入额领导干部直接办案机制，建立各业务条线的核心办案团队。上海市检察机关在改革完成后全市建立了 146 个办案团队。三是进一步明确检委会功能，强化其总结办案经验、统一司法标准、对重大敏感案件把关监督等宏观指导职能。

三、司法责任制综合配套改革（2020 年至今）

2020 年 2 月 5 日，习近平总书记主持召开中央全面依法治国委员会第三次会议，审议通过《关于深化司法责任制综合配套改革的意见》。会议提出，司法责任制综合配套改革是司法体制改革的重要内容，事关司法公正高效权威。要抓好改革任务落地见效，真正"让审理者裁判、由裁判者负责"，提高司法公信力，努力让人民群众在每一个司法案件中感受到公平正义。

2020 年 7 月 31 日，最高人民法院制定《关于深化司法责任制综合配套改革的实施意见》落实中央意见要求，其中"完善审判权力运行体系，健全审判管理体制"仍然是重点内容，针对审判组织的改革内容包括四个方面：一是完善审判权力和责任清单，区分院长、副院长、审判委员会专职委员、其他审判委员会委员、庭长、副庭长，独任法官，合议庭审判长、承办法官及其他成员等人员类型，逐项列明各类审判人员的权责内容和履职要求，重点就确保规范有序行权、强化审判监督管理等事项作出细化规定。二是完善"四类案件"识别监管机制。"四类案件"即根据《最高人民法院关于完善人民法院司法责任制的若干意见》第 24 条规定，院长、副院长、庭长有权要求独任法官或合议庭报告案件进展和评议结果的几类案件。完善识别监管机制的目的仍然是清楚界定院长、副院长、庭长和办案组织之间的权限划分。三是优化审判团队组建。强化审判团队作为办理案件单元、自我管理单元的功能，理顺审判团队、审判组织与审判机构之间的关系，确保审判团队负责人、独任法官、审判长、副庭长、庭长工作权责明晰合理、事务分配衔接有序。四是继续完善案件分配机制，坚持"以随机分案为原则，以指定分案为例外"，指定分案要在办案平台上全程留痕。

检察系统的深化司法责任制综合配套改革的重点在建立健全检察权内外监督规范运行体系，检察办案组织并非改革的重点内容。从最高人民检察院发布的《2018—2022年检察改革工作规划》可见，同时期检察机关办案组织的改革内容包括三个方面：一是科学设置办案组织和办案团队。加强以办案组织检察官为核心的办案团队建设，科学界定办案团队中检察官、检察辅助人员的职责，形成分工负责、运行有序的司法办案工作机制，突出检察官在司法办案中的主体地位。二是规范检察官办案权限。总结制定各级检察院检察官司法办案权力清单经验，修改完善刑事诉讼规则、民事诉讼监督规则和行政诉讼监督规则，制定检察机关公益诉讼办案规则，明确检察委员会、检察长、检察官在司法办案中负责和决定的事项，规范检察辅助人员职责权限。三是完善检察官承办案件确定机制。检察官承办案件，根据"随机分案为主、指定分案为辅"的原则确定。除规定情形不宜纳入随机分案的以外，应当依托统一业务应用系统，自动随机确定承办案件的独任检察官或者检察官办案组，需要指定分案的，由检察长决定。

第三节　我国司法机关办案组织面临的主要问题

从30多年司法改革的历史看，虽然司法改革的主题变换了数轮，但是一些困扰中国法治化的痼疾一直都没有得到根本解决，这些问题主要集中在办案组织层面。如从司法机关恢复重建之初就在增强合议庭的审判职责，让合议庭审理决定案件，签署裁判文书，直到最近的司法责任制综合配套改革中，明确合议庭的审判权限仍然是改革任务之一。从1999年开始检察机关采用主诉检察官制度扩大个体检察官的办案决定权，到2014年主任检察官办案责任制改革，再到2018年人民检察院组织法确定法定的检察机关办案组织。

虽然名称变化了，但是改革的目的和内容没有变化。"以随机分案为原则，以指定分案为例外"的分案机制、明确界定各层级办案组织之间的权责关系等内容在多轮司法改革文件中反复出现。

一、办案组织在"去行政化"方面的努力

司法责任制改革之前，司法机关办案组织存在行政化的问题，即判审分离，审者不判、判者不审、审判和检察办案工作内部层层审批，权责不明，错案责任追究难以落实。办案组织实际上具有的是"承办权"而不是"定案权"，"承办权"包括组织案件审理、审查案件证据材料、听取争议双方的意见或辩解，以及提出对案件的处理意见。"定案权"是对办案组织提出的处理意见进行决策，一般配置给司法机关的首长。为了减少"定案权"的决策难度和决策风险，在"定案权"和"承办权"之间还设置了"审核权"，在两者之间增加一道把关和监督环节，"审核权"一般配置给司法机关的中层领导。这样的裁判权力配置结构与司法机关内部层级化的组织结构相配合，形成了行政化的办案方式。

不论是审判组织还是检察办案组织，其从事的办案活动本质上属于司法活动，要遵循司法亲历性的要求。审判组织的裁判以及检察办案组织的批准逮捕、提起公诉等活动都要遵循直接审理原则，也就是要在证据调查的基础上，运用法律专业知识、生活经验和理性形成自己对案件事实的判断。不经过对证据材料的调查而直接对案件事实进行判断是法律上禁止的预断。而"承办权""审核权"和"定案权"分离的裁判权配置模式明显不符合直接审理原则，更加接近中国古代司法机关实行的审转复核制。这种办案方式下的突出问题是书面化办案程序被不断强化，直接审理原则、证据裁判规则无法建立，庭审程序不过是控辩审三方的"集中阅卷"程序，"以审判为中心"不是真正以庭审程序为核心。特别是对系统性错误缺乏防御机制，一旦制造冤假错案的冲动来自于上层，就很难有纠错力量。

司法责任制改革就是要赋予办案组织决定权，"让法官、检察官有审案断案的权力"。但是，司法责任制改革完成后，监督制约法官、检察官决定权的需要又逐渐占据上风，要求入额法官、检察官"有权必有责、用权受监督"。在其后的司法体制综合配套改革和司法责任制综合配套改革，以及2022年启动的执法司法监督制约机制改革中，法院、检察院办案部门负责人、院长、检察长的审判管理和监督、检察管理和监督职能被强化。

二、办案组织的权责界限问题

司法机关办案组织内部的权限关系处于不明状态。在审判组织中，合议庭是法律上规定的一般组织形式，但是"合而不议""形合实独"等问题长期存在。合议庭成员对案件评议程序缺乏积极性和责任心，实际上合议庭中都是由一名法官作为承办人，单独办理案件，其他合议庭成员只是共同署名。[①] 其他合议庭的成员对案件处理没有严格的责任要求，不论合议庭成员在审理案件时是否投入、是否认真思考、都缺乏严格的责任，也没有相应的制度保障。[②] 相反，合议庭制度呈现出行政化的特点，合议庭成为法院内一级内设部门，审判长成为庭长之下的行政负责人。司法责任制改革后出现的审判团队，本来是为了消解审判庭、合议庭的行政化色彩，实际效果中，审判团队与审判庭、合议庭的角色差异并不明显。在基层法院中规模比较大的审判团队作用接近于审判庭，而规模小的审判团队则接近于合议庭。审判团队负责人代替"审判长"成为新的行政头衔被赋予资深法官。

在检察办案组织中，办案组织形式长期没有定型，检察机关实际上是用内设机构代替办案组织。主诉检察官制度标志着建立以主诉检察官为核心的办案组织的探索，曾经被认为是检察官独立的一种实现路径。[③] 实际上主诉检察官制度并未达到目的，少数检察院对主诉检察官不敢授权、不愿授权，即使得到授权的少数主诉检察官也不愿意承担责任，仍然将案件提交上级审批，回避办案责任。[④] 独任检察官和检察官办案组并行的法定检察办案组织形式确定后，上述问题能否改变仍有待实践检验。实践中，由于加强办案监督以及强化案件质量管理的需求增强，一些本来赋予独任检察官和检察官办案组的办案职权有向上级回流的趋势。

司法机关内部不同办案组织之间的职权分配关系也处于不明状态，其中主要是审判委员会和检察委员会的职责定位难题。审判委员会和检察委员会在法律上分别是法院和检察院中等级最高的办案组织。但是，两者审理案件都是用听取报告的形式，而非庭审方式，不符合司法规律。因此，司法改革

---

① 参见刘春年：《审判工作机制的独立与监督》，载《人民司法》2000 年第 8 期。

② 袁坚：《司法合议制度研究》，西南政法大学 2011 年博士学位论文。

③ 参见陈丹、路红青：《主诉检察官制——司法独立的另一种诠释》，载《国家检察官学院学报》2002 年第 10 期。

④ 参见杨安、陆旭：《我国主诉检察官制度的再思考》，载《上海政法学院学报》2014 年第 4 期。

一直以来都在缩小审判委员会和检察委员会审理案件的范围，将其办案职能限定在少数重大案件。但是，这一改革举措延续了 15 年，在多轮司法体制改革中被反复采用，这实际上从另一面表明限制审判委员会和检察委员会审理案件范围仍在路上。

三、办案效率不能适应案件增长

据最高人民法院官方数据统计，2014 年司法责任制改革启动之前，全国地方各级法院受理案件 1565.1 万件，审结、执结 1379.7 万件，而 1978 年全国法院受理案件仅 61 万件，案件数量增长 20 多倍，但是法官人数从 6 万仅增加到 20 多万人。2021 年全国各级法院受理案件达到 3000 万件，结案数量也达到 3000 万件，法官人数增加到 35 万人。一般来说，司法机关长期处于"案多人少"的局面。但是，中国法院法官人均办案数与法治发达国家相比明显偏少。美国 2004 年，全国地方共有法官 27861 人，人均年处理案件数大致在 1600 余件。韩国 2008 年，全国共有法官 2352 人，人均年处理案件 700 余件。我国司法责任制改革后，由于员额法官在法院办案人员中的比例控制，2018 年至 2022 年 3 月底全国法官人均结案数 231 件，一线城市法官人均结案数，如广州市达到 590 件，相较于之前有明显增加。虽然法官办案效率得到提高，但是审判一线的法官工作量很大，经常是"白加黑""5+2"的工作强度。2020 年在针对全国 1099 名法院司法人员的问卷调查中，76.98% 的受访司法人员认为自己每周工作 40 个小时或者更长时间。员额法官是自报加班时间最多的群体，法官助理次之。有 64.15% 的受访司法人员认为工作负担较重，有 8.29% 的受访司法人员认为工作负荷难以承受。①

多数意见认为制约司法机关办案效率的主要因素在于一线办案岗位的司法官比例不高，办案组织的结构不合理，法官、检察官的办案辅助人员较少，经常是若干名法官、检察官共用一名书记员，司法官自己要从事大量的法律助理和书记员的工作。但是，除此之外中国的法官、检察官相对于西方国家司法官的办案任务尤其繁重，还有每个案件的工作量在不断增加的因素。西方法治国家办案环节主要在庭审，庭审就是发现案件事实、作出司法裁判的主要程序场域，法官只要主持庭审以及庭审后的评议即可，起草判决

---

① 程金华：《法院"案多人少"的跨国比较——对美国、日本和中国的实证分析》，载《社会科学辑刊》2022 年第 5 期。

书的工作也可以交给法律助理。而中国的司法办案仍保留有"案卷笔录中心主义"的色彩，不仅要完成庭审程序，还要完成书面报告，按照中国司法机关传统的书面办案方式办理，以备上级领导、机关对案件进行审核、复查。即使在检察机关原本办案主要以书面方式为主，近年来也越来越强调运用公开听证方式审查案件。近年来，司法机关办案的智能化、信息化建设不断得到强化，各种司法办案信息平台、软件在办案过程中运用。但是，这些智能化、信息化手段服务于司法管理更多，直接服务办案，减轻一线办案人员工作量的手段相对缺乏，办案法官、检察官还要承担案件情况、数据登录的工作。中国的法官、检察官每办理一件案件，实际上是以三种方式完成审查工作，包括传统的书面审查方式、庭审审查方式和信息化审查方式。

四、办案组织司法公信力有待进一步提高

涉法涉诉信访大量存在，体现出司法机关办案组织的司法公信力还不高。少数当事人在出现纠纷后，不管有没有道理都直接向信访部门上访，或者有的向法院提起诉讼，但一旦对法院的裁判不服，便直接放弃其他一些权利，想方设法通过上访来达到其合法或不合法的目的。涉法涉诉信访的大量存在是对司法机关依法独立行使司法权的一种干扰，也表明法律上的办案组织和法律程序在群众中间没有足够的公信力，案件当事人遇到自认为不公的司法裁判时还是倾向于诉诸更高层级的机关，而不是走法律规定的上诉、申诉程序。2014 年中共中央办公厅、国务院办公厅发布《关于依法处理涉法涉诉信访问题的意见》提出实行信访和诉讼分离，将涉及诉讼权利救济的信访事项从普通信访体制中分离出来，由政法机关依法处理。涉法涉诉信访只能回流到原办案机关、原办案机构或办案组织，甚至回流到原承办法官、检察官作为第一责任人来处理。

司法公开是办案组织获得公信力的基础。党的十八届四中全会指出，要让人民群众在每一个司法案件中都感受到公平正义，构建开放、动态、透明、便民的阳光司法机制，将司法公开作为司法公信力的主要举措。然而，现实情况是司法公开推进的阻力一直都很大。2013 年《最高人民法院关于人民法院在互联网公布裁判文书的规定》要求"人民法院生效裁判文书应当在互联网公布"，中国裁判文书网建立后大大推进了审判公开力度。截至 2020 年底，中国裁判文书网公开的文书总量已经超过了 10700 万篇，访问总量超过了 524 亿人次，日均新增裁判文书 8 万多篇。但是，由于中国裁判文书网

的影响力扩大，一些网络媒体和自媒体将其作为炒作来源，挖掘裁判文书或者断章取义、恶意歪曲制造新闻传播热点。同样的情况也发生在最高人民检察院的"12309中国检察网"，这一现象也损害了司法公信力。

五、人民群众参与程度不足

司法民主化的重要体现就是人民群众直接参与到司法机关的办案组织，与司法官一起行使司法权，监督司法权行使，人民群众参与司法活动也是提高司法公信力的重要途径，目前主要有两种制度形式：一是人民陪审员。2013年最高人民法院向十二届全国人大常委会第五次会议报告了《关于人民陪审员决定执行和人民陪审员工作情况的报告》，提出人民陪审员制度的问题包括：人民陪审员总体数量不足和参审机制还不完善。人数问题容易解决，难以转变的是"参审机制不完善"，其中主要就是"人民陪审员参与审判活动不够主动"，也就是实务中经常提到的"陪而不审"，人民陪审员在合议庭不发表意见、不参与评议而只签名，甚至在庭审过程中都只出席而不听审。另一种是人民监督员。人民监督员制度本义是对检察机关的侦查活动进行监督，但是从诞生之初就有"自己监督自己"的外部质疑。2015年最高人民检察院、司法部发布《深化人民监督员制度改革方案》，提出将人民监督员的选任监督工作由检察机关转移至行政机关的司法行政部门。但是，人民监督员的评议意见是否应当对检察院有强制约束力还有待澄清。在人民监督员改革探索之初，检察院不同意人民监督员评议意见的，人民监督员有向上级检察院提出复核的程序，该项程序曾经被取消，本轮改革方案又将其恢复，即人民监督员仍然有权向检察院提出复议。人民监督员的评议意见对检察院没有约束力，会打击人民监督员参与的积极性，直接影响人民监督员制度的实际效果，而人民监督员对检察院有约束力，又需要对评议程序作进一步完善以满足程序正义的要求。国家监察体制改革后，人民监督员制度主要监督案件对象——检察机关立案侦查案件大量减少，人民监督员制度在未来的检察办案中扮演什么样的角色又成为需要解决的问题。

本章小结

在实务界看来，中国的司法改革始终在向前发展，任务越来越明确。但是，改革任务虽然更细致了，关键性的难题——司法机关办案组织如何独立——仍然没有完全解决。回顾司法改革的历史可以发现，中国司法机关办案组织面临的问题比西方国家一路经历的要困难得多。它既要实现"司法独立"，又不能是西方法治意义上的"司法独立"；既要与古代中国的封建统治秩序告别，又要尊重中国现代社会的特有规律；既要走完西方法治国家近代化的道路，也要同时面对现代化的挑战。

虽然中国司法机关办案组织有明显的自身特征，但是改革要实现的价值目标呈现出普遍性：第一，办案组织要在当今中国社会获得最广泛的公信力。当今的中国社会发展迅速，社会阶层利益高度分化，社会各阶层对司法公正的期待不同。在传统的乡村社会，人民群众依然需要"马锡武审判方式"，需要办案组织从传统习惯中获得权威性，而在发达的城市社会，人民群众需要的是更加专业化、高效率的办案组织，并从科学完备的法律程序中获得权威性。第二，办案组织要在政治权力、社会公众和法律职业共同体之间形成积极的协调关系。政治权力、社会公众和司法专业化是中国法治化建设重要的支撑力量。办案组织要提供给社会公众必要的发言平台，但是也要保持相当的距离，毕竟"法院最后不是作为人民的公开意志的代表，而是作为人民的缺席的自治象征和迹象而出现的"。[1] 在三股力量中最为弱小的是司法专业化，司法机关及其办案组织的运行要遵循司法工作自身规律，并且为司法专业化发展保留空间，完全迎合行政治理的需要，或者片面满足一部分群众的要求，都不利于全面依法治国整体方略的实现。第三，要适应当今社会"诉讼爆炸"的现实。诉讼案件数量的显著增加从根本上改变了西方发达国家司法机关办案组织的构造，而且也正在影响着中国的司法机关办案组织。在诉讼纠纷集中的大城市，大量司法官不得不像流水线上的工人一样在简单重复的办案工作中疲于奔命，而不是理想中的充满智慧和理性的工作。所以中国的司法机关办案组织不仅要实现自身依法独立行使办案职权，还要适应现代化的生产生活方式。

---

① Michelman, F. I. *Foreword: traces of self-government*, Harv.l.Rev.,1986, 100（1）：4-77.

表 3　改革开放以来司法机关办案组织的改革内容

序号	一	司法机关恢复重建（1979—1988年）	审判方式和司法职业化改革（1989—1998年）	确立依法治国战略（1999—2003年第一个五年改革时期）	司法体制改革启动（2004—2008年第二个五年改革时期）	深化司法体制改革（2009—2013年第三个五年改革时期）	司法责任制改革（2014—2018年第四个五年改革时期）	司法体制综合配套改革（2018至2020年）	司法责任制综合配套改革（2020年至今）
1	独任法官	确认独任法官审判组织形式	提高法官专业学历水平	规范独任审判员相对独立的选任条件、程序和考核制度，赋予独任审判员相对独立的职务地位，赋予独任审判员签发裁判文书的权力	—	加强合议庭和主审法官职责	赋予独任法官签署裁判文书的权力，明确独任法官的职责权限	强化独任庭、合议庭的法定审判组织地位	—
2	合议庭	—	强化合议庭的职责	制定《关于人民法院合议庭工作的若干规定》，规定合议庭、院长、庭长的职责权限	—	加强合议庭和主审法官职责	赋予合议庭成员签署裁判文书的权力，规范合议庭承办法官（审判长）和其他法官的职责权限	强化独任庭、合议庭的法定审判组织地位	法官与审判辅助人员配备可以实行双向选择与组织调配相结合，赋予法官对审判辅助人员的工作分配权、考核建议权以及一定的人事管理建议权

续表

序号	一	司法机关恢复重建（1979—1988年）	审判方式和司法职业化改革（1989—1998年）	确立依法治国战略（1999—2003年第一个五年改革时期）	司法体制改革启动（2004—2008年第二个五年改革时期）	深化司法体制改革（2009—2013年第三个五年改革时期）	司法责任制改革（2014—2018年第四个五年改革时期）	司法体制综合配套改革（2018至2020年）	司法责任制综合配套改革（2020年至今）
3	院长（副院长、庭长等）	—	试点最高人民法院副院长、庭长，地方各级人民法院许多院长、庭长亲自担任审判长审理案件	规定院长、庭长都不能个人改变合议庭的决定。推行院长、副院长和庭长、副庭长直接担任合议庭审判长办理案件的制度	淡化庭长、院长的行政职务色彩，进一步强化院长、副院长、庭长和副庭长的审判职能，区分审判职能和审判管理职能，强调院长、副院长、庭长和副庭长参加合议庭审理案件	—	不得对没有参加审理的案件发表倾向性意见。对特定案件和情况要求独任法官和合议庭报告案件进展和评议结果	—	完善院长、副院长有权要求独任法官、合议庭报告案件进展和评议结果的"四类案件"的识别机制
4	审判委员会	—	—	只讨论少数重大、疑难、复杂案件上，集中精力在总结审判经验，发挥对审判工作中带有根本性、全局性问题进行研究和作出权威性指导	削弱审判委员会的"官本位"特点，提出让高水平的资深法官进入审判委员会，将审判委员会活动由会议制改为审理制，并且改革审判委员会表决机制	规范和完善审判委员会职责，落实人民检察院检察长、受检察长委托的副检察长列席同级人民法院审判委员会的规定	只讨论涉及国家外交、安全和社会稳定的重大复杂案件，以及重大、疑难、复杂案件的法律适用问题专注于宏观指导职能	—	—

续表

序号	一	司法机关恢复重建（1979—1988年）	审判方式和司法职业化改革（1989—1998年）	确立依法治国战略（1999—2003年第一个五年改革时期）	司法体制改革启动（2004—2008年第二个五年改革时期）	深化司法体制改革（2009—2013年第三个五年改革时期）	司法责任制改革（2014—2018年第四个五年改革时期）	司法体制综合配套改革（2018至2020年）	司法责任制综合配套改革（2020年至今）
5	人民陪审员	取消了人民陪审员由司法行政部门选任管理的规定	改进人民陪审员制度，提高人民陪审员的任职标准，特邀一些专家、学者担任人民陪审员，参与专业性强的案件的审理	推进人民陪审员选任条件、产生程序、参加案件审理范围、权利义务和经费保证等问题的立法化	推进人民陪审员制度的制度化，准备制定人民陪审员制度的司法解释	扩大人民陪审员选任范围和参与审判活动的范围	增加人民陪审员中基层群众比例（2/3）。实行人民陪审员不再审理法律适用问题，只参与审理事实认定问题	—	—
6	检察官	增设助理检察员职位，列为检察官序列	提高检察官专业学历水平	开展主诉检察官和主办检察官制度试点	继续深化主诉检察官办案责任制	—	确定独任检察官和检察官办案组两种基本办案组织形式，独任检察官和主任检察官直接对检察长负责，在职权范围内对办案事项作出决定	独任检察官和检察官办案组成为两种法定办案组织形式	加强以办案组织检察官为核心的办案团队建设

序号	一	司法机关恢复重建（1979—1988年）	审判方式和司法职业化改革（1989—1998年）	确立依法治国战略（1999—2003年第一个五年改革时期）	司法体制改革启动（2004—2008年第二个五年改革时期）	深化司法体制改革（2009—2013年第三个五年改革时期）	司法责任制改革（2014—2018年第四个五年改革时期）	司法体制综合配套改革（2018至2020年）	司法责任制综合配套改革（2020年至今）
7	检察长（副检察长、部门负责人等）	检察长有权列席同级法院审判委员会变为"可以"列席	—	主诉检察官制度下一般刑事案件提起公诉不再由部门负责人、检察长审批	—	—	检察长参与检察官办案组或作为独任检察官决定案件，检察长有权审核检察官承办的案件，不同意检察官处理意见可以要求检察官复核或提交检委会讨论，或直接作出决定	落实检察长、部门负责人直接办案	完善担任领导职务检察官办案制度

续表

序号	一	司法机关恢复重建（1979—1988年）	审判方式和司法职业化改革（1989—1998年）	确立依法治国战略（1999—2003年第一个五年改革时期）	司法体制改革启动（2004—2008年第二个五年改革时期）	深化司法体制改革（2009—2013年第三个五年改革时期）	司法责任制改革（2014—2018年第四个五年改革时期）	司法体制综合配套改革（2018至2020年）	司法责任制综合配套改革（2020年至今）
8	检察委员会	将检察长领导检察委员会改变为检察长"主持"检察委员会	—	要求各级检察院设置专职检委会委员，确定专门的检察委员会办事机构。高检院和省级院的检察委员会要集中精力研究检察工作中带有根本性和全局性问题，着重议大事，发挥宏观决策指导作用	进一步深化检察委员会制度和工作机制，规范议事程序，加大决策事项的督办力度	修改完善检察委员会议事和工作规则，制定检察委员会专职委员选任及职责暂行规定，加强检察委员会办事机构建设	只讨论重大、疑难、复杂案件，涉及国家安全、外交、社会稳定的案件，下一级人民检察院提请复议的案件。其他重大问题的决策、指导和监督功能	—	明确界定检委会在司法办案中负责和决定的事项
9	人民监督员	—	—	开展人民监督员制度试点	完善和规范人民监督员的产生方式、职责权限、组织形式和监督程序，推动制度的规范化、法律化	—	由司法行政部门负责人民监督员选任管理，赋予人民监督员知情权、提出复议的权利	—	—

第六章　中国司法机关办案组织的改革路径

中国司法机关办案组织发展中的问题并非独特，实际上其他国家在法治现代化过程中也经历过类似的矛盾。如同 1814 年德国法典编纂的论战中的情形，支持法典编纂的一派认为这是民族国家统一的政治抉择；反对法典编纂的一派认为德国法学理论尚未做好准备。① 从理论层面看，中国司法机关办案组织的改革方向问题，理论尚无充分准备的回答，只能留待民族的历史、文化和经济发展去回答，如同法治发达国家一样在长期的法治实践中去完善。而从现实需要看，国家治理体系现代化需要司法机关办案组织在政治决策的主导下快速实现自身的现代化。

第一节　办案组织改革的理论准备

司法机关办案组织要实现自身的使命，不断发展完善就要运用好两大理论体系：一是中国特色社会主义理论体系。另一个则是习近平新时代中国特色社会主义思想。而在新时代推进司法机关办案组织的持续优化完善，又特别要突出习近平新时代中国特色社会主义思想和习近平法治思想的指导。习近平总书记关于司法责任制是司法改革的"牛鼻子"、法官、检察官要在一线办案、要对案件终身负责、司法体制改革成效要由人民来评判、要看司法公信力是否提高等重要论述是司法体制改革的根本指南。在司法机关办案组织的改革上，如何理解运用习近平法治思想的先进之处，还要借助以下四个方面的思想资源，加深对其理解。

一、改革中的"实践论"

《中共中央关于全面深化改革若干重大问题的决定》提出，全面深化改

---

① 参见舒国滢：《德国 1814 年法典编纂论战与历史法学派的形成》，载《清华法学》2016 年第 1 期。

革，要加强顶层设计与"摸着石头过河"相结合。"摸着石头过河"是社会主义市场经济改革经验中的重要路径，即重视发挥地方积极性，从局部改革着手，顶层不作总体部署而是为基层的改革解除体制和机制束缚。回顾历史上的改革实践，通过顶层设计推动改革会遇到的主要困难有三项：一是代理成本。顶层设计的改革需要官员体系的推行，必然产生代理成本问题，"经理层"的利益目标与顶层设计的目的未必一致，而且存在巨大的信息不对称，"经理层"会让自己在改革的利益重新配置中具有优势地位，从而最先攫取利益，中国历史上顶层推动的改革遭遇挫折大部分因为代理成本。二是计划的有限性。当今中国的法治领域虽然是社会治理的一个方面，但是，在发达市场经济社会背景下，牵涉的利益和关系复杂，对其制定整体的"改革计划"，如同市场经济领域的"计划"一样很难成功。法治发达国家的办案组织的制度内容表面上看是可以整体掌握的，实际上任何国家的办案组织都是"镶嵌"在巨大社会治理体系中的一个"局部"，与之相关联的其他纠纷解决机制、社会调节机制不可能被整体掌握和复制。三是权力重新配置的成本。如司法人员的分类改革，虽然只是办案组织改革的一部分，却涉及千千万万审判人员、检察人员的事业前途，"整体计划"一旦实施就有可能产生巨大的负面反弹，而改革的效益并不会立刻出现。然而，从法治发达国家的经验看，司法机关办案组织是可以被政治权力"顶层设计"的，而且直到现在也在允许法律框架内的局部探索，在采取中央和地方二元司法体系的国家，影响全国的司法改革举措往往来源于地方司法改革探索的经验。现代的办案组织一部分是政治决断的结果，一部分是"自我生长"的结果。因而，在适用于全国的司法体制改革措施推出之前，在各地先进行试点探索是稳妥且必要的步骤。

二、"负的方法"

办案组织的改革中可以选择的理论资源如《中共中央关于推进依法治国若干重大问题的决定》中提出的"中华法律文化的精华"和"国外法治的有益经验"，然而这两方面理论资源往往互相矛盾：比如，儒家的实质正义司法观与西方法治国家的正当程序理念；传统中国司法的大众化与西方司法的精英职业化；传统中国社会的义务本位观念与西方社会的权利本位观念；等等。不论采取何种具体的改革措施，总能从两方面的理论资源中找到有利的论据。至此，司法机关办案组织的改革又来到那个经典的两难境地：究竟是先有先进的理念指导改革，还是先有改革的实践才能提炼出先进的理念。

> 有两种正相反的错误都很常见，我们必得警惕。一方面讲，对书本比对实际事务熟悉的先生们，总爱把哲学家的影响估计得过高。他们一见某个政党标榜自己受了某某人的教训的感召，就以为它的行动可以归之于某某人，然而往往是哲学家因为倡议了政党横竖总会要干的事，才得到政党的欢呼喝采。直到最近，写书的人差不多全都过分地渲染同行前辈的作用。但是反过来说，由于抗逆老的错误，又产生了一种新的错误，这种新错误就是把理论家看成几乎是环境的被动产物，对事态发展可说根本没什么影响。按照这个见解，思想好比是深水流表面上的泡沫，而那水流是由物质的、技术的原因来决定的；河里的水流并非对旁观者显示出水流方向的水泡所造成的，社会变革同样也不是由思想引起的。在我看来，我相信真理在这两极端当中。在思想与实际生活之间也像在一切旁的地方，有交互的相互作用；要问哪个是因哪个是果，跟先有鸡、先有蛋的问题同样无谓。

——伯兰特·罗素《西方哲学史》

现阶段尚不存在中国司法机关办案组织的完备理论，而只是有一些"未完成理论"。冯友兰在《中国哲学简史》提出了一种观点：形上学有两种方法：正的方法和负的方法。正的方法的实质，是说形上学的对象是什么；负的方法的实质，则是不说它。正的方法很自然地在西方哲学中占统治地位，负的方法很自然地在中国哲学中占统治地位。道家尤其是如此，它的起点和终点都是混沌的全体。在《老子》《庄子》中，并没有说"道"实际上是什么，却只说了它不是什么。但是若知道了它不是什么，也就明白了一些它是什么。负的方法缺乏清晰的思想，却能够克服"教条主义"的某些问题，并与唯物主义的认识论有一些契合之处。在一些理论有待发展的实践新领域，负的方法常常发挥很好的作用。在中国探索社会主义市场经济的早期，在理论上似乎用到了很多"负的方法"。比如，改革开放初期邓小平的"不争论"，^① 以及对社会主义市场经济、对社会主义的定性、四项基本原则和"猫论"等，^② 都体现了中国哲学中"负的方法"的智慧。

经过了40多年的实践，我们才可以用"正的方法"充实和清晰化中国特色社会主义理论体系，总结出党的百年奋斗的历史经验。回到司法机关办案组织的问题本身，我们储备了西方法治国家丰富的经验以及传统优秀法律文化，但是尚不能产生对办案组织"正的定性"。可以说，直到2022年，司法责任制改革经过了8年时间，我们尚不能说真正符合中国社会需要的司法机关办案组织应该是什么样子。但是，改革实践不断在给我们提供"负的方法"，实践会告诉我们哪些路走不通，人民群众的评价会告诉我们哪些措施会带来严重的负面后果。尽管"负的方法"还不能告诉我们办案组织"是什么"，但是可以告诉我们办案组织"不是什么"，这些"不是什么"的理论原则可以成为中国办案组织改革的"约束性原则"。司法体制改革再经过10年或者20年，我们一定可以找到清晰的司法机关办案组织运行规则。

三、"尚同"观念

分权制衡原则并非西方国家的"专利"，在中国传统政治理念和实践中也有"分权制衡"，仅就司法系统而言，明代就有"刑部受天下刑名，都察院纠察，大理寺驳正"的分权制衡机制。但是，中国一直没有形成分权制衡的统治秩序，其原因在于与西方政治理念不同，中国的政治更加突出"尚同"，也就是协调一致。中国古代统治理念一般都厌恶分歧和混乱。《墨子》说："古者民始生，未有刑政之时，盖其语，人异义。是以一人则一义，二人则二义，十人则十义。其人兹众，其所谓义者亦兹众。是以人是其义，以非人之义，故交相非也。是以内者父子兄弟作怨恶离散，不能相和合；天下之百姓，皆以水火毒药相亏害。"因此，传统中国政治理念用等级制的集中统一实现"尚同"。上天"选择天下赞阅贤良圣智辩慧之人，立以为天子"，立

---

① "不搞争论，是我的一个发明。不争论，是为了争取时间干。一争论就复杂了，把时间都争掉了，什么也干不成。不争论，大胆地试，大胆地闯。农村改革是如此，城市改革也应如此。"（《邓小平文选》第3卷）。

② "计划多一点还是市场多一点，不是社会主义与资本主义的本质区别。计划经济不等于社会主义，资本主义也有计划；市场经济不等于资本主义，社会主义也有市场。计划和市场都是经济手段。社会主义的本质，是解放生产力，发展生产力，消灭剥削，消除两极分化，最终达到共同富裕。"（《邓小平文选》第3卷）。

以为三公、万国诸侯，以至左右将军、大夫和乡里之长，社会成员自下而上尚同于天子之"义"；并且"上有过，规谏之"。在统治秩序上设置一项分权机制，必然要配备一项协调机制，既要有相互制约又要有统一意志，只不过在专制主义的古代中国统一意志只强调统一于最高统治者的意志。如《论语》中所说："为政以德，譬如北辰，居其所而众星共之。"

中国人民推翻旧秩序建立新中国，在政治结构层面并不盲目复制西方国家的"三权分立"或者"多党制"，而是相信集中统一领导。特别是进入新时代以后，重新认识到"党政军民学，东西南北中，党是领导一切的"这条铁律的重要性。在百年的民族复兴历史上，不论是在革命、建设和改革开放时期，只要党的领导得到加强巩固，人民的事业就发展顺利，只要党的领导被削弱，人民的事业就会受到挫折。无论是整体的司法体制改革，还是局部的司法机关办案组织改革，必须根本遵循的首要规则就是坚持党的领导。作为司法机关办案组织成员的多数法官、检察官都具有党员身份，他们在履行审判职责、检察职责时都必须牢记党的宗旨，运用党的思想路线、方法政策，特别是在新时代，还要深刻把握"两个确立"，坚决做到"两个维护"。只有如此才能正确行使司法办案职责，让司法机关和办案组织的运行都能在人民群众期待的轨道上。

第二节 办案组织改革的原则

中国的司法改革不是文化殖民主义在上层建筑领域的扩散，应当正视中国司法改革中的特有问题和特有规则，中国的司法机关办案组织不可能复制某个现有模式，也不是西方国家的某种现有模式的"殖民"过程，而是一种"对话氛围"下的改革，在正视差异的基础上寻找两者更高层次上的共同之处。

一、办案组织独立行使职权原则

习近平总书记将司法责任制称为司法改革的"牛鼻子"。司法责任制与西方国家的法官独立、检察官独立根本不同。一些社会主义国家，如越南、古巴宪法中也有"法官独立行使审判权，只服从于法律"的内容。因此，多数研究观点都将"法官独立"信奉为某种普遍适用的原则，并且为中国特色的"司法独立"对这一原则的"背离"而忿忿不平。从现实角度看，即使所谓西方发达国家也并未实现真正的"司法独立""司法官独立"，它们只是用纸面上、口号上的独立掩盖法官、检察官成为政治特殊利益集团的工具这一事实。如果"司法独立"和"司法官独立"导致的结果是背离最广大人民群众根本利益，导致少数人掌握司法大权，这样的独立不要也罢。司法责任制从"权力"的反面——"责任"着手，用法官、检察官个人的"独立办案责任"取代"独立权力"，让法官、检察官依法独立行使办案职权始终围绕着党的领导、以人民为中心的轨道，体现中国传统哲学方法中"负的方法"的智慧。

从西方国家司法独立的历史进程看，一般先完成法院独立，然后才有法官独立。[①] 在封建时代，审判权由国王（领主）及其法院（在英格兰为 Curia regis，在法国为 Conseil du Roi）掌握，法院始终是以贵族团体的形式存在。孟德斯鸠提出司法独立概念时是要求将人民的司法交给"人民团体"，贵族的司法要交给"贵族司法团体"，而所有的司法都要与国王的"国家执行权"保持距离。[②] 在理论上，法官独立并非不需要论证的"当然之理"。马克思和恩格斯论证司法独立的观点比较具有代表性：首先，司法独立的要求来自于人类对专制本性的恐惧，在马克思和恩格斯使用的词语中，"法院"和"法官"几乎为同义语，言及法官独立的地方，也大多数是从法院独立的角度而言。其次，马克思强调法官独立还是针对普鲁士司法制度中法官受制于政府的现状，即法官的选任、升迁和处罚掌握在行政机关，统治集团"将不符合普鲁士王国荣誉标准的人从法官队伍中排挤出去，其后果就是让法官变成军官联合会"。最后，法官独立于法院也就是法官在个案审理中有独立判断并论证的权力，恩格斯认为这是法院与"行政集体议事机构"的区别，是摆脱封建残余的可取之法。从前面的分析我们可以看到，法院最初是整体作为封建领主的从属机构存在的。[③]

由此可见，法官独立实际上从属于法院独立，法院独立是司法独立的主要依托，而法官独立只是为法院独立多加了一层"个人主义"色彩的保障。

[①] 有观点认为，在司法独立理论中，首先是强调法官独立，当代法院制度产生之后才有了法院独立概念。参见蒋惠岭：《"法院独立"与"法官独立"之辩——一个中式命题的终结》，载《法律科学》2015 年第 1 期。

[②] 杜苏：《司法独立的黎明——法国古典司法体制诸问题研究》，载《中外法学》2013 年第 1 期。

[③] 胡玉鸿：《马克思恩格斯论司法独立》，载《法学研究》2002 年第 1 期。

"唯一正确判决"的存在性直接影响到"法官独立"存在的必要性。如果认为不存在"唯一正确判决",那么就应当确认法官独立,单个的法官原则上必须把自己对法律的建构性诠释看作一项以公民间公共交往为支撑的共同事业,每个法官的建构性诠释都应该被公示和记录,以在裁判活动中形成一种商谈的氛围。如同美国联邦最高法院的判决,多数意见和不同意见会形成不同观念群体的对话;反之,如果认为存在"唯一正确判决",而法官、审判组织和法院的职责都是找出这一"唯一正确判决",单个法官的独立思想并不重要,重要的是审判组织、法院形成的最后判决是否符合"唯一正确判决"。回到司法实践中,除了在少数宪法层面的重大案件"唯一正确判决"难以实现之外,在绝大多数普通案件中,尤其是司法系统无权处理宪法争议的法律体系中,"唯一正确判决"正是司法系统必须精心建构的公众形象,而最为理想的"唯一正确判决"是所有法官在自己独立判断基础上达到的唯一正确判决。

总而言之,司法独立在古典意义上的理想状态应当是法院全体法官,或者全体公民组成的公民大会共同审理案件,排除其他一切机关、团体、组织的干扰。审判组织的独立是司法系统面对案件数量增长,考虑办案效率所做的折衷,也就是不得不授权部分法官组成的审判组织代表整个法院,法院的独立就由审判组织独立实现。而法官独立的意义是从属性和支撑性的。法院是司法权的法律主体,而个体法官并非司法权的主体,只有个体法官得到法院授权成为合法的审判组织——独任法官,才能具有具体的办案职权。法官独立在法律意义上与法院独立根本不同。从司法实践和司法独立的理论需求两个角度看,中国司法独立现实所需要的是办案组织独立,而非法官独立或检察官独立。办案组织独立的法律含义与法院独立也根本不同,并非办案组织独立行使司法权,而是独立行使办案职权,独立的办案职权赋予办案组织排除来自司法机关内外干扰的能力。

二、司法官的专业化原则

司法队伍的专业化是司法办案组织专业化的基础,法律职业团体塑造了当今的办案组织,司法队伍的专业化是法律职业团体形成的必由之路,其对办案组织的意义前文述及。自改革开放司法机关恢复重建开始,司法机关一直致力于司法官队伍的专业化,现在法官、检察官队伍的专业学历水平和办案经历水平都已经大大提高。但是,司法官队伍准入的专业化和职业化要求，不等于司法官队伍整体的专业化和职业化，在司法官队伍的培养、管理等多方面还有许多反对专业化的因素存在，其中最为突出的是司法官队伍管理的行政化。在法院中具有法官职务的人可能在非审判岗位，虽然从事纯粹的司法行政工作，如人力资源管理、后勤保障等，但同样具有法官身份和待遇，对于审判岗位的法官来说就是"办案与不办案一个样"；具有法官职务的人在办案时，也还要从事司法辅助人员应当承担的事务性工作；具有法官职务的法官等级完全与行政级别挂钩，基层法院的法官受制于法院的行政级别和职数限制，即使从事审判工作时间很长，也很难晋升到较高的法官等级。

党的十八届四中全会将推进法治专门队伍正规化、专业化、职业化作为推进依法治国的一项内容。最高人民法院《人民法院第四个五年改革纲要（2014—2018）》提出，坚持以法官为中心、以服务审判为重心，建立分类科学、结构合理、分工明确、保障有力的法院人员管理制度，将法院人员分为法官、审判辅助人员和司法行政人员，实行分类管理。目标是建立适应司法工作发展要求，符合司法职业特点，有别于普通公务员的人员管理制度，优化司法队伍结构，实现法院队伍的正规化、专业化、职业化发展。最高人民检察院《关于深化检察改革的意见（2013—2017年工作规划）》也提出将建立符合职业特点的检察人员管理制度。强调实行检察人员分类管理，将检察人员划分为检察官、检察辅助人员和司法行政人员三类，完善相应的管理制度，包括：建立检察官员额制度，合理确定检察官与其他人员的比例；建立检察官专业职务序列及与其相配套的工资制度；完善检察官职业准入和选任制度，适当提高初任检察官的任职年龄、法律工作年限；根据检察院不同层级，设置检察官不同的任职条件；健全检察官统一招录、有序交流、逐级遴选机制。初任检察官由省级检察院统一招录，一律在基层检察院任职，上级检察院的检察官一般从下一级检察院的优秀检察官中遴选；建立检察官遴选委员会制度。

西方法治国家的司法官专业化和职业化道路经历了漫长的历史进程。封建时代司法官职位一直被封建领主及其家臣垄断，随着罗马法在欧洲的复兴，具有罗马法知识的教会人士才逐步取代贵族，主导后来的司法机关办案组织。司法官的专业化和职业化这一革命性进程是借助法律知识和司法权力的双重更替的契机完成的。① 中华人民共和国成立，中国的司法权力完成了从资产阶级到人民的更替，法律知识的更替也随后发生，这就是中国特色社会主义法律体系的完成，接受社会主义法治教育的专业人员逐步充实全国各级司法机关。虽然在司法人员管理上还有一些行政化和"非专业化"的不利因素，但是总体趋势明显是向着专业化和职业化的方向前进。本次司法人员分类管理改革是向着正确目标迈进的，要确保司法人员分类管理改革真正到位，还要注意三个方面问题。

一是要努力做到党的干部管理体制的分类精细化。坚持党管干部原则，是司法官队伍建设的根本原则，也是司法官专业化和职业化发展的根本政治保障。在实行两党制、多党制的西方法治国家，法官人选的推荐、任命都是各政党实现政治利益最大化的重要"战场"。西方国家虽然在法律上确认法官的政治中立原则，实际上任何重要法官职位的任命都不可能做到政治中立。司法人员的分类管理如果只停留在司法机关自身层面上，制度根基仍显脆弱，而是要在党的干部管理体制上予以确认。过去一个时期，党的干部管理体制仍然带有战争年代高度集中统一的特点，分类管理的概念和框架只是在公务员法规定的公务员管理体制内，② 还没有涉及司法官的分类管理。如果司法人员分类管理改革没有在干部管理体制上得到确认，仍然会有不具备法官资格、不具备法律背景、不具备司法实务经验的"三无干部"担任法院院长、检察长的情况发生。

二是保证司法官队伍的合理更替。"每次重大革命最终都与革命前的法律妥协，通过将它们吸收到反映革命为之奋斗的主要目标、价值和信仰的新法律制度中而恢复它的许多成分"。司法官队伍的更新也必然与原有的"非专业化"成分妥协。现有司法官队伍中的"非专业化"主要是司法机关中不从事办案活动的司法行政部门工作人员、办案部门的负责人、各级司法机关的院领导。不论他们对于司法队伍专业化改革的观点立场如何，只要脱离了司法办案业务，他们的存在本身就是"非专业化"因素。这部分人员有的不具备办案经验，甚至不具备法律专业知识，但是占据管理司法机关人财物的行政资源，由于距离权力较近，在改革进程中很难不考虑自身利益。比如，

---

① 参见［比］范·卡内冈：《法官、立法者与法学教授——欧洲法律史篇》，薛张敏敏译，北京大学出版社 2006 年版，第 131 页。

② 参见林学启：《完善干部分级分类管理体制》，载《学习时报》2012 年 2 月 13 日。

在司法人员的分类改革中，具有行政职务和较高行政级别的司法官总是能够优先进入职业保障序列，而办案一线的，法律专业学历高、办案经验丰富、行政级别低的司法官却居于后位。这种现象虽然不合理，但是却是客观存在。专业化改革能走多远，与非专业化成分的比例紧密相关。

三是提高司法机关领导干部的专业化水平。在司法官队伍专业化发展进程中曾经有一种"倒置"现象，即从事办案工作的普通法官、检察官的学历和实务经验有严格准入门槛，如在司法人员分类改革中，遴选进入法官、检察官员额的条件都包括严格的法学教育背景、长期的办案经验，普遍高于确认进入员额的条件，而担任法院院长、检察长的专业学历和司法实务经验反而无保证。这种状况正在改变：2013 年时全国 31 名高级法院院长中，大学学历 17 人；法学学历的仅 11 人；有 7 人没有任何法学学历。到 2016 年年初各级国家机关换届，新任的 9 位高级法院院长、省级检察院检察长中，7 人均长期在司法机关任职，具有丰富的司法实务经验。到 2018 年换届选举产生的 31 名省级检察院检察长中，22 人具有法学研究生学历或硕士以上学位，28 人具有 10 年以上法律工作经历。法院院长、检察长作为高级司法官应当直接办理案件，如果不具备相应的法官、检察官资格，既不符合法律规定，也是对司法官专业化和职业化建设信心的伤害。如《战国策》中郭隗劝说燕昭王求贤一语："今王诚欲致士，先从隗始；隗且见事，况贤于隗者乎？岂远千里哉？"司法官队伍的专业化首先要从司法机关的领导干部开始，保证只有具备较高法学教育背景以及丰富办案经验的司法官担任院长、检察长，司法官队伍整体的专业化就不难实现。

三、以庭审为中心原则

办案程序对办案组织的结构和地位有直接影响。书面审案方式在历史上曾经是司法活动的一次重要进步，将审判活动带入了理性时代。然而，理性化的书面办案方式也取消了办案组织的独立性，书面审查的办案方式使遥远的国家权力中心能管辖每个乡村发生的民间纠纷，也使其他权力单位在任何时候能够对办案活动进行复查。办案活动成为国家中央权力行使其统治权的重要方式，分散的司法办案活动统一到中央权力意志之下，分散、多元的办案组织也相应成为单一、等级化官僚体系的组成部分。书面化的办案方式使中国人的裁判活动在很早的时候就摆脱了巫术、迷信的影响，高度等级化的办案组织使中央权力的统治意志渗透到国家的每个"神经末梢"。最为重要的是等级化的办案组织使其整体的近代化、现代化转型成为可能，而同样的过程在欧洲是缓慢发生的，从宗教裁判组织统一持续到法国大革命之前。

直到现在，书面化的办案方式在中国的办案组织中仍然居于难以动摇的地位，在研究中被称为"案卷笔录中心主义"模式，即从检察机关的审查起诉到法院的审判都是以审查和确认案卷材料为办案活动主要内容，即使是证人证言也主要以笔录形式收集、固定和审查，现代刑事证据规则在这种方式下难以有效存在，法庭审理流于形式。[①] "案卷笔录中心"主义与办案活动本来应该遵循的直接言词原则之间存在矛盾，庭审程序不是直接调查事实真相的过程，而是合议庭、检察院和辩护人集中阅卷的程序。导致"案卷笔录中心主义"审判模式的主要原因有三：一是证据规则上没有真正确立直接言辞原则。2009—2013 年深化司法体制改革阶段的一个重要任务就是完善刑事诉讼证据制度，其主要成果是修改刑事诉讼法以及最高人民法院、最高人民检察院、公安部和国家安全部共同制定了两个证据规则——《关于办理死刑案件审查判断证据若干问题的规定》和《关于办理刑事案件排除非法证据若干问题的规定》。两个《规定》不仅全面规定了刑事诉讼证据的基本原则，细化了证明标准，还进一步具体规定了对各类证据的收集、固定、审查、判断和运用；不仅规定了非法证据的内涵和外延，还对审查和排除非法证据的程序、证明责任等问题进行了具体的规范。特别是对证人出庭的条件、范围、程序等重要问题进一步予以明确。但是，证据规则的改革并未对办案方式带来根本变化。原因在于法律并未对证人证言笔录作为定案证据设置限制措施，鉴定人拒绝出庭不得将鉴定意见作为定案证据，而关键证人拒绝出庭证人证言笔录仍然可以作为定案证据使用，证人出庭的必要性被大大削弱。二是辩护律师的庭审辩护权没有得到有效保障。"会见难、阅卷难、调查取证难"是我国辩护权保障中长期存在的问题。随着 2007 年律师法修改，以及 2012 年刑事诉讼法修改，这一问题似乎在法律层面上已经得到基本解决。"旧三难"问题还没有彻底解决，由于法庭对于辩护律师发问、质证和辩论设置障碍，使法庭上行使辩护权处处受限，又出现了发问难、质证难、辩论难"新三难"问题。2015 年最高人民法院、最高人民检察院、公安部、国家

[①] 陈瑞华：《案卷笔录中心主义——对中国刑事审判方式的重新考察》，载《法学研究》2006 年第 4 期。

安全部、司法部联合发布《关于保障律师执业权利的规定》，特别强调了保障律师在庭审中发问、质证、辩论的权利。三是缺乏正式的庭前程序。审查起诉和庭前证据交换程序是庭审程序的重要前置环节，有较为完备的庭前程序是发挥庭审程序作用的有效途径。长期以来，检察机关的审查起诉程序案卷笔录中心主义色彩更浓，检察官"办案程序"即为"办公程序"，办公室作业即是办案活动的主要形式。庭前证据交换程序是在2013年修改刑事诉讼法后新增的制度，庭前程序的主要内容、程序和效力还都在探索争论中。

党的十八届四中全会提出了以审判为中心的诉讼制度改革。"以审判为中心"要求侦查、起诉和辩护等各诉讼环节都必须围绕审判展开，做到事实证据调查在法庭，定罪量刑辩论在法庭，判决结果形成在法庭。"以审判为中心"是针对原有刑事诉讼程序中"以侦查为中心"的弊病，但是审判活动还要"以庭审为中心"，如果审判活动仍然以"审判组织阅卷为中心"，也就无法改变"以侦查为中心"，因为侦查程序是形成案卷和证人笔录的关键环节，审判活动只不过是帮助侦查程序完善案卷和证人证言的环节。因此，"以审判为中心"的改革进一步明确为"以庭审程序为中心"，如此才能让审判组织真正取代侦查机关成为案件的最终决定者，甚至可以达到改造办案组织，加强办案组织独立地位的作用。

"以审判为中心""以庭审程序为中心"和"以审判组织为中心"是"三位一体"必须协同推进和加强的，仅强调一方面无法同时达到另两方面的目标：（1）在刑事诉讼程序中贯彻直接言词原则。"以庭审为中心"的诉讼程序的基础是直接言词原则，中国人没有出庭作证的习惯不能一直成为阻碍直接言词原则落实的原因，直到改革开放之前，中国人都没有走进法院争取正义的习惯，关键是法律制度是否有最低限度的强制和最高限度的保障。刑事诉讼对公众的人身、财产权利影响重大，而且一些刑事案件影响重大，证人直接出庭作证可以形成一定的示范效应。（2）在可能适用死刑的案件中确立证人证言笔录的排除规则。主要是落实《关于办理死刑案件审查判断证据若干问题的规定》中有关被告人、辩护人对证人证言有异议时，法院通知证人出庭的规定。被告人、辩护人以对定罪量刑有重大影响的证人证言未质证提出上诉的，上一级法院应当开庭审理，通知证人出庭甚至可以强制该证人出庭，证人当庭证言与证人证言笔录不一致的，应当认定该案事实不清、证据不足发回重审。（3）推动制定专门的证人作证法。证人证言是诉讼程序中重要而又复杂的证据形式，证人证言的形式、交叉盘问、证人保护、侦查人员作证等重要问题需要有法律专门予以规定，还要从法律层面充分保障辩护人对证人交叉询问的权利。对证人证言辩护人没有机会进行交叉询问，或者询问不充分，质证权利没有得到充分保障，辩护人也可以原审程序严重违法诉讼程序，影响案件公正处理为理由提起上诉。（4）在检察办案环节引入适度司法化的办案方式。检察院在审查批准逮捕、审查起诉等司法属性较强的办案活动中，可以采取"适度司法化的办案方式"。"司法化"是指在检察办案活动中引入"三方诉讼构造"，由检察办案组织居中直接听取意见，侦查机关、被害人和辩护律师、犯罪嫌疑人双方直接陈述意见、提出证据材料等类似于审判活动的办案形式。"适度"是指引进对审听证程序要素，而不是照搬诉讼式的办案方式，建构审前程序的弹劾制构造。① 检察办案活动的"适度司法化"有助于加强一线办案检察官的权威性和独立性，使检察办案组织的判断、意见在案件最终处理结果中的地位上升，减少上级检察官、检察长对办案活动的直接干预。

四、司法公信力原则

司法机关办案组织不能止步于查明案件真相和准确适用法律，还必须在社会中获得公信力，这一任务如果不能完成，则前两项工作也没有意义。"法律应该被信仰"，"办案组织同样要被信赖"，不是公众应当信仰法律和信赖办案组织，而是办案组织需要争取公众的信赖。中国司法机关办案组织的现实问题之一就是缺乏公信力，由于缺乏公信力导致社会公众成为司法机关办案组织独立的怀疑者，从反面还加剧了办案组织的独立危机。司法机关在中国公信力危机的原因是多方面的。

（一）社会利益分化多元

改革开放四十多年，随着多种所有制经济的发展和政治体制改革的逐步推进，社会阶层迅速分化，而市场经济的发展为需求的形成和分化提供了良好的环境。我国现阶段正处于全面向社会主义现代化社会转型的过程中，多元化需求在立法过程中所起到的影响越来越普遍和深入，这在一些有巨大社会影响的"公案"中表现得比较明显，不同人群对案件处理所持观点会大相径庭。

---

① 参见龙宗智：《检察机关办案方式的适度司法化改革》，载《中国检察官》2013年第1期。

（二）司法观念存在分歧

司法观念是社会观念的组成部分，社会观念的分裂、对立和交锋必然反映到司法观念领域。比如，在人民陪审员制度改革过程中就经历了从精英化回归大众化的过程。又如，在办案组织的公信力建立中以贯彻"司法人民性"为根本路径，但是，如何体现人民性的认识却存在分歧：一方面，主张借鉴西方先进司法技术，提高司法官的专业学历背景，建立专门司法程序，设置"法袍""法槌"等司法象征；另一方面，主张发挥本国资源优势，回到革命战争年代司法工作经验、中国乡土社会的纠纷解决传统中寻找司法人民性的根本依托。观念的分歧必然导致社会共识难以形成，公信力也同样难以达成。

（三）改革带来的不稳定因素

虽然司法改革已经被限定在司法体制和工作机制层面，而不是司法制度的根本变革，但是由于改革涉及的内容广、问题多、程度深。尽管改革尽可能"不折腾"，尤其是不让群众利益受到影响，也难免对社会产生影响，公众在其中也经历变化。如正在进行的立案登记制改革，案件受理制度从立案审查变为立案登记，做到有案必立、有诉必理，以往难以进入司法程序的纠纷，从2015年5月4日开始全部被法院受理。据不完全统计，4日当天全国法院立案数量达到67000件，原来很难立案的行政诉讼成了案件数量增长最明显的部分，省级以下人民法院行政案件数量大幅增加。法律既要追求正义又要保持稳定，稳定是维持公众对法律信赖的关键因素。改革必然带来改变，既有积极的也有消极的，而且从辩证唯物主义的实践论出发，谁也不可能通过一次改革实践即接近"真理"，而实践的代价就有可能包括司法公信力的耗费。

（四）冤假错案和腐败案件的影响

"一次不公正的审判，其恶果甚至超过十次犯罪。"2012—2014年，各地纠正的有重大影响的冤假错案23件，[①] 仅2014年纠正重大冤假错案就有12件。其中揭露出来的少数侦查人员刑讯逼供、检察机关监督不力、审判机关"疑罪从轻"的倾向以及各级办案组织相互监督制约作用不能有效发挥等问题，就社会公众的角度看来，不仅这些冤假错案中存在，在其他案件中也可

---

① 徐隽：《盘点十八大以来纠正的23起重大冤假错案》，载《人民日报》2014年12月17日。

能存在。特别是近年出现较高级别法官、检察官腐败案件，也损害了司法公信力。

（五）专业化和大众化的认识分歧 ①

司法官的专业化立场与公众的大众化观念、情感之间存在冲突关系，这是所有法治国家面临的共同难题。办案组织在处理社会关注度较高的案件时总会面临民意、民愤的压力，媒体和互联网的介入便利公众了解案情和议论，也使公众意见中的群体极化加速出现。对于司法改革的重大问题，司法官团体对改革有较大的发言权和影响力。但是，专业化认识与社会公众的看法难免会存在分歧。从司法官团体中的部分观点来看，司法公正是宪法委托给司法机关及司法官团体的垄断职责，司法活动已经是高度专业化的活动，社会公众不具备参与其中的能力和必要性。也有观点认为，司法活动越是与普通公众隔离，越是难以获得社会公信力。然而，如何让普通公众跨越专业化的壁垒参与到司法活动中来又是待解难题。

司法机关办案组织要回应社会需求高度分化、多元化的现状，就要实现组织形式上多元化，希望用单一办案组织形式解决所有诉讼争议问题难以实现。在办案组织形式上体现社会利益多元化的基本特征，在办案组织内部"复制"社会不同利益阶层讨论、协商并形成一致意见的过程，保持开放性的架构，确保公民参与司法机关办案活动的途径畅通。人民陪审员、人民监督员制度是公众参与司法办案活动的两种主要形式，两种制度不约而同地放弃精英化的原有发展方向转而投向大众化。2015 年最高人民法院《人民陪审员制度改革方案》明确提出，人民陪审员的选任应当注意吸收普通群众，兼顾社会各阶层人员的结构比例，注意吸收社会不同行业、不同职业、不同年龄、不同民族、不同性别的人员，实现人民陪审员的广泛性和代表性。人民陪审员、人民监督员虽然在选任条件方面降低了学历、职业等标准，强调了来源的代表性，但是，更为重要的是在选任程序上实现大众化和开放性。以往在由法院、检察院自己选任人民陪审员、人民监督员，候选人也来自于社会团体、基层组织、事业单位和企业的推荐，经过这些程序的"筛选"，进入人民陪审员、人民监督员队伍的都是当地各行各业的精英分子，而且选任过程对普通公众是"封闭"的。因此，本次人民陪审员制度改革方案中加入

---

① 参见孙笑侠、熊静波：《判决与民意——兼比较考察中美法官如何对待民意》，载《政法论坛》2005 年第 5 期。

了从选民中随机抽取候选人的程序，使普通选民也有机会加入到人民陪审员行列中来。目前，人民监督员的选任主管部门从检察机关转移到司法行政部门，但是选任程序尚未明确，有必要参考人民陪审员的选任方法，向普通选民打开大门。

借助司法机关整体的公信力优势。近年来，有一些观点认为中国应当引入英美法系的"判决不同意见书制度"，[①] 即将少数法官的不同意见与多数法官形成的法院意见一并对外公布的制度。不同意见书制度的理由在于法官相对于审判组织、法院的独立地位，以及普通法系遵循经验主义的传统。大陆法系的传统是反对法官的不同意见，理由是在官僚色彩较浓的大陆法院体系下，如果公开不同意见反而会对法官独立带来消极影响。但是，1970年德国联邦宪法法院法增订了第30条第2款，准许评议时就判决结果或判决理由不表赞同的法官提出不同意见，且法院可以在其裁判中公布表决结果之比例关系。德国法律的这一变化也就成了中国理论界倾向不同意见书制度的缘由之一。2015年作为司法公开改革的一项尝试，某区法院在一起夫妻共同财产分割案件中首次公开了合议庭和审判委员会的不同意见。不同意见书制度虽然能够巩固法官的独立地位，但是对司法公信力的效果却是负面的，严格来说，不同意见书制度只有在宪法裁判中才具有特别重要的意义。宪法裁判不同于普通案件的裁判，其裁判结果不再能诉诸任何位阶更高的规范，政治上的效果是解释法律甚至立法，因而只能诉诸政策性商谈。相反，在普通案件中法院的任务是统一适用法律，对法律的解释也是尽量趋向于"唯一正确解释"，既是维护审判组织和法院的权威和公信力，更是维护法律的权威和公信。从学理上看，对于同一法条确实可以有不同的解释，但是，以判决形式公开这些解释就使问题超过了学理的范畴，进入社会治理的范畴。对于当事人来说，重要的是有执行力的多数法官的意见，而不是个别法官的不同意见。因此，办案组织更需要借助司法机关的整体权威和公信力，在普通案件判决中可以陈述并辩论不同意见，但是不能予以公开，以减损办案组织整体的公信力。

司法专业化不是拒绝大众化的理由。司法专业主义一方面在办案活动中

---

① 王启庭：《判决不同意见书的法律价值与制度建构——司法公开与裁判文书的创新》，载《社会科学研究》2006年第4期；万毅、林喜芬：《判决中的不同意见公开制度研究》，载《法律科学》2008年第1期。

拒绝大众化，将普通人的生活抽象成法律关系，将道德情感、理性直觉的判断替换成法律的专业化判断，并要求公众予以尊重和信赖。但是，另一方面司法专业主义却不能包办一切，对于其他专业领域，如知识产权纠纷领域、医患关系领域，以及各行业的专业审慎义务的判断，法律的专业主义就只能保持谦恭退让。司法专业主义的"象牙塔"外"法律门外汉"的挑战比以往复杂得多，其中既有老百姓的不信任，还有各行各业专业人士的不信任。司法专业化不是拒绝大众化的理由，各专业领域的专业化也是大众化的一种新的表现形式。专业的办案组织还要在大众化的道路上走得更远，对其他专业人士的开放尤为重要。目前，其他领域专业人士尚无进入司法机关办案组织的方法，只有作为鉴定人，或者有专门知识的证人出庭作证，可以参考德国的商事审判庭，将一些资深专业人士任命为法官、陪审员办理特定类型的案件。如任命经验丰富的交通警察作为专门法官处理道路交通事故案件，任命资深医生作为陪审员参与医患纠纷案件的合议庭等。

五、司法办案责任制原则

本轮司法改革中重要的任务是四项，而在四项改革任务中被官方称为"牛鼻子"的就是司法办案责任制改革。司法办案责任制的内容扼要而言，就是"让审理者裁判、由裁判者负责"和"落实谁办案谁负责"。由此可知，司法责任制原则的内容包括两个层次：第一层次是通过明确办案组织的形式及其权限，赋予其办案职权并落实办案责任；第二层次是落实办案职权职责后的办案质量终身负责制和错案责任倒查问责制。上述两项内容都已经通过具体的改革方案正在实践探索中。2015年最高人民法院发布的《关于完善人民法院司法责任制的若干意见》，最高人民检察院发布《关于完善人民检察院司法责任制的若干意见》，内容包括改革审判组织和检察机关办案组织形式和运作方式、明确司法人员职责和权限、办案责任的认定和追究、等部分，较为完整地明确了司法责任制两个方面的主要问题。法院司法责任被分为：审判责任和监督管理责任；检察院司法责任也被分为：司法责任和监督管理责任。从审判责任的内容看，主要是贪污受贿、徇私舞弊和枉法裁判行为，以及严重违反司法程序和证据规则的行为，内容接近于其他法治国家司法过错行为（Judicial Misconduct）的职业责任。

就司法责任制内容的第一个层次而言。完全意义上的"让审理者裁判、由裁判者负责"是不可能实现的，即在司法机关办案组织中审理职责和裁判职责难免分离，而且分离是为了适应法治的一些基本规律，并非一种不正常状态：首先，分离是法制改革的阶段需要。在一套司法体系接受新法律、新的法律思想过程中，就会出现审查权和裁决权的分离。比如，15 世纪在德意志邦国继受罗马法的过程中，受过罗马法训练的书记员、顾问、法学家开始进入裁判机构，虽然封建领主和主教是办案组织中名义上的裁判权主体，实际上决定案件的是精通罗马法的书记官。① 又如，在中华人民共和国成立后，在司法改革完成之前，社会主义法制取代旧中国法制的过程中，"旧法人员"名义上仍然担任司法官，但是，案件的决定权逐渐转移到工农干部为主体的新型法官、检察官。其次，分离是适应案件增长的需要。现代社会案件数量"爆炸"，不论在种类还是数量上都大大超过了现有办案组织形式的承受能力。以美国联邦法院体系为例，由于案件数量急剧膨胀，从地区法院、上诉法院甚至最高法院的法官只能在案件审理中严重依赖法律助手撰写法律意见，法律助手在一些情况下变成了"看不见的法官"，而法官的主要工作变成了监督和协调众多法律助手。一些业务素质比较差的法官也可以通过任用经验丰富的助理胜任法官职位。在当今中国的超大型城市，司法机关也在超负荷运行，尽管本轮司法改革对司法人员进行了分类改革，法官、检察官被限定在 33% 的比例以下，但是，实际上还是要依靠原来的助理审判员、助理检察员，也就是分类改革后的法官助理、检察官助理承担起大部分的办案工作。因此，一些改革试点单位，如上海市、海南省法院和检察院系统，② 都采取了"过渡期授权"的做法，即在五年左右的改革过渡期内，赋予一些法官助理、检察官助理与入额法官、检察官同等的办案职权。

就司法责任制内容的第二层次而言。中国应该建立何种法官、检察官错案责任追究争论很多。从改革要求看，司法办案责任追究的基本逻辑是：法官、检察官被赋予更多的办理案件的决定权，相应地就要承担更加严格的责任。在理论界对于法官、检察官的错案责任追究有许多不同意见，主要观点是责任追究的出发点要从监督制约司法官的办案职权转向保障司法官独立行使职权，追责原因从结果导向转向程序行为和职务行为失当，并严格限制追

① ［英］梅特兰等：《欧陆法律史概览》，屈文生等译，上海人民出版社 2008 年版，第 280—283 页。
② 参见金昌波：《保亭法院开展法官助理试点改革 法官办案多了左膀右臂》，载《海南日报》2015 年 7 月 30 日，第 5 版。

责的事由。①

西方法治国家的检察官、法官在履行司法职务时，宪法和法律赋予其独立地位，称为法官独立原则，同时也要承担一定责任。司法官职务责任的归责原则有两种主要模式：结果责任模式和不当行为责任模式。结果责任模式下，因为司法官的过错导致案件处理结果发生重大错误，司法官要承担相应责任。② 而行为责任模式下司法官只对违反职业伦理或者公平义务的行为承担责任，不能就案件裁判的质量要求司法官承担责任。

美国司法官的责任模式为典型的不当行为责任（Judicial Misconduct），目的是保障司法官依法独立行使职权。③ 法官不当行为的判断标准是美国律师协会的《司法行为示范准则》（Model Code of Judicial Conduct），不当行为一般包括在审判活动中语言和行为表现出来的偏见、歧视和骚扰，单方面接触、影响司法公正的不当言论，以及审判活动以外损害法官诚实、公正、独立形象的行为等。检察官不当行为判断标准为美国律师协会的《职业行为准则》（Model Rules of Professional Conduct），检察官在履行职务时多数情况下要遵循同律师一样的行为标准，专门适用于检察官的只有第3.8条，包括明知没有充分依据而起诉、不告知被告人获得律师帮助的权利、让被告人在没有律师帮助的情况下放弃审前权利、不及时向辩方开示明知的被告人无罪或罪轻的证据等。

德国司法官责任模式也主要为不当行为责任，法官履行职务受到法官独立原则保护，审理案件的行为和结果不受评价。但是，审判行为之外的职务行为也要受到公务行为一样的监督制约，称为职务监督责任（Dienstaufsicht）。德国的职务监督责任来源于国家机关组织法，适用于包括检察官、法官在内的所有公职人员，基础在于公职人员中间的上下隶属和领导关系。在适用于法官时特别注重区分适用范围，司法审判职责属于法官职务核心区域，不受职务监督，与法官审判独立无关以及与法官独立地位相抵触的职务受职务监督，比如，准时开庭与结束、严格遵守庭审程序、在听证或者调查程序中以合适的方式对待当事人等。④ 由于检察官履行职务遵循上

---

① 参见熊秋红：《法官责任制的改革走向》，载《人民法院报》2015 年 7 月 22 日。

② 参见陈瑞华：《法官责任制度三种模式》，载《法学研究》2015 年第 4 期。

③ 28 U.S. Code§351.

④ 参见孔祥承：《德国法官职务监督制度及其对我国的启示——兼评〈关于落实司法责任制　完善审判监督管理机制的意见〉》，载《河南财经政法大学学报》2018 年第 2 期。

命下从的检察一体化原则，基于法院组织法第 147 条规定，履行职务行为受职务监督。严格来说，德国司法官的职务监督并非对其司法办案行为的监督，而是司法官履行行政职务应当承担的责任。

有观点认为，我国的错案责任追究制是结果责任模式，并以此为理由批评错案责任追究制破坏法官独立审判和良心自由的基础。这是对司法责任的误解，司法责任制意义上的"错案责任倒查问责"不是单纯结果导向的，错案结果必须与司法官的职务不当行为结合，才能成为追究司法责任的构成要件。① 最高人民法院、最高人民检察院《关于完善人民法院司法责任制的若干意见》和《关于完善人民检察院司法责任制的若干意见》中，对应当承担司法责任情形的具体列举均采取错案结果和职务不当行为相结合的模式。其中《关于完善人民检察院司法责任制的若干意见》第 34 条规定检察官故意实施的 11 种行为要承担司法责任，如毁灭、伪造、隐匿证据材料、刑讯逼供、暴力取证、违反规定限制诉讼参与人诉讼权利等。第 35 条规定案件出现认定事实、适用法律出现重大错误、被错误处理、遗漏重要犯罪嫌疑人、重要罪行等错误结果，还要求办案人员有重大过失才能追究司法责任。《关于完善人民法院司法责任制的若干意见》第 28 条还专门规定案件处理结果即使发生错误也不追究错案责任的情形，即不存在办案人员重大过失的情形。我国的个案司法责任评鉴制度的重要目的之一就是在发生错案的情况下查明、判断办案人员是否有重大过失。

现阶段在中国的司法机关办案组织中，结果导向的、以错案为追责事由的司法责任，要在其适当的范围内发挥作用。检察机关因为其检察一体化的特征，以及检察办案组织本身的等级性，错案问责机制还要继续发挥作用，即保留案件事实认定、法律适用发生重大错误、遗漏重要犯罪嫌疑人或重大罪行、错误羁押等追责事由，② 以利于上级检察机关对下级的监督管理。在审判组织中，严格限制错案问责机制的追责事由范围，因错误裁判追究法官责任的，还必须以存在严重的司法过错行为前提，防止单纯因为错误裁判的损失后果就追究法官的司法责任，而且错误裁判造成的后果应当是给当事人、国家和社会造成重大损失，而非当事人财产权益的一般损失。

---

① 参见熊秋红：《法官责任制的改革走向》，载《人民法院报》2015 年 7 月 22 日，第 8 版。

② 参见最高人民检察院《关于完善人民检察院司法责任制的若干意见》第 35 条。

个案司法责任评鉴程序是在法院院长、检察院检察长领导下对法官、检察官办案活动的司法行政管理活动。评鉴本质上是鉴别法官、检察官在办案中的职务不当行为，而不是为了鉴别错案，它对办案质量的促进是间接的"反射"作用。这也是个案司法责任评鉴与案件质量评查制度的关键差异。个案司法责任评鉴制度存在和运行应当保障司法责任制落实，既要让法官、检察官依法独立行使办案决定权，又要对其落实错案倒查追责。因而，在个案评鉴制度的运行中应注意：交付评鉴的事由主要是错案结果与法官、检察官的职务不当行为结合，不能单纯以错案结果追究检察官的办案责任。个案评鉴主体主要是法院、检察院，其中应当包括与被评鉴法官、检察官同一系统的其他司法官。个案评鉴程序可以书面审查形式为主，必要时可以听证审查，调取必要的书证、物证、证人证言和专家意见，程序终结前必须听取被评议检察官的申辩意见。

第三节　审判组织的改革路径

在审判组织方面，本轮司法改革与以往的不同之处在于特别凸显了法官个体在办案职权配置、办案权力运行以及办案责任归属方面的主体地位。在法院整体依法独立行使审判权的宪法、法律架构下，在司法权力运行机制方面实现从组织（集体）向个人的重大转变。审判组织的完善路径简言之可以概括为一条在司法权力运行机制层面的"独立之路"。

一、确保主审法官相对独立行使职权

司法责任制改革目的是要实现"让审理者裁判，让裁判者负责"，将裁判案件、签发裁判文书的权力下放给主审法官，在审判权运行机制层面确认在认识主审法官制度之前必须明确，司法责任制并非为了确认法官独立，而主要是为了确定办案责任，并将责任落实到"人"。对主审法官研究的主要问题是如何实现主审法官的主体地位，研究中提出的观点包括：一是确立主审法官办案主体地位。主张由独任法官直接决定一般案件的审判结果，而不用庭长、院长层层审批，将主审法官置于审判办案责任制的核心地位，按照

权责一致的原则配置主审法官的权力和办案责任。① 主审法官责任制被司法改革方案所采纳，成为司法体制和工作机制改革的重点内容。二是建立主审法官的错案责任追究机制。实践中不信任主审法官的原因就在于监督制约机制的缺失，使人担忧主审法官滥用权力。② 但是，错案责任追究机制的研究还有待深入，多数观点主张建立相对独立的主审法官案件责任评议程序。③三是完善主审法官的责任保障机制。办案责任的保障机制同时也是法官职业保障机制，由于主审法官承担较大的错案责任和职业风险，也需要具备较高的职业保障，包括薪酬待遇、福利和相对确定的晋升机会。

主审法官与传统的审判权运行机制下的"承办人""承办法官"有显著不同。推行主审法官办案责任制面对的根本矛盾是，实际上以主审法官个人为核心的办案组织与法律上法院整体独立行使审判权的矛盾。在传统的层级审批制下虽然案件由承办法官个人审理，但是经过了庭长、院长审批，在形式上可以认为是法院的整体裁判意志的体现。而在主审法官办案责任制之下，主审法官有直接签发裁判文书的权力，除审判委员会讨论决定的案件外，院长、副院长、庭长对其未直接参加审理案件的裁判文书不再进行审核签发。院长、副院长、庭长的审判管理和监督活动严格控制在职责和权限的范围内，并在工作平台上公开进行。院长、副院长、庭长除参加审判委员会、专业法官会议外，不得对其没有参加审理的案件发表倾向性意见。法院院长不是法院审判权的唯一代表，根据 2018 年《人民法院组织法》第 40 条规定，人民法院的审判人员由院长、副院长、审判委员会委员和审判员等人员组成。院长和审判员在组织法上具有同等地位，法院院长不同于检察长有法定的统一领导检察工作的权力，审判员的审判权也来自于法律的直接授予，而非院长的授权。因此，由审判员组成的合议庭依据法院组织法规定，在审理案件时具有代表法院整体行使审判权的法律地位。但是，为了照顾社会现实和管理体制的现实，司法责任制改革采取了一种折中的

---

① 此种观点在研究中已经成为通说，参见叶青：《主审法官依法独立行使审判权的羁绊与出路》，载《政治与法律》2015 年第 1 期；叶青：《主审法官责任制析》，载《法学》1995 年第 7 期。

② 参见李文霞：《"主审法官制"应该缓行》，载《郑州航空工业学院学报（社会科学版）》2005 年第 2 期。

③ 参见孙伟峰：《主审法官办案责任制的现实困扰与治理——基于基层法院视角的考察》，载《湖南农业大学学报（社会科学版）》2014 年第 6 期。

方法，规定特定的重大疑难复杂、涉及群体性纠纷等案件的主审法官需要向院长、副院长、庭长报告案件进展和评议情况。

主审法官独立审理案件的职权不能止步于独立签发裁判文书，从西方法治国家的实践来看，案件分配管理体制对于主审法官独立审判也至关重要。如果案件分配权掌握在法院行政首长手中，也就可以通过案件分配间接操纵主审法官的裁判，将与自己观点不同的法官排除，而选择倾向自己观点的法官审理案件。所以，最高人民法院在改革中要求：建立案件分配机制，实行"随机分案为主、指定分案为辅"的案件分配制度。按照审判领域类别，随机确定案件的承办法官。因特殊情况需要对随机分案结果进行调整的，应当将调整理由及结果在法院工作平台上公示。实际上案件分配与合议庭的组成是同一事务的两个方面，案件随机分配而合议庭成员长期固定，会导致合议庭意见的趋同或者审判长影响的固化。因此，合议庭的组成只能是"相对固定"的，可以以年为单位调整合议庭组成人员，即每年年初调整合议庭组成人员，并且制定案件随机分配方案，按照案件序号、合议庭编号、审判长姓氏笔画等方式随机顺序分配案件。

二、法官助理作用的实质化

从司法实践看，在案件数量特别多的法院，法官助理的地位就特别重要。法官助理既是审判事务的助手，还是法官队伍的后备人才团推，他们的地位、作用和效率关系到司法责任制的成败，如何在保证审判为中心、坚持司法公正的同时兼顾司法效率关键在法官助理。目前司法改革尚以法官为重点，关注法官的分类、法官的办案职权，对法官助理关注还不够。

法官助理作用的实质化，实际上就是"法官化"。法官助理不能仅定位于审判辅助人员，而要在案件特别多的基层法院可以由法官助理在法官指导下直接审理小额诉讼案件、速裁程序案件或主持案件调解。从办案组织的发展历史看，谁会成为真正的案件裁判者，并不取决于统治权的"任命"，而更多取决于办案方式、案件类型和规模。在案件数量比较少，法官办案压力不大的地方，法官助理可以安于"助理"的角色定位，由法官名正言顺地主持案件审理和起草判决意见。而在案件数量特别多的地区，不论是否有正式的"任命"，法官助理都会成为实际上的"法官"。但是，法官助理的"法官化"需要面对旧有的两个矛盾：一是审查权与裁决权的分离；二是在实质作用接近的情况下，为什么要给予法官更高的职务保障。对于第一个问题，前面的分析已经指出，这是发达国家普遍存在的问题，只不过需要在司法责任层面作必要的调整，对于法官和法官助理要采取不同的责任形式。对于第二个问题，法官待遇要高于法官助理的重要性在于管理学上的"第十名效应"，对于办案绩效优秀的法官助理给予等级、工资和地位上的晋升，以促使他们更加努力地办案。

可以参考我国台湾地区法院中的候补法官、试署法官制度，司法学员从司法官学院分配任用后，先担任候补法官或候补检察官，候补期间为 5 年。候补期满经审查及格者，定为试署法官，试署期间为 1 年（律师、学者等为 2 年）。候补期的前两年只能办理简单的司法事务或作为陪席法官。之后，可以办理独任裁定案件或简易程序案件、小额案件。试署法官的办案范围比候补法官更大一些。对于具有一定办案经验的，较为优秀的法官助理，可以经过特别授权在法官指导下裁判案件，没有直接签发裁判文书的权力，裁判文书需要经过主审法官或者庭长等资深法官的审核。候补法官签署的裁判文书由自己承担办案责任，审核其裁判文书的法官承担监督管理责任。承担候补法官职责的法官助理应当具有相当的职业保障，如获取办案津贴等。由于在法官员额制下，一些法官助理可能受限于法官员额要长期担任助理，晋升法官的时间需要更长，对于法官助理也需要制定相应的等级，保证法官助理也能随着工作年限增加晋升等级并提高工资收入。

三、合议庭角色的去行政化

从现行法院组织法和诉讼法来看，合议庭的组成应当是随机的，但是实践中由于审判长制度的实施，合议庭成了相对固定的审判组织，固定的审判长与固定的几位法官组成了法院行政管理的一个基本单位。[①] 甚至审判长对审判庭内其他法官承办的案件有一定的审批权。合议庭的固化和行政化是司法责任制落实的障碍，会让审判组织变成法院的"内设机构"，使裁判过程脱离司法活动的本质特征，应当消解此种相对固定的合议庭，代之以随机组成的合议庭，一些地方法院已经在尝试实施。[②] 合议庭在实际运行中，往往

---

① 参见陈卫东、石献智：《审判长选任制的缺陷刍议》，载《法商研究》2002 年第 6 期。

② 参见王成均等：《推行随机组成合议庭制度探析——以山东省泰安市辖地区为数据样本》，载《人民法院报》2014 年 7 月 8 日。此外，天津、辽宁等地法院都开展了随机组成合议庭制度的探索。

陷入"形合实独"的境地，即案件审理表面上看起来是合议庭成员共同参与、共同审理，而实质上负责案件审理程序并最终作出裁决的是案件的主审法官，或者成为"承办人"。① 解决之道在于合议庭评议程序的完善。现行法院组织法、诉讼法对合议庭评议程序的规定属于空白，合议庭制度难以充分发挥作用，很大程度上是因为评议程序的空缺，地位平等、共同参与、充分陈述、独立表决、多数决定、异议保留等重要规则在我国的合议庭评议中都没有实现。②

　　解决合议庭角色行政化的问题首先要减少合议庭审理案件的数量，缩小合议庭审理案件的范围。"形合实独"问题的出现说明部分案件虽然法律要求由合议庭审理，而实际上独任法官完全能够胜任审理工作。实践中，法院案件数量暴涨也导致采取合议庭审判方式不现实。目前，全国法院受理案件数量超过 3000 万件，多数基层法院中一名法官平均每天至少要审结一件案件，在这种审判工作压力下实质上采取独任审判作为审判组织的一般形式是现实的选择。西方国家也经历过同样的审判组织的变迁。最初独任法官主要在基层法院的轻微刑事、民事案件中行使审判权。但是，随着法院案件压力的增大，也出现了扩大独任法官审理案件范围的需求。③ 2001 年 7 月 27 日颁行的《德国民事诉讼改革法》，极大地扩展了独任法官在一审和二审中的运用，州法院的民事审判方式从以合议制为原则变为以独任法官为原则。将《独任法官修正案》第 348 条第 1 款修正为"民事庭由其一名成员以独任法官进行裁判"，其目的在于提升州法院的办案能量，赋予独任法官审判权限，增加独任法官审理案件的比例，而且独任法官更加适应快速简便的判决，在

---

　　① 参见左为民、吴卫军：《"形合实独"：中国合议制度的困境和出路》，载《法制与社会发展》2002 年第 2 期。

　　② 持此种观点的研究成果包括：张旭良、傅蔚蔚：《试论基层法院合议制度的内部运作》，载《杭州商学院学报》2003 年第 4 期；林劲松：《我国合议庭评议制度反思》，载《法学》2005 年第 10 期；习静：《合议庭评议机制研究——以刑事诉讼为视角》2008 年西南政法大学硕士学位论文；王庆廷：《角色的强化、弱化与平衡——负责制视角下的合议庭成员考》，载《贵州警官职业学院学报》2008 年第 3 期；石东洋、刘新秀：《我国合议庭机制的运行困局及破解之策——以基层法院民事案件审判为研究样本》，载《湖北经济学院学报》2014 年第 4 期。

　　③ Dambrauskien09, G., *Workload Quotas for District Court Judges as a Precondition for Implementation of Justice*, Jurisprudence, 2012（3）：22.

诸如离婚在内的民事案件中，当事人快速判决有更重大的利益。[①] 在刑事案件中，不同案件由不同的审判组织审理并无较大争议。在行政案件中产生了两种趋势，一种是美国式的司法一元模式，即普通法院也就是行政法院，有权审查行政行为，这意味着每一名法官都有权在自己的案件中对行政行为的合宪性和合法性进行审查；一种是欧洲式的司法二元模式，由专门的行政法院审查行政行为，也排除了单独法官对行政诉讼的裁决权。[②] 因此，各级法院可以修订内部规则，进一步压缩合议庭审理案件的范围，将合议庭审理案件范围限制在少数重大、疑难、复杂案件，使合议庭成为审判委员会审理决定案件的"支撑"。另外，要提高合议庭决定的效力层级。目前合议庭的决定常常还要受到庭长、分管院领导的"审查"，虽然庭长、分管院领导不能直接改变合议庭的决定，但是可以决定合议庭审理的案件是否提交审判委员会讨论。这一程序控制机制实际上会对合议庭的决策结果有影响，难以避免少数情况下合议庭为了规避审判委员会程序而迁就庭长、分管院领导的意见，而且让合议庭更加"官僚化"。因而需要加强合议庭决定的权威性，明确规定只有合议庭自身决定是否将案件提交审判委员会讨论。

四、坚持审判委员会的审判职能

审判委员会虽然在法律上是最重要的审判组织，但是，长期以来一直受到行政化、违反直接审理原则的质疑。司法责任制改革强化主审法官、合议庭相对独立的案件决定权，在此背景下审判委员会作为审判组织的作用更显"多余"。因此，上海改革方案提出，将改革审判委员会制度，大幅减少个案指导，强化审委会总结审判经验、讨论决定审判工作重大问题、实施类案指导等方面的职能。限缩讨论案件的范围，一般仅讨论合议庭对法律适用有较大分歧意见的重点疑难复杂案件。方案还提出，主审法官对合议庭成员意见有较大分歧的案件，可以提请召开主审法官联席会议进行讨论，讨论意见仅供参考；对法律适用存在重大异议的案件，可以提请院长决定提交审委会讨

---

① Belemann, G. D., *Kombiniertes einzelrichter-kollegialsystem im neuen zivilgericht der 1. instanz*, Zeitschrift Für Rechtspolitik, 1970（7）：161-164.

② Goossens, Jurgen, *Judicial review of legislative and administrative action in Belgium: looking back and going forward. Yale Law School Global Conversations Series, abstracts*, Presented at the 2012-11-29 panel "*Governing From the Bench: Global Perspectives on Judicial Review*", Yale Law School, 2012.

论决定。

　　审判委员会相对于传统的法官合议庭具有一定的"超越性"，表现在两个方面：一是讨论案件范围不涉及普通案件，而是涉及国家外交、安全和社会稳定的重大复杂案件，以及重大、疑难、复杂案件的法律适用问题。由此可见，审委会介入案件不只是为了发现案件事实和适用法律，而是为了让重大案件的裁判获得更高的司法权威和公信力，避免运用"简单多数决"的情况下出现"表决僵局"，以及不同意见对立引起的司法公信力危机。二是在讨论案件方式上采取民主集中制，而不是"简单多数决"。民主集中制是"民主基础上的集中和集中指导下的民主相结合"，可以避免"简单多数决"的一些弊端，使民主决策过程更加有效。

　　审判委员会作为审判组织的功能不应被忽视，而应明确其适当的定位。在中国司法机关审判组织中缺少"全体法官会议"这一特殊形式，而全体法官会议在西方国家法院中也是居于最高地位的审判组织，专门处理特别重大疑难复杂的案件、与本院类似案件的判决有冲突、对合议庭作出的裁判的案件进行再审。[①] 能够承担起这一角色职能的只有审判委员会。审判委员会在法院组织法上固有的讨论重大或者疑难案件的功能应该保留。因此，最高人民法院《关于完善人民法院司法责任制若干意见》中将涉及群体性纠纷，可能影响社会稳定的；疑难、复杂且在社会上有重大影响的；与本院或者上级法院的类案判决可能发生冲突的三类案件纳入审判委员会讨论案件范围。在各地法院审判委员会修订的工作规则中一般将涉及国家外交、安全和社会稳定的重大复杂案件、本院已经发生法律效力的判决、裁定、调解确有错误，需要再审的案件列入审判委员会讨论案件的范围。

　　审判委员会还可以在司法办案责任追责机制中作为法官独立行使办案职权的保障。如果在错案责任追责机制中，审判委员会这一民主集中制组织不发挥作用，追责机制的主要权力就会集中于庭长、院长等法院行政首长，不利于法官独立行使办案职权的制度环境的建立。因此，最高人民法院《关于完善人民法院司法责任制若干意见》提出，需要追究违法审判责任的，一般由院长、审判监督部门或者审判管理部门提出初步意见，由院长委托审判监督部门审查或者提请审判委员会进行讨论，经审查初步认定有关人员具有本

---

　　① Federal Rules of Appellate Procedure，Title VII. General Provisions，Rule 35. En Banc Determination.

意见所列违法审判责任追究情形的，人民法院监察部门应当启动违法审判责任追究程序。

审判委员会还是司法机关内部重要的分歧协调机制。合议庭审理案件时虽然由单数法官组成，但是也会出现一种特殊的"表决僵局"，即3名法官对案件持三种不同的意见。这样的情况下，合议庭可以将案件提交审判委员会讨论以打破僵局。除协调审判组织内部的分歧意见外，审判委员会在法律上还担负着协调司法机关之间分歧意见的功能，这就是检察长列席审判委员会制度。该制度一直被理论质疑的原因是违反控辩双方平等武装原则。为避免破坏控辩平衡，检察长列席审判委员会制度应当被定位为法院和检察院之间的分歧协调机制。中国的司法权被分为审判权和检察权二元结构，审判组织和检察办案组织在诉讼法上相互监督制约，检察办案组织并非单纯的公诉人角色，还要承担诉讼监督的职责，如果没有分歧协调机制，只有法律上的程序手段，也难免会形成"僵局"，即检察机关抗诉而法院驳回抗诉。检察长列席审判委员会的目的应该是避免这一"僵局"出现，而非是服务于指控犯罪的目的。因而需要将检察长列席审判委员会发言的范围进行限制，即只能对案件审理程序的违法、不规范之处提出监督意见，对抗诉案件发表监督意见，而不能对一审案件中事实认定和法律适用问题发表意见。

为了实现审判委员会的上述三项重要制度任务，还需要建立一些辅助机制：一是审判委员会直接开庭审理案件制度。2015年12月14日北京市知识产权法院审判委员会首开纪录，直接开庭审理案件。不能忽视的是，审判委员会直接审理案件时裁判文书的起草问题，可以确定由多数意见的委员中资历最深的一名负责撰写裁判文书。二是优化审判委员会成员组成。审判委员会应当主要由审判经验丰富的资深法官组成，可以设置固定的比例，即具有一定年限以上审判经验的审判委员会委员占比不得低于若干比例。三是进一步完善审判委员会议事规则，建立审判委员会会议材料、会议记录的签名确认制度等，使审判委员会委员重视自己在会议上发表的意见。

五、扩大人民陪审员的参与

人民陪审员参与审判组织是司法民主的重要体现形式。人民陪审员制度在运行中的主要问题是"陪而不审"，相对固定的陪审员成了法官完成合议庭形式审理任务的工具。2015年最高人民法院、司法部中央审议通过的《人民陪审员制度改革试点工作实施方案》从多个方面着手解决：一是从人民陪审员库中随机抽取确定参与合议庭的人选。首先在符合条件的选民中随机抽取人民陪审员候选人，候选人通过审查后再随机抽选任命为人民陪审员，最后参加合议庭前还要经过第三次随机抽选，如此保证法官、法院无法左右参与合议庭审理案件的人民陪审员人选。二是确定人民陪审员参与合议庭原则在 2 人以上。合议庭中只有 1 名人民陪审员无法对专业法官的意见形成有影响力的质疑和挑战，有 2 名以上人民陪审员参与会使案件评议程序更加深入和有质量。在德国的审判组织中，只要有陪审员参与，人数也都是 2 人。三是确定人民陪审员参与审理案件的范围。如果不确定人民陪审员参与案件范围，会导致人民陪审员制度被"闲置"。试点工作方案确定了三类案件原则上要有人民陪审员参与合议庭：涉及群体利益、社会公共利益、人民群众广泛关注或者其他社会影响较大的刑事、行政、民事案件；可能判处十年以上有期徒刑、无期徒刑的刑事案件；涉及征地拆迁、环境保护、食品药品安全的重大案件。此外，还规定第一审刑事案件被告人、民事案件当事人和行政案件原告有权申请人民陪审员参加合议庭审判。人民法院接到申请后，经审查决定适用人民陪审制审理案件的，应当组成有人民陪审员参加的合议庭进行审判。

第四节　检察办案组织的改革路径

检察办案组织的核心是检察官，检察官是办案组织的负责人和代表人，性质上是检察机关的组成机构。[①] 根据刑事诉讼法和刑事诉讼规则，检察机关的办案部门是承担检察办案职权、职责的主体。检察机关的内设机构不仅包括办案组织，还包括一些承担司法行政事务的综合部门。以往的研究认为，检察一体原则在检察机关内部，要求检察官受到上级指令权约束，而检

---

① 如《德国法院组织法》第 142 条：（1）以下机构履行检察院职责：联邦最高法院为一名联邦总检察官，一名或多名检察官；州高等法院和州法院为一名或多名检察官；地区法院为一名或多名检察官或地区检察官。（2）地区检察官的职权不涉及地区法院刑事诉讼中的公诉准备程序，以及其他法院履行初审法院职责时的该项程序。（3）检察官助理可以承担地区检察官的职责或者在具体个案中在检察官的监督下履行检察官的职责。

察独立原则是指检察机关相对于外部干预的独立。^① 近年来的司法实践表明，检察官在检察机关内部的相对独立对于公正司法也有重要价值，如果检察官在检察机关内部不独立，办案责任就无法落实。但是，如何在检察官身上实现检察一体和检察独立原则的调和就成了值得研究的问题。因此，有观点提出检察官相对独立原则，但是由于宪法、检察机关组织法上并无检察官独立原则。因此，出现了用"办案责任独立"代替"检察官独立"的观点。检察长也是检察官，只不过是"首席检察官"，检察办案组织的改进相对审判组织难度稍低，因为检察办案组织还会保留一定的行政化色彩和等级制度，这也是中国司法机关办案组织与生俱来的特征。完善司法责任制涉及检察权的责任分工、运行程序、监督制约机制、保障措施等内容。既要遵循司法活动一般规律，又要体现检察权运行的特殊规律，既要赋予检察官相对独立依法决定的权力，又要坚持检察一体化原则，保证上级检察院、检察长和检察委员会对司法工作的领导权。

一、确保检察官办案职权相对独立

检察官作为司法机关办案组织始于"主诉检察官办案责任制"改革。1998 年主诉检察官的建立是为了突破检察机关传统的"承办人承办，部门负责人审核，检察长审批"的办案模式，将一部分办案职权下放以增强检察官职权、职责的独立性，提高执法办案效率的改革。放权是主诉制改革的核心和本质，就是赋予主诉官履行职责所必需的权力。^② 2014 年开始的主任检察官办案责任制改革是主诉检察官责任制的延续和扩展，核心仍然是"放权"。在一些地方的实践探索中，"主任检察官办公室"成为检察机关的一种基本办案组织，主任检察官成为处在检察长和检察官之间的案件决策权主体。^③另一些研究则发现，将主任检察官定位为一级办案组织无法解决办案方式的行政化问题，"主任检察官办公室"会代替原有的内设机构继续检察机关内部的行政化结构。这一改革定位与日本、韩国和我国台湾地区的主任检察官

---

① 参见张建伟:《检察一体化:完善检察机关组织结构刍议》，载《人民检察》1996年第 4 期。

② 余双彪:《论主诉检察官办案责任制》，载《人民检察》2013 年第 17 期。

③ 将主任检察官定位为一级办案组织的研究成果，如潘祖全:《主任检察官制度的实践探索》，载《人民检察》2013 年第 19 期；高保京:《北京市检一分院主任检察官办案责任制及其运行》，载《国家检察官学院学报》2014 年第 2 期。

制度大相径庭，在这些国家实行检察官独任负责制，检察官个体是基本的办案组织，主任检察官是检察机关内设机构的行政负责人，主任检察官对检察官的决定仅有审核权而无改变或者决定权。2018年《人民检察院组织法》已经确定独任检察官和检察官办案组两种办案组织形式，解决现有检察机关办案组织问题的改革方向应该是"探索建立突出检察官主体地位的办案责任制"。[①]

一是以"去官本位"代替"去行政化"。内设机构改革和检察官办案组建设两者之间是互相衔接、相互支持的关系，检察官办案组的问题必须与检察机关的内设机构一同思考。检察机关内设机构改革不能简单说"去行政化"，这是法律规定的"检察长统一领导检察院工作、上级检察院领导下级检察院"的一体化原则决定的，检察权在办案和管理中都会有层级化的运行结构。即使在法院内设机构改革中也不能否定司法管理权的行政属性。[②] 以往检察机关内设机构的问题在于机构数量过多，管理层级过多，导致"管理检察官的检察官"相对较多，直接办案检察官相对较少，影响办案效率。同时，由于机构数量与检察官行政职务职级密切关联，检察官只能通过担任部门负责人领导职务才能获得行政职级晋升，检察机关自身也存在扩张机构数量、增加机构负责人职数的内在需求，检察机关的内部结构有从"行政化"向"官本位"发展的危险。所以，检察机关内设机构改革本质上是"去官本位"。

司法责任制改革后，对检察官实行员额制管理和单独职务序列管理，打破了检察官等级与行政职务、内设机构之间的关联关系。检察官不必通过担任业务部门负责人提高行政职级，而是根据办案业绩和职业资历晋升检察官等级。检察官办案组的主办检察官应当具有较高检察官等级，甚至具有同部门负责人一样的等级，以确保在办案活动中的权威。由于全面推行检察官权力清单，检察官、部门负责人、检察长之间的办案职权配置更加清晰定型

① 主张以个体检察官为基本办案组织确立检察官办案责任制的研究成果，如王一超：《检察官办案责任制改革的进路分析——兼对主任检察官制度的反思》，载《西南政法大学学报》2014年第3期；万毅：《主任检察官制度改革质评》，载《甘肃社会科学》2014年第4期；高飞：《检察官办案责任制的域外考察与借鉴》，载《江西警察学院学报》2014年第4期；龙宗智：《检察官办案责任制相关问题研究》，载《中国法学》2015年第1期。
② 崔永东：《司法改革与司法管理机制的"去行政化"》，载《政法论丛》2014年第6期。

化，司法责任划分有了明确的基础。此外，由于统一业务应用系统、办案流程监控系统，以及上海市检察机关主动研发应用的"检察官办案全程监督考核系统"，检察官办案权、主办检察官的监督权、业务部门负责人和检察长的业务管理权都可以实现全程留痕、全程记录，事后可追溯、可核查，以往"办案审批制"带来的个人司法责任不明的问题也可以得到较好解决。

二是规范检察官办案组的司法办案职能。检察官办案组承担重大疑难复杂案件时案件决定权由主办检察官行使，办案组内的其他检察官、检察官助理和书记员都要服从主办检察官指挥。主办检察官和其他检察官共同承担责任，主办检察官对职权范围内决定的事项承担责任，其他检察官对自己的行为承担责任。存在疑问的是办案组内检察官单独承办案件时，主办检察官和其他检察官的分工。此时，主办检察官承担的司法办案职能，本质上是司法监管职能，要作为新型司法监管机制的关键环节，建立形成主办检察官建议、检察官联席会议研讨、提交检察长决定、检委会审议等多层次立体化监管体系。在一般情况下，检察官办案组内部的若干检察官在执法办案中的地位是平等的，检察官根据案件承办确定机制被确定为具体案件的承办人，即具有检察官权力清单赋予的办案职权，主办检察官无权干涉、改变其他检察官的决定。根据权力清单规定，案件中需要提交检察长（副检察长）决定或者审核的事项，主办检察官可以先行审核把关，并就该事项书面提出自己的处理建议供检察长决策参考。但是，根据权力清单需要事先交部门负责人审核的事项，则不必由主办检察官审核，以缩减案件审核流转的中间环节，提高办案效率。主办检察官作为独任检察官承办的案件，需要提交检察长（副检察长）决定或者审核的，可以先交部门负责人审核把关。

三是规范检察官办案组的办案监督职能。在办案监督方面，可以赋予主办检察官一定的案件承办确定权。在案件数量大、轻微案件占多数的基层院，案件承办确定机制可以采取"随机分案为主、指定分案为辅"的原则。承担专业化办案职能的检察官办案组就要按照专业分案。而在重大疑难复杂案件、无期徒刑以上案件占多数的市分院，由于不同案件的工作量差异很大，随机分案实际上会造成更大的不均衡，可以考虑将案件直接分配至检察官办案组，全院范围确保各检察官办案组工作量的均衡，而由检察官办案组确定具体的案件承办人。

检察官办案组逐步取代业务部门在业务管理方面的职能应当是内设机构改革的发展方向，实现"检察官—部门负责人—检察长"三级检察权运行体系转变为"检察官—主办检察官""主办检察官—检察长"并行的两级体系。检察权运行体系转变的重要支撑条件是选强配强主办检察官队伍，按照选任部门负责人的业务素质和能力要求选任主办检察官，确保主办检察官能够完全胜任部门负责人的绝大多数办案监督职能。检察官办案组建立运行后，逐步修订检察官权力清单，将其中部门负责人的审核、决策权转移给主办检察官，让部门负责人在具体个案办理中的作用降下来，并在统一业务应用系统中赋予主办检察官等同于部门负责人的操作权限。

四是规范检察官办案组的业务管理职能。在人员管理方面，检察官办案组可以建立人员双向选择机制，主办检察官由检察长任命，主办检察官可以选择办案组的检察官和检察辅助人员，检察官和检察辅助人员也可以选择办案组。办案组中的检察官和检察辅助人员按照两年一期重新选择，建立岗位交流机制，允许检察官助理、书记员在不同专业检察官办案组之间轮换，以利于检察官和检察辅助人员办案能力的均衡、全面发展。

在绩效考核方面，对专业化检察官办案组的办案业绩进行横向可比较的考核评价是难点所在，要解决这一问题首先要落实三项基础性工作：一是建立完整详尽的检察官岗位说明书。专业化办案组织考核难的问题就在于办案质效缺乏基础数据，专业化检察官办案组中检察官、检察官助理和书记员的配置要以专门案件的数量、工作量为基础，专业化检察官办案组首先必须完成基础办案量。二是完善检察官办案种类。以往检察机关有的执法办案活动并未纳入案件化办理，难以在绩效考核标准中设置横向可比较的指标。比如，检察官办理未成年人案件还要承担一些预防、矫正和教育工作，目前未纳入案件办理，甚至附条件不起诉的监督考察在统一业务应用系统中没有作为案件对待。下一步要尽可能将检察官承担的重大监督活动、类案监督、犯罪预防、综合治理等工作纳入案件化管理。三是完善不同类型案件工作量的权重系数。上海法院系统为了解决法官业绩考核问题，设计了一套案件权重系数，案件工作量测算采取的是"2+4"模式。即以案由和审理程序2项为基础，以庭审时间、笔录字数、审理天数、法律文书字数4项要素为计算依据，通过比较不同类型案件审理中这四项要素与全部案件审理中四项要素的占比程度，来区分不同类型案件的适用系数。检察机关也可以参照这种做法，对案件设置案由、诉讼流程、涉案人数、办理周期等参数，以衡量其工作量，参数设置可以在实践中逐步调整完善，不求"一步到位"。未来的检察人员绩效考核体系要以信息技术为基础，实现绩效考核直接到岗、到人。但是，绩效考核的结论不能单纯依靠数字计算，要实现对每个检察人员办案绩效的科学、客观、全面考核，必须以智能化系统的计算数据为基础，整合检察官办案组、部门负责人、分管检察长的评估意见形成。检察官办案组的主办检察官要对内部的检察官、检察辅助人员提出绩效考核意见，检察官、检察辅助人员也可以对主办检察官的工作提出考核建议供检察长参考。

二、规范检察长的决定权

检察机关的首长包括主任检察官、部门负责人、检察委员会委员、副检察长和检察长，检察机关首长的办案职权是普通检察官办案职权的对立面，他们作为普通检察官承办案件时如同检察官一样是普通的检察办案组织，对其适用检察官的规则，而作为检察首长时则必须受到严格限制。

首先，法律明确规定检察长的办案职权可以通过代理授权规则赋予检察官行使。法律明确规定只有由检察长或检委会行使的职权，即逮捕决定权，也可以由检察官代理检察长行使。如美国提出犯罪嫌疑人是否需要继续羁押的意见由检察官自主决定。德国刑事诉讼法上检察院有权在提起公诉前释放被羁押的犯罪嫌疑人，此项办案职权的主体为"检察院"，依照组织法规定也可以由检察长授权检察官行使。检察官作为检察长的"代理人"行使逮捕权，在法律效果上等于检察长行使。其次，在界定需要由检察长决定的案件时采用相对确定的标准。各地检察机关一般采用"重大疑难复杂案件"作为案件标准，属于"重大疑难复杂案件"的决定权由检察长行使，其他案件则可以授权检察官行使。但是，"重大疑难复杂"难以确定统一的、可量化的标准，不确定的案件标准会导致检察官授权范围的不确定。由于"重大疑难复杂"标准本身的不确定性，难以胜任权力清单授权标准的"角色"。不确定的授权标准对检察官的办案主体地位不利，如果检察官回避办案责任，则可以利用授权标准的不确定性，将本来应该由检察官决定的事项推给检察长，而上级如果要侵占检察官的决定权，不确定的授权标准就提供了制度漏洞。因此，建议采用意见分歧标准代替"重大疑难复杂案件"标准。法院系统对审判权的配置中一般规定，合议庭分歧重大的案件可以提交审判委员会讨论决定。分歧意见明显的案件包括：与公安机关有重大分歧的不批准逮捕、不起诉、变更起诉罪名等案件；与下级院有意见分歧的撤回抗诉意见的案件；内部承办检察官与主任检察官、检察长意见有重大分歧，与法院有重大分歧的抗诉案件等。最后，检察长仅保留对案件侦查指挥和监督管理重要的职权。如职务犯罪侦查中的初查权，审查逮捕、审查起诉中决定追捕、追诉犯罪嫌疑人，以及多次退回补充侦查或者延长办案期限的决定权，可以保留检察长行使。

三、检察官助理作用的实质化

目前在检察办案组织的研究中对检察官助理重视不足。根据司法人员分类改革的"上海方案"，检察官助理占到检察人员队伍的近一半。根据司法人员分类改革的要求，检察官助理既要担负起检察官办案辅助人员的角色，还要作为检察官队伍的后备人才储备，实际上，一部分检察官助理曾经是助理检察员，属于检察官法上的检察官，是执法办案工作的主力军，能否有效发挥检察官助理的作用关系到检察办案组织是否能够有效运行。检察官助理同样要实现特定情况下的"检察官化"。这才是检察官助理与书记员职责的本质区别。

在基层检察院，检察官助理在检察官或者主任检察官指导下行使检察官的办案职权应当成为常态。以上海一地为例，在司法人员分类改革前，检察官人数占到检察人员总数71%，已经存在案多人少的问题，而改革后检察官人数比例将下降至33%，如果不能有效发挥检察官助理的作用，将会导致案多人少问题的加剧。然而，单纯的人员分类管理并不能直接导致办案组织效率的提升，还是要在办案组织的构成，办案职权运行机制等方面进行较大的调整。检察官助理本身具备初步的办案能力，按照现在检察官助理的任职要求，必须通过司法考试和公务员考试，经过一年实习期后方可任命检察官助理，其任职要求基本类似于助理检察员。同样任职要求的助理检察员在原有办案机制下已经可以独立承办案件，在司法责任制下的检察官助理承办案件并无能力上的显著差距。在基层检察院，多数案件都是判处三年以下有期徒刑的轻刑案件，主要采取的是速裁程序或简易程序，检察官助理完全可以胜任此类办案工作。在上海等试点地区，在改革的过渡时期已经赋予检察官助理近似于检察官的办案职权。类似任职资历的检察官助理或助理检察官在其他国家也同样具有独立办案的机会。比如，根据德国法院组织法的规定，检察官助理可以承担地区检察官的职责或者在具体个案中在检察官的监督下履行检察官的职责。在美国，助理检察官也可以单独承办案件。

检察官助理行使类似检察官的办案职权应当限于基层检察院的普通刑事案件，而重大疑难复杂案件仍然由检察官办理，在分州市以上检察院，由于案件普遍采取普通程序审理，而且管辖案件一般是可能判处无期徒刑以上的案件，因此不适于检察官助理独立办理。检察官助理独立办理案件时，也要接受检察官、主任检察官的指导，也就是检察官的处理意见需要经过检察官、主任检察官的审核才能对外作出。

四、发挥检察委员会分歧解决职能

检察委员会与典型的办案组织差异很大，理论界和实务界对检察委员会这一重要检察办案组织前途的通常看法是：进一步限缩其直接审查决定案件的功能，转向发挥对检察工作的宏观指导作用，比如，制定检察办案工作规范，公布指导性案例等工作。这一思路下检察委员会作为办案组织的角色定位几乎要被取消。在司法责任制改革背景下，检察委员会需要重新定位自身，才能作为重要的办案组织继续发挥作用。

检察委员会设置的目的是解决检察院内部的分歧，提供一项民主集中的协商机制。检察委员会制度是新中国检察制度的一项创新，就是为了克服苏联式高度集中统一的检察制度的弊端，平衡检察长在检察机关内部的绝对权威，而且1978年检察机关恢复重建后，检察长在检察委员会中的权力从"领导"变为"主持"，检察委员会制衡检察长的作用得到进一步巩固。当检察官对案件的处理意见与上级检察官、检察长发生分歧时，为了保障检察官依法独立行使办案权，需要有一个超越检察长权威的组织进行裁决，而只有检察委员会才能胜任这一需要。构建检察官的错案追责机制如果依托检察机关本身的等级结构，就会削弱检察官的独立地位，上级检察官、检察长可以通过错案追责的启动权、决定权控制和威慑检察官的办案决定权。因此，检察官的错案追责机制也需要一个超越等级制的主体，同样也要依靠检察委员会。

为了继续发展检察委员会作为分歧裁决机制和错案问责机制的作用，需要对检察委员会这一办案组织作进一步改进：一是限制检察委员会审查案件的范围和决定内容。如前所述，检察委员会审查的案件首先应当是检察院内部存在分歧的案件，而且检察委员会的决定内容应当是同意分歧意见中的一种，即检察官或上级检察官、检察长的不同意见。检察委员会是集体组织，难以承担办案责任，由检察委员会承担办案责任实际上是"无人负责"。检察委员会不必作出自己的决定，而只要同意一种分歧意见，如果发生错案责任就由提出处理意见的办案组织承担。二是将检察委员会变为资深检察官的组织。检察委员会要发挥办案分歧意见裁决机制和错案追责机制的作用，就要求其继续作为办案工作的专业机构，应当由检察院内部具有办案经验的资深检察官组成。现在的检察委员会行政色彩较浓，多数成员是检察机关内部具有行政职务的检察人员、检察长、部门负责人等，这一人员构成条件不能适应其需要。三是检察委员会作为错案追责的启动机制。检察长认为需要对检察官进行错案追责，应当建议检察委员会召开会议讨论决定，当事检察官应当出席检察委员会会议并说明理由和申辩。检察委员会可以作出建议追责和无责任的决定，根据责任性质和程度建议检察机关作出内部处理，或者建议提交法官、检察官惩戒委员会作进一步处理。

五、强化人民监督员意见的法律效力

2017 年年初中央启动国家监察体制改革，检察机关现有的职务犯罪侦查权将转移到新设立的国家监察委员会。原有的职务犯罪刑事司法体制也将出现重大变化，检察机关"侦捕诉一体化办案模式"终结，侦查权由国家监察委员会行使。如果国家监察委员会调查活动要受到检察机关审查批准逮捕、审查起诉的监督制约，人民监督员制度存在的必要性也成了问题。2019 年最高人民检察院制定《人民检察院办案活动接受人民监督员监督的规定》，根据修改后的人民检察院组织法以及检察机关新的法律监督职权体系，重新规范了人民监督员制度的作用范围和人民监督员履职方式，其中参与案件公开审查、公开听证成为人民监督员发挥作用的重要领域，而且特别强调对不服检察机关处理决定的刑事申诉案件、拟决定不起诉的案件、羁押必要性审查案件等进行公开审查，或者对有重大影响的审查逮捕案件、行政诉讼监督案件等进行公开听证的，应当邀请人民监督员参加，听取人民监督员对案件事实、证据的认定和案件处理的意见。

人民监督员到目前为止并非法律上正式的办案组织，完全由人民监督员组成的案件评议组织、公开听证组织相对于人民陪审员参与的审判组织，司法民主化的程度更高。人民陪审员在审判组织具有少数地位，更容易受到专业法官意见的影响，即使有不同意见也必然是少数。而人民监督员完全由非专业的公民担任并主导案件评议程序，更能够反映公众对检察机关办案活动的意见。正因如此，人民监督员评议意见是否应当对检察院有实体或程序上的约束力是实践中争议较大的问题，特别是人民监督员听证时不同意检察机关拟处理意见的，是否应当设置必要的异议处理程序。有观点认为，为了保证监督意见具有程序刚性，应当设立复议复核程序，即检察机关不采纳人民监督员意见的，人民监督员可以要求作出决定的检察机关复议，要求其再次审查，谨慎作出决定；如果复议机关维持原处理决定，人民监督员仍不满意，可以请求上一级检察机关复核。最高人民检察院对复议复核程序有过考虑，在对于复议复核程序的设置，有一个反复的过程。根据《关于实行人民监督员制度的规定（试行）》，设置了复核程序。然而，《关于实行人民监督员制度的规定》取消了复核程序，后来《人民监督员监督范围和监督程序改革试点工作方案》又提出建立复议程序。人民监督员的监督并非要代替检察机关行使检察权，而是使检察机关的执法办案程序更加公开、公平、公正。因此，一味强调人民监督员监督的实体效果并不符合制度的设立目的。强化人民监督员监督的程序约束力可以在维护检察机关依法独立行使检察权的同时，保证人民监督员监督程序的刚性。

参考国外同类制度，如美国的大陪审团制度和日本的检察审查委员会制度，大陪审团和检察审查委员会的意见对检察机关都没有实质的约束力，[①] 只有一定参考作用。我国检察机关组织法和刑事诉讼法将起诉权赋予检察机关有其目的，直接转授给人民监督员，可能有违立法目的，不利于贯彻检察机关依法独立行使检察权的宪法原则。因此，"如果人民监督员的监督结果在实体上对检察机关具有刚性的约束力，将导致人民监督员干预检察权的独立行使，且其自身也因分享了检察权而具有了权力的性质，成为需要被监督的对象，从而再次陷入谁来监督监督者的困境"。根据 2015 年最高人民检察院、司法部《人民监督员监督范围和监督程序改革试点方案》的改革意见，设立复议程序，即检察机关处理决定未采纳多数人民监督员评议表决意见，经反馈后，多数人民监督员仍然不同意，可以要求组织案件监督的检察院复议一次。建议改为向组织案件监督的检察院提出的复议程序。由于根据人民监督员"下管一级"的现行监督模式，组织案件监督的检察院是办案院的上一级检察院，其本身没有参与决定，所以复议主体与案件的利害关系比较弱，没有思维定势影响的问题，也没有维护自身权威性的现实需要，对纠正不当决定时顾虑较少，且具有纠正不当决定的动力。检察机关上级院领导下级院的领导体制及检察一体化原则决定了复议机关具有法定的权威性，监督更有刚性和效力。

---

① 日本《检察审查会法》第 41 条规定，检察审查会作出决议后，要将副本移送地方检察厅长官，地方检察厅长官检事正可以参考该决议，决定是否起诉。

本章小结

发轫于 2014 年的司法责任制改革是对司法机关办案组织影响最为重大的改革，它抓住了以往司法体制运行中的一些症结问题，法官、检察官个体将在司法权运行机制层面获得相对独立的地位。对于这次改革首先不能在理论层面抱有偏见，认为只要不在法律层面承认法官独立就不是根本的改革。从西方法治国家的发展历程看，都是先有法官独立的实践而后有法官独立的理念，在司法权运行机制层面的独立地位比法律上的形式确认更加重要。如果还不能在理论层面确认办案组织或司法官如何实现独立行使职权，那么就在实际运行层面解决制约法官、检察官独立的体制和机制因素。

为了再次说明将审判组织和检察办案组织一同研究的必要性，有必要重温 19 世纪普鲁士建立近代化司法机关的道路，我们可以发现法院和检察院在通往独立的道路上相互影响，命运休戚相关。1815 年普鲁士开始实行法院独立的近代化司法改革，行政机关对法院的各种指令权被废除，为了监督不受控制且不再被信任的法院，国王创制了受指令约束的检察官垄断起诉和法律救济的权力。然而，经历 1848 年革命后，自由主义和人权观念逐步主导了检察机关的建立过程，才成为现在所说的"革命之子"或"法律守护者"。因而，在探索中国司法机关办案组织的完善路径时，也不能不将审判组织和检察办案组织一同考虑，审判组织和检察办案组织分别处在"独立"和"等级依附"的两端，在改革中应该相互参照、相互比较。

在近代，法治化的司法官的来源是办案组织构成的主体基础，也是司法专业化发展的根本保证。目前中国司法官队伍专业化的症结不在于普通司法官，而在于高级司法官，只有保证法院院长、检察院检察长等高级司法官的专业化，司法官整体的专业化成果才能得到巩固。案件的审理方式决定了办案组织的工作方式，"以审判为中心"的改革要深入到"以庭审为中心"才能使办案组织去除原有的"行政办公组织"基因，回到司法机关办案组织的本来面目。司法公信力因素是办案组织发展趋势中的"反作用力"，司法公信力无视司法官个体因素、个体判断，与法律的专业化特征具有一定的"背反性"，只有办案组织、司法机关整体乃至社会公众整体，以及一致意见才更容易获得社会信赖。司法公信力因素在司法体制改革整体向"个体"聚焦的过程中，提醒我们回顾组织和集体的重要性。在办案组织改革的具体问题上。对于法官、主任检察官，我们不仅要赋予他们独立签发法律文书的权力，还要在案件分配机制层面限制法院、检察院行政首长的权力，保证法官、检察官的独立地位；对于司法助理也要在特定范围内赋予其独立办理案件的职权，而不能停留在法官、检察官助手的作用上，以最大限度发掘法院和检察院的人力优势。对于审判委员会和检察委员会这两种最为重要的司法机关办案组织，应当重新发现其作为分歧协调机制的作用，以解决不同层级办案主体的分歧意见，防止办案组织内部形成难以解决的僵局。对于人民陪审员、人民监督员这两种重要的司法民主方式，在未来的办案组织中仍然要坚持完善，并且需要加强他们在办案组织和司法机关中的影响力，使他们的判断与司法官的判断一样对案件处理有重要影响。

参考文献

一、中文著作类

［1］吕思勉:《中国通史》,吉林人民出版社 2012 年版。

［2］张晋藩:《中国司法制度史》,人民法院出版社 2004 年版。

［3］朱永嘉:《明代政治制度的源流与得失》,中国长安出版社 2015 年版。

［4］林钰雄:《检察官论》,法律出版社 2009 年版。

［5］魏武:《法德检察制度》,中国检察出版社 2008 年版。

［6］林海:《帝国枢密法院——司法的近代转向》,中国法制出版社 2010 年版。

［7］秦前红:《人民监督员制度的立法研究》,武汉大学出版社 2010 年版。

［8］杨知文:《中国审判制度的内部组织构造》,法律出版社 2014 年版。

［9］姚莉:《反思与重构:中国法制现代化进程中的审判组织改革研究》,中国政法大学出版社 2005 年版。

［10］钟莉:《价值·规则·实践:人民陪审员制度研究》,上海人民出版社 2011 年版。

［11］刘东平:《人民检察院组织法修改研究》,中国检察出版社 2013 年版。

［12］潘剑锋:《法院与检察院组织制度》,北京大学出版社 2004 年版。

［13］朱秋卫:《我国检察权的定位及职权配置》,中国政法大学出版社 2012 年版。

［14］周永年:《人民监督员制度概论》,中国检察出版社 2008 年版。

［15］宋远升:《法院论》,中国政法大学出版社 2016 年版。

二、中文译著类

［1］［意］朱塞佩·格罗索:《罗马法史》,黄风译,中国政法大学出版社 2009 年版。

［2］［德］弗朗茨·维亚克尔:《近代私法史》,陈爱娥译,上海三联书店 2006 年版。

［3］［德］斯宾格勒:《西方的没落》,吴琼译,上海三联书店2006年版。

［4］［德］克尼佩尔:《法律与历史:论德国民法典的形成与变迁》,朱岩译,法律出版社2003年版。

［5］［德］马克斯·韦伯:《论经济与社会中的法律》,张乃根译,中国大百科全书出版社1998年版。

［6］［德］阿图尔·考夫曼、温弗里德·哈斯默尔:《当代法哲学和法律理论导论》,郑永流译,法律出版社2002年版。

［7］［德］哈贝马斯:《在事实与规范之间——关于法律和民主法治国的商谈理论》,童世骏译,上海三联书店2011年版。

［8］［德］克劳斯·迈因策尔:《复杂性中的思维——物质、精神和人类的复杂动力学》,曾国屏译,中央编译出版社1999年版。

［9］［美］梯利:《西方哲学史》,葛力译,商务印书馆2001年版。

［10］［美］撒穆尔·Y.斯通普夫、詹姆斯·菲泽:《西方哲学史》,丁三东等译,中华书局2005年版。

［11］［美］博登海默:《法理学:法律哲学与法律方法》,邓正来译,中国政法大学出版社2004年版。

［12］［美］德克·布迪:《中华帝国的法律》,朱勇译,江苏人民出版社2008年版。

［13］［美］哈罗德·J.伯尔曼:《法律与革命——西方法律传统的形成》,中国大百科全书出版社2008年版。

［14］［美］安吉娜·J.戴维斯:《专横的正义:美国检察官的权力》,李昌林译,中国法制出版社2012年版。

［15］［美］理查德·A.波斯纳:《超越法律》,苏力译,中国政法大学出版社2001年版。

［16］［美］理查德·A.波斯纳:《联邦法院:挑战与改革》,邓海平译,中国政法大学出版社2002年版。

［17］［美］理查德·A.波斯纳:《法律、实用主义与民主》,凌斌、李国庆译,中国政法大学出版社2005年版。

［18］［美］戴维·M.奥布赖恩:《风暴眼:美国政治中的最高法院》,胡晓进译,上海人民出版社2010年版。

［19］［美］梅西·赞恩:《法律简史》,孙运申译,中国友谊出版公司2005年版。

［20］［美］伦道夫·乔纳凯特:《美国陪审团制度》,屈文生等译,法律出版社2013年版。

［21］［英］罗伯特·巴特莱特:《中世纪神判》,徐昕等译,浙江人民出版社2007年版。

［22］［英］丹尼斯·罗伊德:《法律的理念》,张茂柏译,新星出版社2005年版。

［23］［英］维克托·迈尔－舍恩伯格、肯尼斯·库克耶:《大数据时代:生活、工作与思维的大变革》,周涛等译,浙江人民出版社2013年版。

［24］［日］冈田朝太郎:《法院编制法》,熊元襄编,张进德点校,上海人民出版社2013年版。

［25］［比］范·卡内冈:《法官、立法者与法学教授——欧洲法律史篇》,薛张敏敏译,北京大学出版社2006年版。

［26］［德］马克斯·卡泽尔、罗尔夫·卡努特儿:《罗马私法》,田士永译,法律出版社2018年版。

三、中文期刊论文类

［1］姜伟:《审查权和裁决权统一与分离的历史和现实——检察办案组织的一个基本问题》,载《理论界》2015年第5期。

［2］向泽选:《检察办案组织的改革应当彰显司法属性》,载《人民检察》2013年第22期。

［3］万毅:《主任检察官制度改革质评》,载《甘肃社会科学》2014年第4期。

［4］郑青:《我国检察机关办案组织研究与重构》,载《人民检察》2015年第10期。

［5］朱青雲:《论主任检察官办案组织构建》,载《贵阳市委党校学报》2015年第3期。

［6］潘祖全、杨慧亮、陶建平等:《检察权运行应去"地方"、"行政"色彩——以上海市闵行区人民检察院的改革实践为主线》,载《东方法学》2015年第5期。

［7］陈治军、马燕:《大陆法系国家和地区检察官办案责任制比较研究》,载《人民检察》2015年第3期。

［8］蔡雅奇:《主任检察官制改革探索调查》,载《人民检察》2013年第

14 期。

　［9］谢鹏程：《检察官办案责任制改革的三个问题》，载《国家检察官学院学报》2014 年第 22 期。

　［10］天津市人民检察院第一分院课题组：《挑战与对策：检察官办案责任制改革对侦查监督工作的影响》，载《中国检察官》2014 年第 21 期。

　［11］万毅：《检察改革"三题"》，载《人民检察》2015 年第 5 期。

　［12］蒋惠岭：《论审判权运行机制改革》，载《北京行政学院学报》2015 年第 2 期。

　［13］赵海霞、钱云灿：《应加强检察官独立执法"去行政化"的制度构建》，载《人民检察》2015 年第 10 期。

　［14］郑青：《对主办检察官办案责任制的几点思考——以湖北省检察机关的改革实践为范本》，载《人民检察》2013 年第 23 期。

　［15］顾忠华：《闵行：主任检察官制度的先行者》，载《检察风云》2013 年第 24 期。

　［16］韩娟：《浅论检察官办案责任制——基于"主任检察官"制度的构建》，载《法制与社会》2014 年第 32 期。

　［17］韩娟：《浅论检察官办案责任制——基于"主任检察官"制度的构建》，载《法制与经济（上半月）》2014 年第 9 期。

　［18］蔡巍：《检察官办案责任制比较研究》，载《人民检察》2013 年第 14 期。

　［19］罗昌平、杨军伟：《主任检察官制度构建的必然性和可行性》，载《人民检察》2014 年第 10 期。

　［20］金鑫：《论主任检察官的定位、选配与管理》，载《人民检察》2014 年第 9 期。

　［21］张晨：《主任检察官制度的体系构建》，载《人民检察》2013 年第 22 期。

　［22］郑青：《湖北省主办检察官办案责任制探索》，载《国家检察官学院学报》2014 年第 22 期。

　［23］徐汉明、金鑫、匡茂华等：《主办检察官负责制的框架设计与核心要素——关于湖北省检察机关试行检察长领导下主办检察官负责制的考察》，载《人民检察》2013 年第 19 期。

　［24］孙剑明：《检察机关办案组织体系及办案责任制完善》，载《人民检

察》2013 年第 22 期。

[25] 周理松、沈红波:《办案责任制改革背景下检察委员会与检察官关系的定位》,载《人民检察》2015 年第 16 期。

[26] 匡茂华:《主办检察官办案责任制试点探索》,载《人民检察》2013 年第 22 期。

[27] 施庆堂、林丽莹:《台湾地区的主任检察官制度》,载《国家检察官学院学报》2014 年第 22 期。

[28] 李美蓉:《论我国检察人员分类管理改革》,载《河南社会科学》2014 年第 22 期。

[29] 连小可、李薇薇、田萍等:《主任检察官办案责任制改革视野下检委会制度的完善与创新》,载《法制与社会》2015 年第 15 期。

[30] 张建伟:《试论检察机关和检察官的办案自主权——从组织法角度进行观察》,载《人民检察》2007 年第 10 期。

[31] 张彩旗:《法治中国建设视阈下的合议庭制度改革探究》,载《政法论丛》2014 年第 6 期。

[32] 孔祥承:《德国法官职务监督制度及其对我国的启示——兼评〈关于落实司法责任制完善审判监督管理机制的意见〉》,载《河南财经政法大学学报》2018 年第 33 期。

[33] 周永坤:《政治当如何介入司法》,载《暨南学报(哲学社会科学版)》2013 年第 11 期。

[34] 马岭:《究竟什么是"司法民主"?》,载《河南省政法管理干部学院学报》2011 年第 26 期。

[35] 陈卫东:《司法体制综合配套改革若干问题研究》,载《法学》2020 年第 5 期。

[36] 刘根菊、刘蕾:《审判委员会改革与合议庭权限》,载《国家检察官学院学报》2006 年第 1 期。

[37] 凌淑蓉、李兴魁、沈烨等:《走出"合不若独"的现实悖论:合议庭制度的范式重构与价值回归——以上海市某基层法院为样本的探究》,载《法治研究》2010 年第 11 期。

[38] 牛敏:《论我国刑事诉讼合议制度的改革与完善》,载《法制与社会》2014 年第 2 期。

[39] 张润:《完善合议庭办案责任制——以深圳特区法院的探索为视

角》，载《楚天法治》2014年第7期。

[40] 孙伟良：《谁来守护司法的公正？——法官权利保障制度研究》，载《河南社会科学》2012年第3期。

[41] 魏胜强：《论审判委员会制度的改革——以我国台湾地区大法官会议制度为鉴》，载《河南大学学报（社会科学版）》2013年第3期。

[42] 谷安梁：《关于我国司法制度改革的理论探讨》，载《法学论坛》2000年第4期。

[43] 代志鹏：《法官群体角色与个体扮演：以一起合同纠纷案件切入》，载《云南行政学院学报》2014年第6期。

[44] 谭世贵：《深化司法体制改革的几个问题》，载《中国司法》2014年第6期。

[45] 孙召银、王忠旭：《司法改革中审判委员会改革的新思路与新动向》，载《长春市委党校学报》2015年第4期。

[46] 周登谅：《审判委员会制度：潜规则及其解读——以一起民事纠纷的解决为考察起点》，载《华东理工大学学报（社会科学版）》2008年第1期。

[47] 程金华：《法院"案多人少"的跨国比较——对美国、日本和中国的实证分析》，载《社会科学辑刊》2022年第5期。

[48] 张明明、文艳：《对规范合议庭与审判委员会活动几个问题的探讨》，载《玉溪师范学院学报》2003年第10期。

[49] 杜文勇：《对我国完善审判组织的思考》，载《前沿》2001年第12期。

[50] 李先伟：《审判委员会司法权之理论基础与制度完善——兼评〈关于改革和完善人民法院审判委员会制度的实施意见〉》，载《中州学刊》2011年第2期。

[51] 朱孝清：《检察官客观公正义务及其在中国的发展完善》，载《中国法学》2009年第2期。

[52] 刘中华：《审判主体研究——兼谈我国近期法官制度改革》，载《山东审判》2003年第2期。

[53] 李章仙：《主任检察官制度改革中的独立性问题探析》，载《中州学刊》2015年第7期。

[54] 杜磊：《检察官办案责任制改革探索》，载《环球法律评论》2015

年第 3 期。

[55]刘大伟、丁景宇:《论基层人民法院审判委员会的完善》,载《辽宁大学学报(哲学社会科学版)》2009 年第 37 期。

[56]陈飏:《直接言词基本原则的确立》,载《河南社会科学》2009 年第 3 期。

[57]马进保、罗嘉欣:《法院独立审判的法律困惑与改革设想》,载《政法学刊》2012 年第 6 期。

[58]刘计划、刘在航:《日本裁判员的量刑倾向评析》,载《山东警察学院学报》2015 年第 2 期。

[59]王文建:《司法现代化与审判委员会制度改革》,载《人民论坛》2013 年第 32 期。

[60]杨知文:《现代司法目标与中国法院审判组织改革》,载《贵州大学学报(社会科学版)》2013 年第 2 期。

[61]王浩云:《从法官到律师:中国司法职业逆向选择现象透视》,载《湖南社会科学》2014 年第 3 期。

[62]杨柳:《国际刑事法院检察官面临的政治与法律难题及其策略》,载《环球法律评论》2013 年第 3 期。

[63]张卫彬:《审判委员会改革的模式设计、基本路径及对策》,载《现代法学》2015 年第 5 期。

[64]韩旭:《检察长列席法院审判委员会制度之检讨》,载《暨南学报(哲学社会科学版)》2009 年第 1 期。

[65]谭世贵、王建林:《法律职业互动:现状、困境与出路——以法官、检察官、律师为样本的分析》,载《杭州师范大学学报(社会科学版)》2013 年第 2 期。

[66]陈俊豪、肖波:《破除合议制瓶颈——基层法院审判组织亟待合理化》,载《湖南省社会主义学院学报》2010 年第 3 期。

[67]贺寿南:《合议庭中评议决策的偏好逻辑分析》,载《重庆理工大学学报(社会科学版)》2014 年第 3 期。

[68]彭海青:《我国合议庭评议表决制度功能缺失之省思》,载《法律科学(西北政法大学学报)》2009 年第 3 期。

[69]黄贤宏、张颖璐:《法院定案权去行政化的现实思考》,载《社会科学研究》2015 年第 5 期。

［70］徐秉晖、袁坚:《对审判权优化配置的实证分析与改革建议》,载《时代法学》2015 年第 6 期。

［71］刘风景:《不同意见写入判决书的根据与方式——以日本的少数意见制为背景》,载《环球法律评论》2007 年第 2 期。

［72］王庆廷:《角色的强化、弱化与衡平——负责制视角下的合议庭成员考》,载《贵州警官职业学院学报》2008 年第 3 期。

［73］刘大群:《国际刑事审判机构中的法官》,载《法学家》2002 年第 6 期。

［74］谭世贵、翁凌峰:《科层制司法管理的问题与出路》,载《云南大学学报(法学版)》2005 年第 4 期。

［75］廖永安、李世锋:《我国民事合议制度之运行现状——以一个欠发达地区基层法院的民事审判为考察对象》,载《社会科学》2008 年第 4 期。

［76］朱孝清:《对司法体制改革的几点思考》,载《法学杂志》2014 年第 12 期。

［77］何志强、陆静:《论国际刑事法院的独立监督机制——以国际刑事法院检察官为切入点》,载《江西社会科学》2013 年第 8 期。

［78］赵兴宏、毛牧然:《应建立法官当庭裁决的机制》,载《东北大学学报(社会科学版)》2005 年第 4 期。

［79］沈新康:《检察长列席审委会会议制度的实践与思考》,载《华东政法大学学报》2009 年第 5 期。

［80］冉艳波、钱涛:《试论审判委员会的存废——以其职能的应然与实然为视角》,载《和田师范专科学校学报》2008 年第 4 期。

［81］张泽涛:《判决书公布少数意见之利弊及其规范》,载《中国法学》2006 年第 2 期。

［82］左卫民:《中国法官任用机制:基于理念的初步评析》,载《现代法学》2010 年第 5 期。

［83］陈卫东、刘计划:《论集中审理原则与合议庭功能的强化——兼评〈关于人民法院合议庭工作的若干规定〉》,载《中国法学》2003 年第 1 期。

［84］张晋红:《关于独任制与合议制适用范围的立法依据与建议——兼评当事人程序选择权之客体》,载《法学家》2004 年第 3 期。

［85］谢平:《对现行审判委员会制度的检视——从司法独立的角度澄清审委会改革中的两个重要问题》,载《成都理工大学学报(社会科学版)》

2006 年第 3 期。

[86] 江赛民:《新视角下的审判委员会性质》,载《黑龙江省政法管理干部学院学报》2006 年第 4 期。

[87] 邓辉、谢小剑:《责任与独立:检察官纪律惩戒的双重维度》,载《环球法律评论》2010 年第 5 期。

[88] 贺小荣:《"马锡五审判方式"的内在精神及其时代价值》,载《法律适用》2021 年第 6 期。

[89] 秦前红、宜吉娥:《人民监督员制度与人民陪审员制度之关系》,载《国家检察官学院学报》2009 年第 17 期。

[90] 郑锦春、关雅红:《人民监督员制度的完善——以中外民众参与司法相关制度为视角》,载《人民检察》2010 年第 12 期。

[91] 张晓琴:《公民监督司法权问题探析》,载《当代法学》2010 年第 6 期。

[92] 曾令健:《竞争与进步:人民陪审员制度与人民监督员制度》,载《昆明理工大学学报(社会科学版)》2009 年第 1 期。

[93] 谢兼明、钟国树:《人民监督员制度的缺陷与完善——与人民陪审员制度相比较》,载《人大建设》2009 年第 3 期。

[94] 左卫民、吴卫军:《人民监督员:理念与制度的深化和发展》,载《人民检察》2005 年第 2 期。

[95] 张庆霖、廖永安:《人民陪审员制度实践中的利益部门化及其反思?》,载《湖南大学学报(社会科学版)》2014 年第 6 期。

[96] 周永年:《人民监督员制度法制化的法理基础及模式选择》,载《政治与法律》2006 年第 5 期。

[97] 苏明月:《论人民陪审员制度的设计与功能实现》,载《北京师范大学学报(社会科学版)》2013 年第 2 期。

[98] 王国征:《论适用人民陪审员的案件范围》,载《烟台大学学报(哲学社会科学版)》2013 年第 4 期。

[99] 张泽涛:《陪审制度的缺陷及其完善——以〈关于完善人民陪审员制度的决定〉为考察对象》,载《华东政法大学学报》2009 年第 1 期。

[100] 李昌林:《从制度上保证人民陪审员真正享有刑事裁判权——论人民陪审员制度的完善》,载《现代法学》2007 年第 1 期。

[101] 何莉:《构建有限陪审团制度刍议》,载《广西社会科学》2014 年

第 7 期。

　　［102］王光贤:《人民监督员制度的实践探索与改革展望》,载《人民检察》2015 年第 10 期。

四、外文著作类

　　［1］Sunstein C. R., Schkade D., Ellman L. M., et al., *Are Judges Political?：An Empirical Analysis of the Federal Judiciary*, Brookings Institution Press, 2006.

　　［2］Devine D. J., *Jury Decision Making*, NYU Press, 2012.

　　［3］Hans V. P., *Vidmar N. Judging the Jury*, Springer US, 1986.

　　［4］Aras, Sladana, *The State Attorney−Attorney for the State?//* The Landscape of the Legal Professions in Europe and the USA：Continuity and Change, Intersentia, 2011, p.201−210.

　　［5］Karlen D., *Judicial Administration：The American Experience*, Butterworths, 1970.

　　［6］Bonneau, Chris W., *Strategic behavior and policy choice on the U.S. Supreme Court*, Stanford University Press, 2005.

　　［7］Millar P. S., Baar C., *Judicial administration in Canada*, The Institute of Public Administration of Canada , McGill−Queen's University Press, 1981.

　　［8］Burchardi K., Klempahn G., *Der Staatsanwalt und sein Arbeitsgebiet*, Aschendorff, 1978.

　　［9］Weitzel J. Der Kampf um die Appellation ans Reichskammergericht：zur politischen Geschichte der Rechtsmittel in Deutschland. Böhlau, 1976.

　　［10］Pfenninger, H. F. Schwur− und Schöffengericht in der Schweiz. Helbing & Lichtenhahn, 1938.

　　［11］Steininger E. Die Kontrolle der Tatfrage im schöffengerichtlichen Verfahren：Geschichte, Gesetz, Praxis, Reform. Österreichische Staatsdruckerei, 1989.

　　［12］Holthöfer E. Ein deutscher Weg zu moderner und rechtsstaatlicher Gerichtsverfassung：das Beispiel W ü rttemberg. Kohlhammer, 1997.

　　［13］E Döhring. Geschichte der deutschen Rechtspflege seit 1500. K Michaelis.1953.

五、外文期刊论文类

［1］Taha A. E., *Judicial Collegiality, Court Structure, and the Decision to Sit En Banc: Evidence from U.S. District Courts*. Ssrn Electronic Journal, 2004.

［2］Clark T. S., *A Principal-Agent Theory of En Banc Review*, Journal of Law Economics & Organization, 2009, 25（25）: 55-79.

［3］Giles M. W., Walker T. G., Zorn C., *Setting a Judicial Agenda: The Decision to Grant En Banc Review in the U.S. Courts of Appeals*, Journal of Politics, 2006, 68（4）: 852-866.

［4］Alexandra Sadinsky，*Redefining En Banc Review in the Federal Courts of Appeals*, 82 Fordham L. Rev., 2001（2014）.

［5］Kastellec J. P., *Panel Composition and Voting on the U.S. Courts of Appeals Over Time*, Political Research Quarterly, 2008, 64（2）: 377-391.

［6］Epstein L., Spaeth H. J., *The Norm of Consensus on the U. S Supreme Court*, Health Law Vigil, 2001, 45（2）: 362-377.

［7］Kastellec J. P., *Panel Composition and Judicial Compliance on the US Courts of Appeals*, Journal of Law Economics & Organization, 2007, 23（2）: 421-441.

［8］Sunstein C. R., Ellman L. M., *Ideological Voting on Federal Courts of Appeals: A Preliminary Investigation*, Virginia Law Review, 2004, 90（1）: 301-354.

［9］Fujita M., Hotta S., *The Impact of Differential Information between Lay Participants and Professional Judges on Deliberative Decision-making*, International Journal of Law Crime & Justice, 2010, p.216-235.

［10］Dambrauskien G., *Workload Quotas for District Court Judges as a Precondition for Implementation of Justice*, Jurisprudence, 2012, p.22.

［11］Belemann G. D., *Kombiniertes Einzelrichter-Kollegialsystem im neuen Zivilgericht der 1, Instanz*. Astronomy & Astrophysics, 1994, p.161-164.

［12］Holch G. *Prozeßverschleppung durch den Einzelrichter? Zeitschrift Für Rechtspolitik*, 1980, S.38f.

［13］Peppers T. C., Zorn C. J., *Law Clerk Influence on Supreme Court Decision Making*, Ssrn Electronic Journal, 2007.

［14］Stras D. R., *The Supreme Court's Gatekeepers: The Role of Law Clerks in the Certiorari Process*, Social Science Electronic Publishing, 2006, p.947－997.

［15］Collins, P. M., *Courtiers of the marble palace: the rise and influence of the supreme court law clerk/sorcerers' apprentices*: 100 years of law clerks at the united states supreme court, Justice System Journal, 2008, p.117－121.

［16］Brooks W. N., Doob A. N., *Justice and the Jury*, Journal of Social Issues, 1975, p.171－182.

［17］Babb J. E. *Problems of Trial by Jury*, Proceedings of the American Political Science Association, 1907, p.240－245.

［18］Griffin L. K., Griffin L. K., *The Image We See Is Our Own: Defending the Jury's Territory at the Heart of the Democratic Process*, Nebraska Law Review, 1996.

［19］Carvalho, E., & Natália Leitão, The new public attorney and process of judicialization of politics. Rev Direito Gv, 2021, S.399f.

［20］Baker H. H. Proposed Judicially Appointed Independant Office of Public Attorney: Some Constitutional Objections and an Alternative, The. Sw.l.j, 1975.

［21］David Bjerk, *Making the Crime fit the Penalty: The Role of Prosecutorial Discretion under Mandatory Minimum Sentencing*, Social Science Electronic Publishing, 2004, p.591－625.

［22］Bibas S. *Prosecutorial Regulation Versus Prosecutorial Accountability*, University of Pennsylvania Law Review, 2009, p.959－1016.

［23］Weidmann T. *Service－Teams in der Staatsanwaltschaft I beim Landgericht Berlin*, Zeitschrift Für Rechtspolitik, 2001, p.130－135.

［24］Waddams S. R. B. Outhwaite, *The Rise and Fall of the English Ecclesiastical Courts*, 1500－1860, Law & History Review, 2008, p.193－194.